神奈川から考える世界史

歩いて、見て、感じる歴史

藤村泰夫 監修／藤田賀久 編著

市川賢司／岩下哲典／小川輝光／風巻　浩／神田基成／齋藤一晴
坂口可奈／鈴木　晶／田中孝枝／谷口天祥／智野豊彦／徳原拓哉
中山拓憲／韓　準祐／伴在　渚／深松亮太／安田震一／山田大介

JN084894

えにし書房

東 京 都

山 梨 県

相模原市

緑区

中央区

愛川町

南区

清川村

大和市

座間市

海老名市

厚木市

綾瀬市

神 奈 川 県

伊勢原市

寒川町

山北町

秦野市

松田町

平塚市

茅ヶ崎市

藤沢市

開成町

大井町

中井町

二宮町

大磯町

南足柄市

小田原市

箱根町

鎌倉市

逗子市

葉山町

横須賀市

静 岡 県

湯河原町

真鶴町

三浦市

千 葉 県

多摩区

麻生区

高津区

宮前区

川崎市

中原区

青葉区

幸区

都筑区

港北区

鶴見区

緑区

川崎区

瀬谷区

旭区

神奈川区

横浜市

保土ヶ谷区

西区

泉区

南区

中区

戸塚区

港南区

磯子区

栄区

金沢区

監修者はしがき

藤村泰夫

　かつて生徒から「先生、なぜ、本を読まなければならないのですか」とたずねられ、返答に窮したことがある。彼は、「本を読む必要は分かります。しかし、読んでいてもあまり楽しいとは思えない」と続けた。では、どのようなジャンルの本なら読めるかと尋ねてみた。すると、歴史に関する本ならと答えるので、『戦国日本と大航海時代』（平川新著、中公新書、2018年）を渡した。

　なぜ、本を読まなければならないのか。この問いは難しい。私にとって、日々の暮らしで本など活字に触れるのは至極あたりまえのことだからである。生徒に「読解力を鍛えるためだ」「論理的思考力を高めるためだ」などともっともらしい理屈を並べても、私の本心ではないので、偽りの言葉となってしまう。

　私が本を読む偽らざる理由は、本を読むことが好きだからであり、「へー、そんなこともあるのか」と驚くような新しい発見ができるからである。歴史を学び、歴史を教えることを生業としてきた私にとって、「歴史の面白さを伝えることが好きだし、生徒に私の思いが伝わった時の感動を味わいたいから」ということも大きな理由である。しかし、これらを生徒に言っても、果たして真意が伝わるだろうか。

　日本史と世界史をつなぐことを面白いと思ったのは、1973年、杉並区立井荻中学校の2年生の時であった。社会科の歴史の授業でK先生が「平賀源内は、獄中で病死しました」という言葉に対し、生徒T君の手が即座に挙がった。そして、「先生、平賀源内は、気球で牢屋を脱出してフランスへ行き、フランス革命に参加しましたとNHKの『天下御免』で言っていました。NHKですよ」と言い返したのである。K先生は、ちょっと間を置いて「昔のことだから、そういうことにしときましょう」と応じた。

　1973年当時、NHKの『天下御免』は、山口崇扮する平賀玄内の生涯を描いた時代劇で、老中田沼意次とのやりとりや、更にはアメリカ独立といった出来事も登場した。放送当時、世間では田中角栄首相の金権政治批判で騒いでおり、こうした社会的風潮とあいまって『天下御免』はお茶の間の人気番組となっていた。私も毎回欠かさず見ており、T君の発言の元となった最終回の結末には驚かされていた。そのため、T君とK先生のやりとりは今でも強く印象に残っている。

　これがきっかけとなり、日本史を学んでいる時でも世界を意識するようになった。日本の過去の出来事が世界史とつながっていることを発見するたびに、興味と関心を掻き立てられ、どういうことだろうかとさらに深く探るようになった。

　1999年8月、教員になって16年目の夏であった。当時、私は山口県立徳山高校の地理歴史部顧問をしていた。活動の柱に据えたのは「地域から世界を考える」というテーマであった。その年はF・サビエル来日500周年にあたっていた。新聞を読むと、サビエルの姉の子孫にあたるM神父

が徳山のカトリック教会に奉職されていることを偶然知った。そこで、地理歴史部の生徒を引率し、教会を訪問してサビエルの話を聞かせて頂くことになった。

約束の日は8月9日であった。この日は暑かった。さらには、約束の時間に遅れるという失態を演じてしまった。教会に着き、挨拶を終えるとM神父は、「今日は皆さんに話しておきたいことがあります」と厳粛に語られた。そして、国会で国旗国歌法が制定されたことに触れ、「日本はこれから戦争に向かうのでしょうか。それが気になります」と述べられたM神父の戦争や平和への思いに初めて触れた瞬間だった。その時、私の脳裏を「スペイン内戦」という言葉がよぎったので、恐る恐る神父に尋ねてみた。すると、「私の父親は、カトリック系の労働組合の弁護士をしていたため、フランコ軍につかまった」と言われた。話の中には、人民戦線の兵士がフランコ軍の兵士を海岸で処刑している様子もあった。身近な外国人から世界史の体験が聞けた瞬間であった。

私事をつらつらと述べたが、私はこうした経験を通じて、「地域から考える世界史」の内容や方法論を見つけてきた。それは第一に、「地域から考える世界史」の根幹となる日本史と世界史をつなげることの面白さであり、第二に、自分たちの身近な人たちが味わった体験から世界史を学ぶことに他ならない。

2022年度から実施される高等学校新学習指導要領に定められている「地理歴史科」の「歴史総合」第1章「歴史の扉」には、「歴史と私たち」という小項目がある。ここには、「私たちの生活や身近な地域などに見られる諸事象を基に、それらが日本や日本周辺地域及び世界の歴史とつながっていることを理解する」と記されている。この視点は、2年次以降の選択科目の「日本史探究」や「世界史探究」でも生かすこととされている。

この「監修者はしがき」の執筆と並行して、この1か月間は各出版社から出されている来年度の「歴史総合」教科書を見てみた。いずれの教科書も「歴史の面白さを伝えたい」との熱意が込められており、その中から1冊を選択するのは困難な作業だった。教科書執筆者も、そして教壇に立つ教員も、「歴史は暗記科目」というレッテルをはがしたいという思いがあり、こうした情熱が新しい教科書に反映されていた。

本書『神奈川から考える世界史』もこうした教育的風潮の中で出版されることとなった。本書に収められた論考は、いずれも執筆者たちが問題意識をもって、地域を歩き、収集した史実の数々である。その時、彼らは、いつも見慣れた神奈川の風景に、まったく違った景色を見たものと思われる。神奈川の地が、鎌倉の昔から今日に至るまで、連綿と世界とつながってきた歴史を持っていたこと、その中で人々は、悲喜こもごもの生活を営みながら人生を送っていたことに気づくであろう。歴史教育の大家大江一道氏はかつて「歴史は人間を考えるための宝庫だ。世界史は、まさに人間学と言ってもいい」と言われたことがある。歴史を学ぶことは、まさに太古の昔より人類がたどってきた道を考えることであり、まさに人間を考えることだと言っても過言ではない。

最近の中学や高校では、「歴史は暗記すればいい」というレッテルを払拭したいがために、教員は日々考えている。しかし、暗記科目から脱するためだとはいえ、グラフや資料の読み取り作業に時間を費やす授業も多いと聞く。これにも課題があるように思う。

「問題を解く」という行為は、たしかに歴史的思考力を涵養するであろう。しかし、これに傾注するばかりに、人々の日々の営みに関心を持たない態度は避けるべきであろう。グラフや資料を読

み取ることも大事だが、さらにはその向こうに人々の暮らしや営みまでも見出す努力をすべきであり、そこまで思考を重ねて初めて歴史的思考力を涵養できるといえる。

　歴史では「考える」ことが大切である。「なぜ、この年にこの地でその史実がおきたのか」を考えることも必要だ。しかし、もっと追求すべきは、史実を通して、「自分の立ち位置」に気づくということであろう。この問いに向き合うとき、本書は必ず助けになると考える。本書が人々を豊饒な歴史の海に誘うことを切に願っている。

2021 年 10 月

「地域から考える世界史」のコンセプト

　これまで世界史といえば、自分たちの地域とは無縁のものと考えられてきた。しかし、今日、アジア諸国との歴史認識をめぐる対立のなかで、もはや自国だけの歴史を知っていればことたりる時代ではなくなった。自国の歴史の相対化、他国との相互交流の歴史、つまり世界史のなかでとらえる日本の歴史が必要とされる時代となったわけである。それは、2022 年から始まる高等学校学習指導要領の地歴科の新しい歴史科目の根底を流れるコンセプトとなっている。

　世界史のなかで日本をとらえるといっても、日本列島の各地で起こっているできごとを見ていくことが原点であり、私たちの住んでいる地域がその対象になる。そして、地域から世界史を考えるということは、地域のなかに生きる自分の存在を世界史というフィルターにかけて考えることであり、その結果、自分が世界史と密接なかかわり合いをもちながら存在していることに気づく。

　また、地域の過去を見つめることは、その延長線上にある現在や未来を考えることであり、そこに、世界史を学ぶ意義を見いだすことができるのである。

はじめに

藤田賀久

　「日本に住む限り世界のことは関係ない」といった考えは無効であり、時に有害ですらあります。日本は世界の一部であり、私たちが日常生活を送る地域も世界の一部だからです。この当たり前の事実を、私たちは新型コロナウイルスによって痛烈に思い知らされました。コロナ禍は多くの尊い命を奪い、世界の主要都市をロックダウンに追い込み、人々にステイホームを強いました。国際線は欠航し、外国人観光客は「蒸発」しました。空港や駅、街やお店からは人影が消えました。

　しかし、人々は交流を続けました。コロナ禍を機に普及したテレワークなど、新たな交流の形を発展させました。そのインパクトは私たちの想像を超え、今では仕事や生活のあり方までも変えつつあります。

　変化といえば、たとえばDX（デジタル・トランスフォーメーション）や脱炭素化の加速は、世界の産業構造や企業の行動に大きな軌道修正を迫っています。一方で、歓迎できない変化もあります。世界では貧富の差がさらに拡大しました。人権侵害や民主主義の後退といった人類の幸福を踏みにじる動きも再び顕著となってきています。

　コロナ禍をはじめ、世界を突き動かした変化の震源地は、すべて日本の外でした。しかし、瞬く間に地球の隅々まで到達し、日本に住む私たちの生活や仕事、そして価値観すら揺さぶりました。このような時代に住む今、改めて日本と世界を一体的に捉え、私たちも世界史の一員であるという視点、すなわち「地域から考える世界史」がもつ意義を痛感します。このコンセプトは桃木至朗監修・藤村泰夫・岩下哲典編『地域から考える世界史 —— 日本と世界を結ぶ』（勉誠出版、2017年）にて詳述されているので重複は控えますが、この書の「監修者はしがき」の末尾には「全国津々浦々の『地域から考える世界史』が続々と出版されることを祈る」とあります。この呼びかけに手を挙げたのが本書です。

　本書の舞台は神奈川です。神奈川は世界の一部であり、神奈川の歴史は世界史の一コマであることを示すことが本書の目的です。本書で取り上げられている歴史の舞台に読者が立ち、足元が世界史と繋がっていることを実感していただきたいとの想いから、フィールドワークの参考になる情報にも力を注いでいます。

　本書は高校・大学の教員チームが議論を重ね、学生や生徒に語りかけるように容易な記述を心がけました。しかし編者としては、官公庁やビジネス、そして非営利団体など、社会の第一線で活躍する方々にも手に取って頂きたいと考えています。地域という足元を世界史につなぐことを通じて新たな歴史教育のありかたを提示する本書は、今という時代を理解するためにも多くの示唆があると信じるからです。

神奈川から考える世界史　目次

第1章

近世の神奈川と世界史

（幕末・維新）

元と神奈川——元寇前後の東アジアと鎌倉幕府

伴在　渚

はじめに

　「モンゴルの力士の方がお見えになるとき、近くのコンビニで牛乳を買って、持ってこられるんですよ」。

　「元使塚」がある常立寺の住職さんは、このようなお話をしてくれました。常立寺に伝わっている話によれば、元使塚とは、元朝（モンゴル帝国が大都（現在の北京）を首都として国号を「大元」としたのは 1271 年ですが、本稿では煩雑さを避けるため、一貫して元の国号を使います）の使者として日本を訪れ、1275 年に斬首された 5 人の使者を追悼するために、その 650 年後の 1925 年に立てられたとあります。

　5 基ある五輪塔には、モンゴルで英雄を意味する青い布が巻かれています。彼らが処刑された命日の 9 月 7 日には、今もモンゴル大使館から毎年追悼に訪れています。

　「元寇」というと、私たちは戦場となった博多や対馬に注目してしまいます。しかし中国の支配者「元」となるモンゴル帝国は、中東アジアから東ヨーロッパにまたがる広大な帝国でした。そのため、その全容を理解することは非常に困難です。

　そこで本稿では、郷土神奈川に立ち、ここから見えてくる視界を紹介していきたいと思います。神奈川には、冒頭で紹介した常立寺の元使塚の他にも、元や南宋など、東アジアと日本との関係を

示す足跡が多く残ります。これらを確認しながら鎌倉幕府と中国大陸、さらには東アジアとの関係を見ていきます。

1．世界的な視野から見た元寇

中学校までの学習で、元寇といえば
　（1）二度の襲撃に日本が屈服しなかったこと
　（2）（『蒙古襲来絵詞』などを通じ）元が集団戦法や「てつはう」、毒矢を用いた戦い方をすること
この2点はよく知られています。ここではさらに、元寇を日本との関係に限定せず、元が日本の他にも広くアジア各地を侵略したことを踏まえ、より広い視点から見ていきます。

　まず上記の（1）についてですが、元が第1回目の日本征討（文永の役）を実行に移したのが1274年です。これ以前の元は朝鮮半島の高麗を攻めています。しかし高麗は長期にわたって抵抗を続けたため、元の日本侵攻も遅れています。

　1219年、ついに高麗は屈服し、元の朝貢国となりました。その後、恭愍王（1330–1374年）によって1356年に高麗国が再興されるまで、およそ1世紀半の支配を受けました。この間の1271年3〜4月頃には、高麗の軍事組織である三別抄が日本に使者を送って元に対抗するための援軍と兵糧を求めています。しかし日本の朝廷や鎌倉幕府はこの救援要請には応えませんでした。

　日本は三別抄の呼びかけに応えませんでしたが、他のアジア地域では元の脅威に対する国際的な連携が生まれています。例えばベトナム北部を支配していた陳朝（1225–1400年）と同南部のチャンパ王国（192–1832年）は、元に対抗すべく協力関係を築いています。1282年、元はチャンパ王国を攻撃するにあたり陳朝に協力を要請しましたが、陳朝はこれを拒否しています。

　また、元の日本来襲は2度あったことは周知の通りですが、3度目の来襲がなかった要因を考えると、江南やインドシナ方面における戦況の泥沼化がありました。この時期、元はアジア各地に積極的に膨張していました。そのため、例えば1287年にはビルマのミェン国（パガン朝）を滅ぼしています。しかし、日本への来襲を断念せざるを得なくなる苦戦もありました。広い視野で見ると、日本から遠く離れた地域での出来事が日本を助けたともいえるのです。

　（2）の戦い方について。元は、世界において様々な武器や戦法を使っていました。例えば、南宋攻略戦で用いた「回回砲」もそのひとつです。

　1273年2月、5年にわたり、元に対抗して攻防戦を繰り広げた南宋の拠点・襄陽府がついに陥落しました。北方の金朝・元朝に対する南宋の前線基地である襄陽が奪われたことで南宋はついに滅亡の一途を辿ります。

　この戦いで元は回回砲を使用しました。回回砲とは大型の投石機であり「音は雷のようで、城中を震わせた。城中は騒がしくなり、多くの将が降伏した（聲如雷霆、震城中。城中洶洶、諸將多踰城降者）」と記録されています。これは、ペルシアに遠征した時に遭遇した、西アジアの投石機トレビュシェを導入したものだといわれています。広範囲を支配下に収めた元ならではの武器といえます。

2．元の「使者」の扱われ方を比較する

　以上の記述の中で高麗や南宋に触れました。元は、高麗、南宋、そして日本に対して、幾度も「使者」を派遣しています。では使者は訪問先の国でどのような扱いを受けたのでしょうか。この点に注意を払うと、日本が高麗や南宋と異なる態度で元に接したことが浮かび上がってきます。

　1225 年、高麗に派遣された元の使者が、その帰途、鴨緑江のほとりで何者かに殺害されました。犯人は不明でしたが、元は高麗を咎めて、断交という措置にでました。このとき、元は西方に軍隊を派遣していたため、即座に高麗を攻めることはできませんでしたが、1231 年になると、使者殺害を理由に、高麗を攻め、首都開京を包囲しました。これが、30 年以上にわたって元軍の高麗侵攻が続く端緒でした。

　次に 1261 年、元は南宋に宣戦布告しました。その理由は、南宋に派遣した使者が帰ってこないということでした。このように、使者は、元が高麗や南宋と戦端を開く「口実」となったのでした。1261 年、元はベトナム国王を臣下として冊封しました。そして 1264 年には高麗王・元宗に服属を誓わせています。こうして着々と勢力を拡大していた元は、1266 年、いよいよ日本に向けて使者を送り込みました。では鎌倉幕府は使者をいかに扱ったのでしょうか。

　実は元と日本が開戦するまでには、使者は 6 回も日本に派遣されていました。しかし、日本に上陸できない時や、上陸しても太宰府に留め置かれるなど、幕府との交渉に至らないケースがあったのです。

　1274 年、南宋の弱体化などを認め、ようやく日本侵攻に専念できると判断した元は、ついに日本への侵攻を始めました。文永の役の始まりです。

　文永の役の翌 1275 年 4 月、元は 7 度目の使者を日本に派遣しました。この使者たちは、鎌倉まで来ることができましたが、幕府は龍ノ口で処刑しました。この幕府の対応は、これまでに見た高麗や南宋とは大きく異なります。幕府は、この 2 カ国とは異なり、自らが使者を処刑したことを明確に示したのでした。

　1276 年 1 月、元によって南宋の首都臨安が陥落しました。遺臣の抵抗は続きますが、1279 年 2 月の崖山の戦いに破れ、南宋は名実ともに滅亡しました。臨安陥落が日本に伝わったのは 1277 年 6 月のことでした。そして南宋滅亡後の 1279 年 7 月、鎌倉幕府は来日中の元使を再び処刑しました。そもそも第一次侵攻（文永の役）の際、元が開戦に至る「口実」としたのは、日本が南宋と通商している点などでした。しかし、ここに来て幕府が元からの使節を処刑したという事実は、さらに日本への侵攻を正当化させるためには十分な理由となったのでした。

　この時に処刑された使者が弔われているのが、冒頭で紹介した常立寺です。もともと常立寺付近は、近くの龍の口刑場で処刑された人々などを葬った墓域・誰姿森がありました。そこに面影塚をたてて霊を供養していたところ、供養をする役割を担う寺院が建てられました。常立寺もそのひとつです。

　常立寺縁起によれば、使節の 5 人について次の記録があります。

正使（中奉大夫　礼部侍郎）	杜世忠（蒙古人 34 歳）
副使（奉訓大夫　兵部郎中）	何文著（唐人 38 歳）
計議官（承仕郎）	撤都魯丁（回回用人 32 歳）
書状官（薫畏国人）	果（薫畏国人 32 歳）
訳語郎将	徐賛（高麗人 33 歳）

　「元使」と言われる一団の構成をみると、モンゴル人の他にさまざまな民族で構成されていることがわかり、ここからも元の特徴が見えてきます。先に「回回砲」を紹介しましたが、「回回砲は、元々回回国から出た物……（其回回砲法、本出回回國……）（後略）」と『鉄函心史』に記録されるように、「回回」とは、この場面ではペルシアや西アジア方面を指す言葉と考えられます。また、「果」という人物は「薫畏国人」とあります。諸説ありますが、これはトルコ人を指していると考えられます。

　元使として来日した人達は民族を問わず処刑されており、鎌倉幕府の厳しい対応が窺えます。すでに述べたように、高麗や南宋は元使を処刑するまでの行為には出ませんでした。それでも、元使の身に生じたことを口実として、モンゴル帝国は戦端を開くに至っています。こうしたことを考えてみても、元使を処刑し、それを隠さなかった幕府は、モンゴル帝国との関係悪化は必然でした。常立寺で弔われている 5 人は、文永の役と弘安の役の間に処刑されたことから、鎌倉幕府は次の戦闘を覚悟した上での対応だったといえます。

3. 異国降伏祈祷 —— 鎌倉における戦い

　元の武力が襲った対馬や九州は、文字通り戦場となりました。また、幕府は必勝を期して様々な行動に出ました。東国の御家人に鎮西の命令を下すなど、戦闘で勝つために手を尽くしたことはもちろんですが、さらに幕府は、「異国降伏」の祈祷にも力を入れていました。

　鎌倉は、まさに幕府が行った異国降伏祈願の主な舞台でした。鎌倉の寺社仏閣で見られた異国降伏祈祷に関しては記録も残っています。以下では、鎌倉国宝館開館 90 周年記念特別展「鎌倉国宝館 1937-1945 —— 戦時下の博物館と守り抜かれた名宝 ——」の図録から数例を紹介します。

　まず、鶴岡八幡宮では弘安 4（1281）年に異国降伏の祈祷を行ったことが社務記録に残っています。また同年、幕府小御所檀上で如法尊勝法の異国降伏祈祷が行われたことが『異国降伏御祈祷記』に記されています。この記録は写本ですが明王院（鎌倉市十二所）に伝わるもので、現在は鎌倉国宝館に収蔵されています。

　明王院は真言宗御室派の寺で、創建は 1235 年です。発願者は四代将軍藤原頼経、建立地の十二所は政所から見て鬼門の方位にあるため、鎌倉の安泰を願って、鬼門よけとして五大明王を祭る寺として建てられました。鎌倉時代から室町時代までは祈願寺として重んじられ、本尊は降伏法の際に用いられることの多い不動明王です。

　『異国降伏御祈祷記』では弘安 4 年 4 月に七日間に及ぶ異国降伏の様子や、参加者の詳細、降伏の祈祷で使った用具などが細かく記されています。元寇というと対馬や九州における戦闘を思い出

しますが、こうした祈祷による戦いも当時の人々にとっては大変重要なことでした。

　異国降伏祈祷は、幕府に限らず、朝廷も大いに祈祷していました。このように、元寇時の日本は、国を挙げて戦ったのでした。しかし、日本と元が、元寇前後から違いを憎み、交流が途絶えたとみることは大きな誤りです。両国は、2度に渡る戦いで激しく争いましたが、より広い視野でみると、実に豊富な交流の足跡を残しているのです。この点を次に見ていきましょう。

4.　日宋貿易から日元貿易へ —— 活発な商業交流

　1281年、元は2度目の来襲にやってきました（弘安の役）。そのときもやはり元軍は日本の強固な抵抗の前に撤退を余儀なくされています。

　元軍撤退後も、日本にはその衝撃と緊張は続きました。その一方で、実は元寇終了直後から日元貿易は回復し、日本からの貿易船が元に派遣されています。日元貿易は末期日宋貿易を引き継いで展開していきましたが、元寇といった政治上の問題がありつつも、両国は貿易に対して強く関心を抱いており、元寇襲来時の一時期を除いて貿易や人の交流は活発に続けられていたのです。

　まずここでは、日元貿易以前の日宋貿易について確認しておきます。その先頭を切ったのは東大寺の僧 奝然（ちょうねん）（938？-1016年？）でした。彼は983年に宋へ渡航して986年帰国します。帰国時には、印刷された世界初の大蔵経（蜀版といわれる）を宋から持ち帰り、藤原氏の氏寺法成寺に奉納（現存せず）しています。こうしたことから、奝然の入宋には摂関家からの経済的援助がうかがえます。この頃の上級貴族は、宋との公的関係を結ぶことを避けつつも、宋の文物や情報を入手しようとしていたのです。この奝然の渡航により、僧を通じた非公式の日宋接触ルートが成立しました。

　12世紀半ばになると、日本では朝廷で商船来航に関して審議を行った記録が見られなくなります。それまでは大宰府・国司が来航商船を一律に管理下におき、天皇が貿易の許可・不許可を判断していた貿易管理体制でしたが、12世紀半ばから後半にその体制に変化があったとされます。

　12世紀後半ごろより、博多居留の宋海商は博多周辺の寺社・荘園と繋がりをもつことで経済的な支援を受けながら貿易を行いました。博多周辺の寺社・荘園は、都の有力者と関係の深い寺社や権門と繋がっていたため、貿易の利益は博多に限らず都の有力者にまで及んでいました。博多と都の繋がりを見た鎌倉幕府は、自らも大宰府に拠点をおく御家人・武藤氏や、寺社を通じた貿易体制を構築しました。また、12世紀後半になると入宋僧が激増しており、「日本人の海外渡航規制（渡海制）」は有名無実となっていました。

　12世紀半ばから後半にかけてはじまった日元貿易に関しても、やはり日宋貿易で見られたように海商は権力と繋がっていたと考えられますが、肝心の海商の実態は、史料の不足から多くが明らかになっていません。それでも、日元貿易成立以前の様子から類推すると、元と交流する海商は北条得宗家、金沢氏、東福寺など中央の有力者から支援を受けていたと考えられます。

　日宋・日元貿易はいずれも、その取引から得られる利益は大きく、双方にとって重要な収益源だったと考えられます。また、日本では「唐物」が珍重されていました。その様子は、例えば兼好法師が『徒然草』120段で「唐の物は、薬の外は無くとも事欠くまじ。書物は、この国に多く広まりぬれば、書きも写してん。唐土舟の、たやすからぬ道に、無用の物どものみ取り積みて、所

狭く渡しもて来る、いと愚かなり」と唐物の流行を皮肉っていることからも当時の様子が窺えます。『鎌倉遺文』には貿易船の帰国を心待ちにする幕府高官の姿が散見され、北条高時は元僧の明極楚俊（1262-1336年）が鎌倉入りした際には「唐まできこえ候し人みたり」と喜んだといいます。

　一方、当時の元の朝廷では倭船来航時に地方官が私利を貪り公務をないがしろにすることが問題となっていたことが「馬元帥防倭記」には記録されています。

5. 元襲来後の日元貿易と寺社造営料唐船

　14世紀になると、日元貿易の利潤で寺社を造営する寺社造営料唐船の時代になります。右の表は寺社造営料唐船の寺です。

　この表のほか、炎上した極楽寺の再建に金沢氏や寺社造営料唐船が関与していたという指摘もあり、日本と元の交易には多くの政治権力者も関与しており、私貿易以外も行われていたことが窺えます。日元の貿易船は建長寺船

寺社造営料唐船の寺

造営対象	派遣期間	派遣者
称名寺（鎌倉郊外）	1306 帰国	金沢貞顕
東福寺（京都）	1323 沈没	不明
建長寺（鎌倉）	1325 ～ 26	鎌倉幕府
鎌倉大仏（鎌倉）	1330 出発	鎌倉幕府
住吉社（大阪）	1333 帰国	鎌倉幕府？
天龍寺（京都）	1342 出発	足利尊氏・直義

浜島書店『新詳日本史』（日元貿易船 p125）より引用

の史料（次段落に記載）から分かるように、幕府が御家人を動員して警固にあたらせています。その理由の一つには、1298年に日元貿易船が往路に五島列島で漂流し、積荷が住民に掠奪される事件（『青方文書』）などがあったように、積荷を守る警固の必要性があったからでした。また、警固には御家人が動員されたことからも、幕府の深い関心と関与が見て取れます。

　ここに、建長寺船が元に派遣されたことを示す資料があります。その要点は次のとおりです。

　　建長寺船派遣に関する史料
　　（出航前1325年のもの。『鎌倉遺文』）
　　　建長寺造営料唐船警固事、自今月廿一日、迄来月五日、可被警固候、仍執達如件、……（後略）
　　（帰国後1326年のもの。『鎌倉遺文』）
　　　造勝長寿院并建長寺唐船勝載物京都運送兵士事、薩摩国地頭・御家人、可催進旨、被仰下畢、早到其用意、可被参勤候、仍執達如件……（後略）

　この建長寺船が派遣されたのは、1293年の鎌倉大地震によって建物が大きく損害を受けたこと、また1315年にも火災に遭ったことがきっかけでした。『吾妻鏡』などは、北条時頼が建長寺建立に多大な熱意をかけていることを記しています。しかし、その建長寺は、1293年の鎌倉大地震によって、諸堂がことごとく倒れ炎上してしまっています（『建長寺和漢年代記』、『鎌倉年代記裏書』ほか）。このときは、幕府が所領を寄進し、また寺格を公認したことにより、寺院復興のための財源が確保

されました。そしてようやく 1300 年 10 月には仏殿の再興供養が執り行われるまでに復興されました。ところが 1315 年、3 月と 5 月に二度にわたって火災に見舞われ、堂塔が焼けたため、改めて修理のための財源が必要となったのでした。

　建長寺は、こうして立て続けに災難に見舞われたのですが、その復興費が用意できなかったとするならば、現在、私たちが目にしている立派な伽藍は、この時に姿を失っていたかも知れません。その復興費用は、元に派遣された寺社造営料唐船がもたらしたものでした。

6. 宋・元と横浜市金沢区・称名寺

　前ページの表にあるように、称名寺（横浜市金沢区）も寺社造営料唐船を派遣しました。称名寺は北条実時が 1258 年頃に建てた持仏堂が起源とされ、その後極楽寺忍性の推薦により真言律宗の寺となり、金沢北条氏の菩提寺として鎌倉時代に栄えた寺です。

　鎌倉時代の寺社造営料唐船の派遣には鎌倉幕府北条氏が関わっており、執権を務めた北条氏だけでなく、北条氏の一族である金沢北条氏や称名寺の僧も関わったことがここから分かります。

　称名寺には庭園がありますが、これは 1319 年から翌年にかけて金沢貞顕によって作られました。金沢貞顕は金沢流北条氏の実質的な初代である金沢実時の孫にあたる人物です。修造の過程は金沢貞顕と剱阿の書状で伺うことができます。庭園を実際に見に行くとわかりますが、かなり広大なもので、配置は平安時代中期以降盛んになった浄土曼荼羅の構図に基づき作られた浄土庭園の系列になります。この浄土庭園は金沢貞顕の時代の 1319 年から翌年にかけて作られました。

　現在称名寺でみることのできる庭園は「称名寺絵図」に基づき 1978 年度から 10 年間にわたり整備されたものです。このような庭園を有し寺を整備するには莫大な費用がかかったことが推測できます。鎌倉時代を通じ整備維持を行っていくためには寺社造営料唐船の派遣も必要であったことは想像に難くありません。

　また、称名寺や隣接する金沢文庫では宋の影響を伺わせる文化財を多く有しています。称名寺本尊の木造弥勒菩薩立像は猫背の姿勢などから宋風の特徴がみられるとされており、また調査研究が行われている称名寺聖教の一部である「諸尊図像集」にも宋風が取り入れられているとされています。称名寺聖教は約 1 万 6 千点超の仏教書群で、2016 年に国宝に指定されており、鎌倉時代の浄土宗や禅宗など

の鎌倉新仏教と、真言宗をはじめ、旧仏教の歴史や文学など、武家文化の解明に欠かせない第一級の史料です。

　すでに、元が日本征討した際の理由として、日本が南宋と通商していたことを理由の一つに挙げましたが、日本と南宋の関わりが深かったことは、当時政治の中心となっていた鎌倉において、仏教を通じて南宋の影響が入り込んでいる文化財がとても多いことからもわかります。その例の一つとして金沢北条氏の称名寺・金沢文庫の文化財を紹介しました。

　しかし、称名寺は仏教を通じ宋との深い関わりがあるその一方で、元との関わりである寺社造営料唐船によって維持された寺でもあります。政治的な対立だけではこの時代の東アジアにおける交流は語れない一例といえるでしょう。

　日本と宋と聞くと、平清盛による日宋貿易と、その舞台となった大輪田泊や福原京を思い浮かべる人もいるでしょう。日宋関係は、平氏政権が倒れ、鎌倉幕府へと日本の政治が移っても続きました。そのことは、ここで紹介した称名寺や金沢文庫から知ることができます。しかし、日宋関係が続いていたことが、後に元の日本侵攻の口実となっていくのでした。

7. 仏教交流から見る日本と元

　日本と元を繋いでいたのは貿易の利益だけではありません。二度の元寇のあとは外交交渉がありました。元からその折衝のために来日したのは禅僧でした。俗人の官僚とともに僧侶が派遣されたのは「その俗、仏を尚ぶをもって」（『善隣国宝記』）とあるように、日本の仏教界を介して外交決着を図ろうという元側の意図があったからです。一山一寧（1247-1317年）が元から派遣された際も、「我が郷、浮屠を祟ぶをもって」（『元亨釈書』）とあります。「浮屠」とは仏陀のこと、つまり「仏を敬う」ことが日本にやってきた理由だと語っています。日元関係は、貿易で利益を得るという側面の他に、仏教界を通じた交流も重視されたのでした。

　仏教界を通じた日元交流は、元寇に先だって盛んであり、鎌倉幕府は宋僧と関わることを通じてアジア情勢を把握し、政策判断の材料にしていたと考えられています。来日僧は、鎌倉幕府にとっては、中国大陸に関する重要な情報源であったのです。そのため、多くの元僧が集まる建長寺や円覚寺は、情報の拠点となりました。

　例えば建長寺について見てみましょう。開祖の蘭渓道隆（1213-1278年）は南宋の西蜀（四川）の生まれの僧です。建長寺は1249年、時の執権北条時頼によって創建されました。そのときに開山（初代住職）として招かれたのが蘭渓道隆でした。建長寺には日本のみならず大陸からも多くの僧が集まったため、修行は中国語で行われていたといいます。当然ながら、このような場所には多くの情報も集まったことでしょう。

　しかし、蘭渓道隆は、元寇の際には、元の密偵として働いたのではないかとの疑いをかけられています。そのため、甲州や奥州、伊豆などへ流されてしまいます。来日僧は、情報源としては非常に重用されましたが、彼らもまた国際情勢に翻弄されたといえるでしょう。

　建長寺の住持となり、そののち円覚寺（開山1282年）の開祖となったのが無学祖元（1226-1286年）です。無学祖元は南宋の明州（寧波）の生まれの僧であり、執権北条時宗の招きに応じて1279年に来日

しました。建長寺の住持であった無学祖元が、なぜ円覚寺の開山となったのでしょうか。それは、北条時宗が元寇によって犠牲となった戦没者を慰霊するための寺を建立しようと考えたからです。

　無学祖元は弘安の役の際に「莫煩悩」の書を時宗に与え叱咤もしています。元寇があったということが大きく影響している寺であるといえます。そして、今では元寇で戦死した日本の武士も元軍の戦士も分け隔てなく供養されています。ここで供養されている元軍は、モンゴル人だけでなく高麗人など、「元使塚」の項目で「元とはさまざまな民族によって構成されていた帝国」と述べましたが、元の支配下にあったことにより元寇で亡くなった方も供養されています。

　鎌倉時代の日本において、戦い以外の面で東アジアの人々と交流する軸となったものの一つは貿易です。そして、もう一つの交流の軸となっていたものが仏教です。鎌倉時代においてはそのような渡航関係において情報を得ていました。そして、現在では、文化財を通して、また亡くなった元の人々、つまりモンゴル人だけでなく元の支配下にあった人の供養を通して、当時の東アジアに触れることができます。

おわりに

　蒙古襲来のその時、対馬や博多で元軍と交戦となりました。集団戦法やてつはう、毒矢といった戦法によって日本は苦しめられ学ぶことが多かったのですが、実は元軍も、見慣れない戦法を使う鎌倉武士に苦しめられたのでした。この時、政治の指揮をとる鎌倉では、使節への対応や宗教を通じた外交交渉など交戦以外の部分で幕府が東アジアでの立ち位置を模索していたことがわかるのではないでしょうか。また元を敵国とみなす一方で、貿易の面ではその存在を無視できないどころか鎌倉時代の文化面を形成していく上で欠かせない存在であったことがわかります。

　モンゴル帝国は東西にわたる強大な帝国でした。敗北し支配下に入った国、敗北していないが従属した国、滅ぼされた国を数えていけば 30 で超え、多くの民族がその支配下にありました。

　日本にとっては大きな「蒙古襲来」という出来事も、元が膨張していく世界の動きのなかの一つの出来事です。そして日本の出来事には他の東アジアの国々が影響しています。今でも、東アジアと関わっていた痕跡は神奈川県の各地でみることができます。世界に影響を及ぼす大きな流れの一つに身近な地域は繋がっているのです。

【参考文献】
村井章介『増補　中世日本の内と外』ちくま学芸文庫、2013 年
荒野泰典他編『日本の対外関係3　通交・通商圏の拡大』吉川弘文館、2010 年
村井章介編『東アジアのなかの建長寺』勉誠出版、2014 年
五味文彦『シリーズ日本中世史①　中世社会のはじまり』岩波新書、2016 年
福島金治『金沢北条氏と称名寺』吉川弘文館、1997 年
服部英雄『蒙古襲来と神風 - 中世の対外戦争の真実』中公新書、2017 年
鎌倉国宝館編『鎌倉国宝館 1937-1945 ―― 戦時下の博物館と守り抜かれた名宝』2018 年
「常立寺縁起」常立寺所蔵

《コラム》

朝鮮通信使と藤沢宿

韓　準祐

　2017 年に「朝鮮通信使に関する記録」がユネスコの世界記録遺産（世界の記憶）に登録されました（中尾宏・町田一仁共編『ユネスコ世界記憶遺産と朝鮮通信使』）。世界記録遺産（世界の記録）とは、「世界的に重要な記録物への認識を高め、保存やアクセスを促進することを目的とし、ユネスコの事業として 1992 年に開始された」ものです（文部科学省「世界の記憶」）。

　朝鮮通信使は、日本における江戸時代、朝鮮半島における朝鮮時代において、江戸幕府と朝鮮王朝の間の和平と文化交流を担う使節団でした。通信使は日本人とさまざまな交流を行い、その交流の様子は日本各地に残されています（日韓共通歴史教材制作チーム『日韓共通歴史教材 朝鮮通信使──豊臣秀吉の朝鮮侵略から友好へ』）。

　朝鮮通信使は江戸時代を通じて 計 12 回来日しましたが、そのうちの 10 回、神奈川県内の東海道を通って江戸へ下っています（小澤昭子「朝鮮通信使と神奈川─延享年中・宝歴年中の通信使来日と神奈川のかかわり」）。さらに、朝鮮通信使は、江戸時代に東海道五十三次の宿場町として栄えた藤沢宿に正徳元年（1711）を除く 9 回宿泊をしており（湘南日韓親善協会『朝鮮通信使が往く』）、食に関する事項を掲載している饗応地として 3 回、その記録を確認することができます（高正晴子『朝鮮通信使の饗応』）。

　小澤によると、朝鮮通信使の通行の際には 350 人前後の通信使一行に加え、護衛の対馬藩主や藩士、随行の以酊庵関係者等含めると 650 人～ 700 人の大行列となることから、事前に人員の配置等の綿密な計画をたて、人や馬、食材を調達する必要があったといいます（小澤昭子「朝鮮通信使と神奈川──延享年中・宝歴年中の通信使来日と神奈川のかかわり」）。

　それでは藤沢宿で朝鮮通信使を迎えるために、人馬、食材等はどのように準備されたのでしょうか。湘南日韓親善協会が制作発行した『朝鮮通信使が往く』によると、寛延元年（1748）に来朝した朝鮮通信使に対し、相模国村々には、人足と馬を負担する御用（人馬役）、馬入川（相模川）など、橋のない川に船で仮の橋を架ける御用（船橋御用）、宿泊所や休泊所における食事など接待に関する御用（御賄役）の 3 つの御用役がありました。藤沢宿には高座郡・鎌倉郡・三浦郡の村々と愛甲郡、大住郡の一部の村々が人馬役、愛甲郡・大住郡・淘綾郡・高座郡・鎌倉郡・三浦郡が馬入川の船橋役を務め、三浦郡の村々はさらに魚（御肴役）を出し、津久井県は猪と鹿（猪鹿役）を捕らえて出しました（湘南日韓親善協会『朝鮮通信使が往く』）。宝歴 14 年（明和元年 1764）にも、藤沢宿へ肴（魚介類）の納入は、実際三浦郡の漁村が請負ったことが確認できる文書が残っています（小澤昭子「朝鮮通信使と神奈川──延享年中・宝歴年中の通信使来日と神奈川のかかわり」）。

　次に、天和 2 年（1682）に藤沢宿の蒔田本陣で通信使に供された饗宴の献立をみてみましょう。儀式的な「飾り膳」に引き替えて供された本膳は、「焼物（小鯛など）・煮貝（あわび）・汁（ふくさ味噌仕立て、松茸など）・香物・煮物（いりこなど）・鱠（鯛など）・食（飯）となって」おり（図 1 参照、湘南日韓親善協会『朝鮮通信使が往く』）、相模国内各地から集められた食材がふんだんに使われていることが分かります。

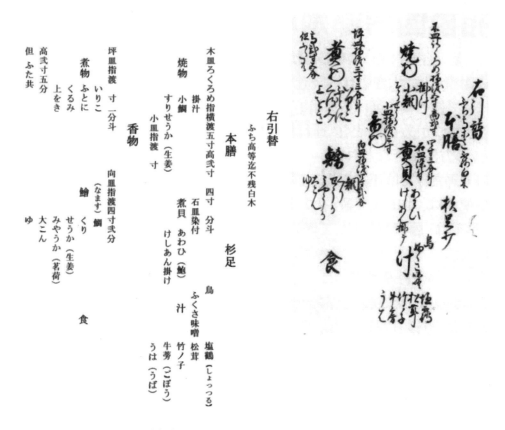

図1　藤沢宿で供された朝鮮通信使饗応献立（湘南日韓親善協会『朝鮮通信使が往く』9頁より転載、原本は対馬宗家文書）

　本コラムでは朝鮮通信使と藤沢宿の関係、とりわけ通信使を迎え入れる準備と饗宴に焦点を当てましたが、藤沢における通信使との交流の様子を想像することは容易ではないかもしれません。そのためには、藤沢以外の地域における朝鮮通信使の記録をたどりながら、イメージを膨らませることが必要でしょう。地域史に刻まれている海外とのつながりを調べてみると、地域に対する理解が深まるだけではなく、国際関係を捉える視野も広がりますので、是非チャレンジしてみてください。

【参考文献】
文部科学省「世界の記憶」https://www.mext.go.jp/unesco/006/1354664.htm、2021年2月19日閲覧
中尾宏・町田一仁共編『ユネスコ世界記憶遺産と朝鮮通信使』明石書店、2017年
日韓共通歴史教材制作チーム『日韓共通歴史教材　朝鮮通信使──豊臣秀吉の朝鮮侵略から友好へ』明石書店、2005年
小澤昭子「朝鮮通信使と神奈川──延享年中・宝暦年中の通信使来日と神奈川のかかわり」神奈川県立公文書館紀要6号、
　　2008年
湘南日韓親善協会『朝鮮通信使が往く』さんこうどう、2017年
高正晴子『朝鮮通信使の饗応』明石書店、2001年

《コラム》

ペリー来航と神奈川
——徳川幕府の迅速な条約交渉は横浜で始まった！

岩下哲典

　大桟橋に近い横浜開港資料館の敷地が、嘉永7（1854）年3月3日の「日米和親条約」締結の場所、「横浜応接所」です。アメリカ側は、Treaty House（条約館）と呼んでいます。日本側はあくまでも「応接」つまり面会・対応の場所で、アメリカ側は、条約を締結したことを重視した表現になっています。こうした日米のボタンのかけ違いは、ペリーの後に来日したハリスとの間にも続き、太平洋戦争の日米開戦まで、否、現在も続いているかもしれません。

　さて、横浜応接所は、本来、前年、アメリカ大統領親書（国書）を受領した久里浜（横須賀市）に造られていましたが、ペリー側との事前交渉の結果、正式交渉場所はより江戸に近い横浜に変更されたのです。久里浜にあった建築物は、急きょ解体され、横浜に運ばれ組み立てられました。日本家屋のプレハブ的な構造が役立ったわけです。

　嘉永6年6月3日に浦賀（横須賀市）に来航した、ペリーに対して、幕府が8日には久里浜で応接所を設置して国書を受領しました。このことは、19世紀初頭にロシア使節レザーノフが長崎に来日して通商要求した際、半年も待たせて拒絶したことに比べれば、実に迅速な対応だと思います。ペリー来航に関しては、幕府が事前に準備をしていたから、このようにできたのでしょう。

　ペリー来航の前年の嘉永5年6月に長崎のオランダ商館長ヤン・ヘンドリック・ドンケル＝クルチウスが、ペリー来航予告情報第一弾の「別段風説書」を長崎奉行経由で幕府にリークしました。「北アメリカ共和政治州」が「ベルリ」率いる蒸気軍艦を日本に派遣すること、通商要求をすること、上陸して城を攻め取る道具や兵士（海兵隊）を運んでくることなど、浦賀で起こりうる事態を書いて、注意喚起していたのです。それのみならず第二弾の長崎先奉行宛てオランダ総督（在バタフィア：現ジャカルタ）書簡で、ペリーへの対応策提供をほのめかし、第三弾でその対応策である「日蘭通商条約草案」をもたらしました。なんとオランダは、ペリーよりも前に条約締結を働きかけていたのです。なかなかしたたかですね。ようするに前年9月の段階で、幕府は対応策までオランダから提供されていたのです。

　さらにこれらの情報の内、第一弾の「別段風説書」の内容は、老中首座阿部正弘によって、浦賀奉行、江戸湾防衛の担当である彦根・会津・川越・忍藩主、長崎防衛の福岡・佐賀藩主、琉球王国を実効支配する薩摩藩主には提供されていました。そのうち、薩摩藩主島津斉彬は、情報の信ぴょう性に信頼を寄せ、江戸家老に山の手方面で避難用屋敷の入手を指示しています。また、斉彬の大叔父にあたる福岡藩主黒田斉溥は、「別段風説書」を引用し、①一日も早い対外政策の決定、②御三家への情報提供、③土佐の漂流帰国者中浜万次郎を江戸に呼んで海軍を創設すべしとの建白書を外様大名として、ペリー来航前に幕府に提出していました。この建白書は、斉彬や尾張藩主徳川慶勝の支援と看視のもとに提出されたものでした。これらの結果、薩摩藩は嘉永7年1月には中渋谷に屋敷を入手しました（後の時代になるが、第13代将軍家定の御台所－奥方－となった篤姫はこの屋敷から江戸城大奥に輿入れしました）。一方、黒田の建白書は、幕府勘定所役人に無視されましたが、阿部正弘に、来航後、広く建白書を募る斬新な政策を打ち出すのに自信を

あたえるきっかけになったと考えられます。そして、先に述べたように幕府が、アメリカ国書を比較的早めに受領したのは、こうした来航予告情報と事前の想定があったためでしょう。そして、結果的には横浜での日米和親条約締結のための交渉も都合 4 回で締結と比較的スムーズだったのです。

　さて、横浜応接所の平面図（仙台藩儒大槻磐渓編「金海奇観」早稲田大学図書館所蔵）を見ると、交渉場所の中央には「通詞」の文字があります。長崎出身のオランダ通詞森山栄之助と堀達之助です。長崎のオランダ通詞は、オランダ語のほかにフランス語と英語も学んでいました。

　ナポレオン時代、オランダがフランスに併合されていた時、海外植民地をイギリスに牛耳られていたオランダは、日本貿易のため、アメリカ船をチャーターして長崎にオランダ船として入津させ、利益をあげていました。ところがその船の船員が英語を話していたことを聞きつけたオランダ通詞がオランダ商館長ズーフに何故英語を話すのか問い合わせました。ズーフはイギリスから独立したアメリカ船であることを申告したため、長崎奉行は、アメリカ独立を証明する品の提出を命じました。そのため、ズーフは、アメリカの 1 ドル銀貨を提出したのです。ズーフは、コインによって日本人がアメリカ独立を信じたことを書き留めています。日本でアメリカ独立が認められた証拠は 1 ドル銀貨だったのです。

　ともかく、長崎では英語が学ばれ、ネイテイブ・アメリカンから英語を学んだ通詞もいました。長崎の知が、横浜でも活かされたのです。交渉の際、ペリーの英語は、オランダ系アメリカ人によってオランダ語に翻訳され、日本人オランダ通詞（森山・堀）が日本語に翻訳して日本側全権に伝えられました。日本側全権の日本語もオランダ語・英語と翻訳されて、ペリー側に伝えられました。ただし、森山と堀は英語ができたので、英語とオランダ語で、同じ内容を 2 回聞くことができ、ペリー側の意図を把握することが容易だったのです。アメリカに最新の蒸気船や大砲という武力を誇示され、すなわち軍事的に劣勢に立たされた日本でしたが言語環境的には優位にあったのです。なお通詞の控室は下から三番目で、権勢順位はとても低いのです。実権ある実務担当者が地位的に低いのは日本社会の伝統なのかもしれませんね。

　さて、締結した条約は、交渉による対等条約でありましたが、アメリカ側は、最恵国待遇をしのばせてあり、その点では、まんまとしてやられました。しかし、最恵国待遇以外には対等な条約を結んだことは、日本が「文明国」としてヨーロッパ列強に認められるきっかけになったと言って良いでしょう。横浜応接所は、日本が国際社会にデビューする、まさに桧舞台となった場所なのです。

【参考文献】
加藤祐三『黒船前後の世界』岩波書店、1985 年
三谷博『ペリー来航』吉川弘文館、2003 年
岩下哲典『予告されていたペリー来航と幕末情報戦争』洋泉社新書、2006 年
同『江戸の海外情報ネットワーク』吉川弘文館、2006 年
西川武臣『ペリー来航』中公新書、2016 年
岩下哲典『普及版 幕末日本の情報活動』雄山閣、2018 年

《コラム》

西洋医学と神奈川
——最先端の医学・医療が行われた幕末明治の横浜

岩下哲典

　文久2（1862）年、東海道の生麦村付近で、京都に向かって武装行進中の薩摩藩国父島津久光一行（大名行列）を横切った乗馬の英国人4人組がいました。横浜居留地の商人ら男女4人です。先頭のリチャードソンは薩摩藩士に殺害され、マーシャルとクラークが負傷、ボロディール夫人は無傷でした。この生麦事件は、賠償金を薩摩藩が拒否したことから、翌年、鹿児島での薩英戦争に発展しました。

　リチャードソンの検死と2人の負傷者の治療にあたったのが、北アイルランド生まれ、エジンバラ大学卒のイギリス公使館付医師ウイリアム・ウイリスです。ウイリスはこののち薩英戦争のイギリス軍艦に乗り込み、また鳥羽伏見戦争や上野彰義隊戦争の負傷者を治療したり、会津戦争後の会津地方にも赴き、戦後の状況を報告したりしました。また、明治2（1869）年東京医学校兼大病院の医官となりますが、明治政府がドイツ医学を採用したことから、翌年には鹿児島医学校兼病院に赴任、明治10（1877）年西南戦争後に帰国しました。そののちウイリスは、1885年バンコクに赴き、イギリス総領事館付医官としてタイの医療向上にも尽力しました。

　ところで横浜居留地の最初の公共的病院は、文久3（1863）年開設の横浜病院でした。ウイリスもかかわったこの病院は資金集めのために、チャリティ・コンサートまで開きましたが、経営は困難であったとのことです。慶応3（1867）年にはオランダ海軍病院と合併しましたが、その後、海軍病院は山手病院となり、日本人も診察して、現在も国際親善総合病院（横浜市泉区）となって、その伝統を受け継いでいます。

　このように横浜は、当時としては長崎などの開港地と同じく最先端の医療環境がありました。そのため、新政府も横浜を接収した直後の明治元（1868）年に軍陣病院を野毛において、先述のウイリスに治療を依頼しました。上野彰義隊戦争直前、西郷隆盛は、戦争負傷者を横浜の軍陣病院に送るための「廻船」を多数用意し、官軍、特に薩摩藩兵の戦意高揚につとめました。最先端の医療を用意したから、しっかり戦ってくれということなのです。1日で終わった上野戦争も、激戦だったため、収容者多数となり、旧幕府の太田陣屋も使いましたが収容しきれませんでした。結局、東京下谷に移転、東京府大病院となりました。同病院は四肢切断手術など最先端治療を行い、西洋外科学の優秀さを立証しました。また横浜軍陣病院では、看護人の献身的な看護による早期退院症例もみられました。なお、幕府側も弁天地区に軍陣病院を設けた時期があり、こちらはフランス人医師が治療しました。軍陣病院というのは、野戦病院（戦地で最前線の後方に設置して、戦場で負傷した傷病兵を一時的に収容する病院）の当時の呼び名です。

　外国人の病院ではなく、日本人による病院設立は民衆支配の観点から重要でした。そのため明治3（1871）年、市中共立仮病院が開業しました。これが日本人の手による公立病院のはじまりで、後の横浜十全病院です。同院は神奈川県が運営し、困窮者は無料で治療が受けられました。のち横浜市に移管され、現在横浜市立大学附属市民総合医療センター（横浜市南区）となっています。

　なお、横浜港は外国船に開かれた港でありましたから、外国人由来の伝染病は深刻でした。明治10年

コレラが流行したため、太田避病院が設置されました。これが日本で最初に設置された避病院（伝染病患者の隔離病院）でした。ついで富岡避病院も設けられ、船中病者を受け入れました。その後、閉院となったり、横浜伝染病院が作られたりしましたが、これらは、十全病院の付属施設でした。

　また、外国人の検疫業務を行うため、横浜検疫所が設けられました。長浜海港検疫所には、明治32（1899）年ごろ、黄熱病研究で著名な野口英世（会津猪苗代出身）が勤務していたことがありました。ここでペスト患者の発見など業績をあげた英世は、清国ペスト救援の日本医師団に加わり活動しました。こののち、渡米、さらにデンマークやアメリカで細菌研究を重ねたのです。残念ながら、アフリカのガーナで黄熱病の研究中に死亡しました。

　近年では新型コロナウイルスに感染したダイヤモンド・プリンセス号が横浜港に係留され、乗客・乗務員の感染患者治療に横浜周辺の検疫・医療等の機関があたったことは記憶に新しいと思います。

【参考文献】
ヒュー・コータッツィ『ある英人医師の幕末維新──W・ウィリスの生涯』中須賀哲朗訳、中央公論社、1985年
中山茂『野口英世』岩波書店、1985年
横浜開港資料館編『ブルンワルドの幕末・明治ニッポン日記』日経BP社、2015年
斎藤多喜夫『幕末・明治の横浜　西洋文化事始め』明石書店、2017年
山崎震一『ウイリアム・ウイリス伝』書籍工房早山、2019年
「『上野戦争』前日西郷の直筆書簡」『読売新聞』2020年4月1日

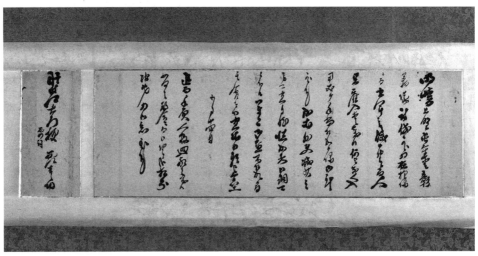

「上野彰義隊戦争前日の西郷隆盛書簡」
慶應4年（1868）5月14日に記した西郷の部下あて書簡。
人足の極秘調達、横浜に傷病兵を搬送する『廻船』の用意などを依頼している。群馬県高崎市名雲書店提供写真。

《コラム》

開港場横浜とつながる日本各地と人

岩下哲典

　横浜ベイスターズの本拠地、横浜球場の外縁部に、小さ
な日本庭園があります。その中に「岩亀楼」と彫られた石
灯籠がひっそりと建っているのをご存じでしょうか。

　岩亀楼は、港崎遊郭のある港崎町名主岩槻屋佐七の営む、
横浜最大の遊女屋でした。この遊女屋の豪華な内装、たと
えば扇を壁いっぱいにちりばめた扇の間や豪壮な大階段な
どは、昼間、観覧料を徴収して観光客に見せていました。
それらは「横浜浮世絵」にも多く描かれています。

　港崎遊郭は横浜を繁栄させるためとして、横浜開港当初
から幕府肝いりで造られたものです。長崎の丸山・寄居町
遊郭に倣って造られたようですが、内実はかなり違ってい
ました。

　長崎の遊女は、貿易で利益を得た外国人商人にお酒を飲
ませて、帰国前に請求して、利益を回収していました。そ
れゆえ、国益のため働いているという意識が強く、自己判

断で実家に戻ることもしばしばありました。困った遊女屋主人が長崎奉行に嘆願している文書も残ってい
るのです。

　一方、横浜は、関東の村々の貧しい農民の女性が年季奉公で働いていたようで、大きく深い堀に囲まれ
た遊郭の中に囲われていて、遊郭の外に出ることはきわめて難しかったのです。どちらかというと江戸の
吉原遊郭に近いといえるでしょう。横浜遊郭が堀で囲まれていたこと、それが大きな悲劇を生みました。

　慶応2年（1866）10月、遊郭に続く土手道沿いの豚肉屋から火が出て、またたく間に日本人町や居
留地を焼き払いました。遊郭内にも飛び火し、さしも栄華を誇った岩亀楼も焼失して、遊郭内で焼け残っ
たのは、金毘羅社だけだったといいます。遊女もあるものは煙に巻かれ、あるものは堀に飛び込み、多く
が死亡しました。それでも遊郭は、高島町、黄金町と移転して存続しました。高島町は、開通間もない新
橋横浜間の汽車の窓からよく見えたため、外聞が悪いとして黄金町に移転させられたのです。

　遊郭がなくならなかったのは、外国人が日本であげた貿易の利益を、遊ばせることで日本に戻すのが、
長崎や横浜の遊郭のもっとも大事な役目だったからでしょう。女性の性がそうしたことに利用されたこと
をどう考えるべきでしょうか。

　ところで、女たちが夜そうした仕事をさせられていた一方、男たちはどうしていたのでしょうか。外国
人商人相手に日本各地から一攫千金を夢見て、外国人との商売に精を出したのです。

　上州（現・群馬県）の中居屋重兵衛は、生糸や火薬で財をなし、豪壮な銅御殿を建立しました。また、

江戸から三井が横浜に幕府の命で出店させられました。

　信州伊那郡小野村の名主家筋の小野光賢は、横浜を管理する町会所役人になり、貴重な町会所の記録「町会所日記」を残しました。光賢の息子光景は、同じく町会所役人や小野商店を創業して生糸産業を育成しました。それのみならず横浜正金銀行（のちの東京銀行、現、三菱 UFJ 銀行）頭取や横浜倉庫会社社長、神奈川新聞や横浜鉄道・横浜商業高校の発起人、神奈川県会議員、貴族院議員などを歴任し近代都市横浜の基礎を築いたのです。光景は、同じく生糸産業で財をなした原三渓と本牧の地を分け合いました。三渓の屋敷のほうは三渓園（横浜市中区）として存続していますが、小野家の屋敷はほとんどが住宅地になっていて、わずかに小野公園に顕彰碑が残っているに過ぎません。横浜では完全に忘れ去られてしまっています。

　このように全国各地から有為な人材が横浜に集まり、外国貿易が始まったのです。そうした痕跡を横浜の町中に探し、また神奈川県立歴史博物館や横浜開港資料館、横浜市歴史博物館の所蔵資料で調査研究するのもよいですし、横浜にかかわった人物の出身地で探すのもありだと思います。

　小野家の文書は開港資料館に所蔵されており、関係の品は、長野県辰野町小野に小野光賢・光景記念館が子孫忠秋氏によって建設され、現在、忠久氏が守っています。さらに小野家は、光景の時、小野地区に小野病院や小野駅、両小野小学校（辰野町塩尻市小学校組合立）敷地、小野公園などを寄付し、地域のインフラ整備に尽力しました。

　横浜の外国貿易で財をなして、出身地のインフラ整備に寄与した例はもっともっと発掘されるべきでしょう。

　そういえば、横浜から出港してサンフランシスコで清掃業を行って財をなし、その財産を受け継いで東京で出版業を行ったのが、古田晃という人です。小野家の小野地区と隣接した長野県塩尻市北小野地区出身です。ここはかつて東筑摩郡筑摩地村といったので、その名をとって、古田は「筑摩書房」（現・株式会社筑摩書房）を創業したのです。古田も小野家に倣い、両小野中学校（塩尻市辰野町中学校組合立）に教職員住宅を寄付したり、他社の本も含めた古田文庫を北小野地区に寄贈しています。私はその古田文庫で読書の楽しみを知りました。そして小野公園で遊び、小野駅を利用しました。古田や小野家に大変お世話になったのです。

　皆さんの地方・地域にもそうした人物がいたのではないでしょうか。ぜひ発掘していただきたいと思います。

【参考文献】
岩下哲典『権力者と江戸のくすり』北樹出版、1998 年
同『江戸情報論』北樹出版、2000 年
同『江戸の海外情報ネットワーク』吉川弘文館、2006 年
松井洋子「長崎と丸山遊女」佐賀朝・吉田伸之編『シリーズ遊郭社会 1. 三都と地方都市』吉川弘文館、2013 年

《コラム》

西洋人が残した江の島の記録とは

安田震一

　多くの観光客が訪れる藤沢・湘南地域、その歴史を紐解くと西洋人とのつながりが見えてきます。医師・博物学者のフィリップ・フランツ・バルタザール・フォン・シーボルトの『日本』（1832−1851）、大森貝塚で有名な学者エドワード・モースの『日本その日その日』（1917年）などの日記や報告書を考察していくと、日本や日本人に対する考え、感想、期待などが多くつづられていることが分かります。中には日本や日本人の原点が浮き彫りになるような記述もあります。そうした19世紀の藤沢・湘南地域に関する記述から得た学びは、2020年（＋1年）東京オリンピック・パラリンピックを考えるヒントとしても大切でしょう。

　そうした作品の中でも江の島は非常に魅力的な観光地、巡礼地、絵になるポイントになっております。まず、風景画として描かれた江の島は、日本人画家の川原慶賀がシーボルトのために描いた作品（図①）であり、現在はオランダのライデン国立民族学博物館に所蔵されています。

①《江ノ島》、川原慶賀（1786—1860）、水彩画、1826年、ライデン国立民族学博物館蔵、『大出島展──ライデン・長崎・江戸──異国文化の窓口』展示カタログ、長崎市立博物館、2000年、p.62 より転載。

　『イラストレイテッド・ロンドン・ニュース』や『ジャパン・パンチ』等にスケッチ画あるいは水彩画を提供したイギリス人画家のチャールズ・ワーグマン（Charles Wirgman 1832−1891）の作品は、恐らく多くの日本人が想像する「日本」を描写しています。ワーグマンは『イラストレイテッド・ロンドン・ニュース』の特派員として1859年に香港に赴き、英国と中国との悪化する国際・外交関係を取材しました。そこから1861年にイギリス公使サー・ラザフォード・オールコックの一向に随行して長崎を経由して江戸に到着しました。当時の日本は急速に近代化を進めており、これを見た西洋諸国は日本を賞賛するとともに警戒心を抱いていました。

　しかし、ワーグマンは日本の近代化を素直に伝えました。日本および日本人の生活習慣、伝統や文化、社会的出来事、さらには生麦事件までを報道し、また関連した記録画を描いていました。ワーグマンが最後に日本から伝えたのが1895年の下関条約でした。ワーグマンが捉えた日本および日本人は、西洋と東洋の間、日本の新旧の移行期を垣間見る画像資料となりました。

　西洋人にとって「日本」とは、城、神社仏閣、庭園などに代表されます。一般的な風景画となると、横浜、神戸、函館、仙台など外国人の往来が歴史的に確認できる場所、さらには定番となっている京都、奈良および富士山などが挙げられます。しかし、そうした風景画の中で注目すべきは江の島（藤沢）でしょう。描かれた理由とは何だったのでしょうか。都市からリゾート地への観光を紹介するため、また、巡礼地と

しての江の島を伝える意味もあったと言えるでしょう。

七里ヶ浜から描いた江の島（図②）の後方には富士山が見えます。今では写真術に取って代った様子ですが、ワーグマンが捉えた江の島は画家としての芸術的な作品もあれば、見たままの様子、すなわち記録画として描いた作品もあります。ワーグマンの時代の特徴である新旧の日本が表現され、籠や侍、漁師らしき人物が描かれています。

ワーグマンの作品には知恵、努力、想像、さらには癒しが感じられます。上記に述べた新旧日本に関しては、列車の中でタバコを吸う背広姿の男性とキセルを用いる着物姿の男性、列車と籠など当時の日本社会での近代化が描かれています。また、蒸気機関車が籠や人力車と競合する、または対比されて描かれている表現方法も見られます。

ワーグマンが描いた江の島は芸術作品に留まらず、記録として描いたと思われる作品などがあります。

何と言っても最も詳細かつ現実的に描かれた画像資料として挙げられるのは、エドワード・モース（Edward Sylvester Morse、1838-1925）の《江の島の入り口》（図③）でしょう。モースは大森貝塚の発掘で有名ですが、漁業の研究のために７月17日から８月29日までの約６週間、江の島に滞在しておりました。1877年当時のスケッチ画は、最近までこうした姿が見られたのかもしれません。1877年７月29日（日）

②《七里ヶ浜からの風景：江ノ島および富士》、チャールズ・ワーグマン（1832−1891）、油彩画、1880年頃、*Export Art of China and Japan* Christie's London April 28 1999 p.43 より転載。

Fig. 159

③《江の島の入り口》エドワード・シルヴェスター・モース、スケッチ画、1877年頃、*Japan Day by Day*『日本 その日その日』、vol. 1 of 2: 1877 1878-79 1882-83 Houghton Mifflin Company p.193 より転載。

の記述には非常に興味深い文章が記載されていますので、ここで紹介させていただきます。

この狭い混み合う路を通って、私は実験所へ往復する。私はこの村に於ける唯一の外国人なので、自然彼等の多くの興味を惹くことが大である。彼らは田舎から来ているので、その他多数は疑いもなく、それ迄一度も外国人を見ていないか、あるいは稀に見ただけである。しかし私は誰からも、丁寧に且つ親切に取扱われ、私に向って叫ぶ者もいなければ、無遠慮に見つめる者もいない。この行為と、日本人なり中国人なりがその国の服装をして我が国の村の路――都会の道路でさえも――を行く時に受けるであろうところの経験とを比較すると誠に穴にでも入りたい気持ちがする。

ワーグマンおよびモースの日本情報は、当時の日本の大きな変革を本国へ発信しました。その中には、日本人のホスピタリティ精神、江の島についても綴られています。そうした情報に触れた欧米人は、エキゾチズムに溢れる絵画作品や記述を通して新たな時代を迎えた「日本」に触れ、日本に対するイメージを定着させたのでしょう。

リチャード・ヘンリー・ブラントン──横浜を造ったお雇い外国人

智野豊彦

はじめに

　平成 30（2018）年 7 月 4 日、スコットランド自治政府のフィオナ = ヒスロップ文化・観光・対外関係大臣が横浜を訪れ、林文子横浜市長と交流共同声明を行いました。これにより、横浜とスコットランドは、文化・観光、海洋産業、スポーツの 4 分野を主として、双方の市民や若者の交流や企業連携を深めることを定めました。

　この交流の礎を築いたのは、明治のお雇い外国人リチャード・ヘンリー・ブラントン（Richard Henry Brunton 1848-1901）といえます。彼が横浜の近代化に果たした業績は大きく、現在の横浜公園の日本大通り側口には、ブラントンの胸像がたっています。

ブラントンの胸像

1. 幕末・明治の灯台設営

　ブラントンは、灯台技師として来日し、「日本の灯台の父」と呼ばれます。日本最古の洋式灯台は観音埼灯台で、明治 2（1869）年にフランス人ヴェルニー（François Léonce Verny 1837-1908）によって建設されました。ヴェルニーは野島崎灯台など 4 基建設しましたが、その後はブラントンが全国の灯台を建設していきます。このとき、全国の灯台勤務者の訓練所としても機能し、ブラントンの灯台づくりの拠点となったのが、横浜弁財天にあった「横浜燈明台局」です。昭和 23（1948）年に海上保安庁灯台局として東京に移転するまで、約 80 年にわたって日本の灯台事業の拠点になったものです。現在では、洋式試験灯台の基礎として使用されていたレンガと看板がたっています。

ヴェルニーの胸像

　ブラントンが日本の各地に灯台を建設したのは、実は幕末の動乱が関係しています。その端緒は、文久 3（1863）年、長州藩が下関海峡を航行する外国船に砲撃を加え、ついに攘夷を決行したことにあります。翌元治元（1864）年、長州藩に攻撃を受けたイギリス・フランス・アメリカ・オランダは、四国連合艦隊を形成して報復攻撃を行いました（下関戦争）。

　長州藩の攘夷は意に反したとはいえ、幕府はその責任を追及され、300 万ドルの賠償支払いを約

束させられました。幕府はその一部を支払い、残余の支払いに関してはその延期を要請しました。慶応 2（1866）年、幕府は、4 ヵ国と「改税訳書」を結びました。この時、4 ヵ国は、幕府の求めに応じて賠償金支払い延期、及び賠償金の 3 分の 2（200 万ドル）の放棄に応じる姿勢を見せ、その代わりに「兵庫の開港、税率軽減、条約勅許」を要求しています。

改税訳書には、関税の税率軽減、貿易制限の撤廃、その他にも貿易上の便宜のために多くの条項が設けられました。そして、第 11 条では、航路標識の整備を義務づけていました。具体的には、イギリス公使パークスを中心に意見が調整された結果、8 箇所（剣崎・観音崎・野島崎・神子元島・樫野崎・潮岬・佐田岬・伊王島）の灯台と 2 箇所（本牧・函館）の灯船の設置が要求されることとなりました。幕府としても、海運の安全な発展なためには灯台整備の必要性を理解していました。また、建設費は下関事件の賠償金を振り向けるものとされていたこともあり、これに同意しました。

観音崎灯台

こうして幕府による洋式灯台建設が決まりましたが、当時の日本には施工技術はなく、灯台機器および技術者は外国からの援助や指導に依頼する必要がありました。この当時の世界で灯台先進国といえるのは英仏両国でした。レンズなどの機器分野ではフランスが、そして灯塔などの建設分野ではイギリスが優れていたといわれています。

フランスは主要輸出品の絹織物の原料である生糸を日本から手に入れるため、外務大臣ドルーアン・ド・リュイスの外交方針に従って幕府を援助していました。このため幕府は、改税訳書が締結される以前に、すでに横須賀製鉄所の建設と横須賀の灯台機器をフランスに発注していました。しかし、フランスから灯台機器が届いたときには、幕府は既に崩壊していました。幕府を引き継いだ明治新政府は、緊急を要する江戸湾の 4 灯台（観音崎・城ヶ島・野島崎・品川）の建設を開始しました。

こうして、明治 2（1869）年 1 月 1 日、観音崎灯台が点灯しました。これが日本で最初の洋式灯台となります。他の 3 灯台もフランス人技師ヴェルニーによって建設が進められ、いずれも 1870 年に完成しました。

一方で幕府は、改税訳書の締結後、イギリス公使パークスに対しても、灯台機器の発注と技術者の派遣を依頼していました。パークスから通知を受けた英国外務省は、商務省を通じてエディンバラのデビッド＆トマス・スティーヴンソン社に日本向けの灯台を発注しました。この際に、日本から約 1 万ポンドの為替手形がイングランド銀行に送付されています。

スティーヴンソン兄弟はスコットランドの危険な沿岸地域にある灯台を担当する灯台技師でした。デビッド＆トマス・スティーヴンソン社は、日本政府が求めるお雇い灯台技師職の求人広告を出しましたが、熟練技術者からの応募は乏しい状態でした。これに応募し、日本に派遣されることになる灯台技師こそが、本稿の主人公リチャード・ヘンリー・ブラントンでした。

2.　リチャード・ヘンリー・ブラントンの来日

リチャード・ヘンリー・ブラントンはスコットランドの荒涼とした東海岸のストーンヘイヴン近

くのマカルズにおいて、沿岸警備隊員の息子として生まれました。アバーディン方面で鉄道技師として働いた後、1864年にロンドンの鉄道会社に勤務、この時に英国商務省とデビッド＆トマス・スティーヴンソン社を介した日本政府の灯台建設技術者の募集を知りました。

これに応募したブラントンは、1868年2月に技師長に採用されました。ブラントンは鉄道技師でありましたが、優れた技術を有していたため、デビッド＆トマス・スティーヴンソン社は、灯台業務に必要な知識を短期間に習得できる人物として商務省に推薦しています。灯台業務に熟練した技師が少ない時代でもありました。基礎的工学に精通していたブラントンは、灯台技師としての訓練を受けました。その一環として、スコットランド東海岸の灯台にも訪問しています。

こうして日本に派遣されたブラントンは、2人の技師補と妻子を伴い、慶応4（1868）年8月8日に横浜港に上陸しました。この時、日本ではまだ戊辰戦争の最中でしたが、ブラントンは英国公使ハリー・パークス卿の協力で11月21日から翌年1月5日まで灯台設置の調査航海に出ました。そして、14ヵ所の灯台用地を訪問し、海抜を測量し、各地で調達できる建設資材や労働力などを調べ上げています。

1870年7月8日、ブラントンによって設計された初の灯台こそが、後のエルトゥールル号遭難事件の際に遭難者が最初に救助を求めた大島樫野崎灯台でした。これは日本初の洋式石造りの回転式灯台でした。その後もブラントンは、日本全国に26の灯台、5箇所の灯竿、2艘の灯船などを建設しています。

3. 「横浜のまちづくりの父」として

灯台技師として来日し、「日本の灯台の父」といえるブラントンですが、彼は来日から1876年に離日するまでの約8年、灯台以外にも様々な活躍をしました。たとえば船舶の設計・建設・進水・艤装、また橋梁の建設や鉄道計画にも従事しています。その中で特筆すべきは、沼沢地であった横浜を近代都市に変身させたことです。居留地の舗装や下水道の敷設、街灯設置など、横浜の街づくりに多大な貢献をしたブラントンは、「横浜のまちづくりの父」として今も讃えられています。以下ではその主な活躍を見てみましょう。

（1） 吉田橋関門跡

1858年の日米修好通商条約の取り決めにより、安政6（1859）年に開港した横浜は、まず山下町から外国人居留地がつくられていきました。居留地は掘割で仕切られ、居留地とその外部を隔てる入り口に仮橋が架けられ、橋のたもとには関所が設置（吉田橋関門跡）されました。このため、関所から海側の内側は、関内と呼ばれるようになりました。

文久2（1862）年、関所が置かれた吉田橋は、仮橋から木造の本橋に架け替えられました。しかし、橋脚は木の皮がついたままの材木で、馬車の通行に支障をきたしていました。この木造の橋を、恒久的な鉄橋に

「吉田橋関門跡」の石碑

架け替えることを寺島宗則知事に要請されたのがブラントンでした。

　ブラントンは、前述したように鉄道技師の経験から、鉄橋の架設工事に関する経験を有していました。もっとも工事予算の制約から、ヨーロッパから高価な資材を輸入することや、外国人技術者を雇うことはできませんでした。そこでブラントンは、日本の鍛冶鍛工などに助力を求めて工事を進めたのです。

　この鉄橋架設工事は、日本の民衆の興味を喚起したようで、多くの人が飽くこともなく見物していたといわれています。こうして明治2（1869）年、日本で最初の無橋脚トラスト鉄橋である吉田橋が誕生しました。しかし、鉄橋として最初のものはこの吉田橋ではなく、長崎の「初代くろがね橋」（1868 年架設）だったそうです。

　吉田橋建設にかかった工費は 7000 円。開通後は「橋代」（通行料）として馬車 1 銭、人力車 5 厘が徴収されました。このため、「鉄」と「金銭」をかけて「かねの橋」とも呼ばれました。現在、当時の「関内」であった馬車道と、同じく「関外」であった伊勢佐木町の間には、掘割を利用した首都高速道路が走っています。この首都高速の上を跨ぐ現在の吉田橋は、1978 年に完成した 5 代目です。

（2）　横浜居留地の改善

　幕府が造成した横浜居留地は、当初は日本風の造りでしたが、慶応 2（1866）年 10 月 20 日に豚肉料理屋鉄五郎宅（尾上町 1 丁目付近）から出火した火事によって、関内を焼き尽くしてしまいました。「豚屋火事」と呼ばれるこの大火事によって、横浜居留地は灰塵に帰しました。

　1866 年は改税訳書とともに、居留地等の改善に関する取り決めがなされていました。本書第 2 章「横浜港のエルトゥールル号とコレラ・パンデミック」の「2. 神奈川におけるコレラ対策の歴史」でも記しますが、当時はコレラが世界的に流行していたため、居留地の排水と下水道の整備は居留民の切望するところでした。領地内の主要道路には排水溝が布設されるなど、下水道としての役割を担っていましたが、各所で詰まりが発生し、汚水が溢れ出していたという状態でした。

　こうした事情から、明治新政府は居留地の下水道整備をブラントンに依頼しました。その整備作業は明治 2（1869）年から明治 4（1871）年まで続いています。

　整備予定では、道路に砕石・礫を敷き、低地で水はけが悪いところには盛土をして高くすることになっていました。道路に敷く材料としては、下田でみつかった適当な石を船に運び込みました。また、排水管には陶器製のものを用いました。石材と排水管の準備に時間がかかったこともあり、工事は遅延し、道路完成は明治 3 年となりましたが、新たに出来上がった道路と排水システムは、完成時には多くの人にとって満足のいくものであったようです。

　しかし、関内にあった外国人居留地の住民は、明治 4 年には 1071 人でしたが、明治 13（1880）年には 3937 人と 4 倍近くに激増しました。そのため、下水管を通る排水量がブラントンの設計を上回り、しばしば下水管が詰まり、汚水の排水が不可能な状態となりました。さらにブラントンの離日後には、コレラが大流行したこともあり、後に下水道はさらに改修されることになりました。

　横浜では、下水道の整備に加えて、衛生的な生活用水の確保や街路の照明灯を求める声もありました。ブラントンによれば、家庭排水は地下水を汚染しており、汚水溜の近くにあった井戸などは、

程度の差こそあれ、多くが汚染されていました。

　そこで明治2年、横浜の日本人商人たちは、横浜に清水を供給するため、合計25万ドルを寄付しました。そしてブラントンに再度白羽の矢が立ったのです。ブラントンに依頼したのは寺島宗則でした。

　しかしブラントンの計画は、浄水施設と貯水施設の設置も含むものであり、その高額な工事費が障害となって実施には至りませんでした。慶応2年の約定には生活用水や照明等の設置に関する言及が無かったため、日本政府は費用負担を避けたようです。

（3）　横浜公園と日本大通り

　現在において、ブラントンが残した横浜での業績に触れることができるものといえば、横浜公園と日本大通りでしょう。

　外国人男性と市井の日本人女性との接触を回避したい幕府は、各地の居留地に遊郭を設けました。横浜では「関内」に外国人と日本人の両方が使える港崎遊郭を設置しました。このときに設けられた数ある遊郭のなかでもひときわ豪

横浜公園内の日本庭園の岩亀楼の石灯籠

華であった遊郭の岩亀楼の灯籠は、現在の横浜公園内（横浜スタジアム周辺）の日本庭園に移管され、今もみることができます。

　前述の通り、慶応2年の「豚屋火事」は関内を焼き尽くしましたが、このとき、港崎遊郭では遊女400人が死んだといわれています。

日本大通り

　この遊郭跡地を公園として設計したのもブラントンであり、現在の横浜公園の原型となっています。また、公園から波止場象の鼻（現大桟橋近辺）へと至る400メートルの直進道路を開通させました。これが現在の日本大通りです。道路の中央には馬車用の車道40フィート（12m）、道路の左右には歩道10フィート（3m）と植樹帯30フィート（9m）を設けており、道路幅員計は120フィート（36m）に及んでいます。この道路は、マカダム舗装とよばれる手法で、破砕した石を突き固めて堅固な路面を造成し、さらに、陶管の下水道を敷設するという西洋式の舗装街路です。日本大通りは、現代においてもその幅は際立っています。

　筆者はかつて、前任校の授業の一環として、生徒を率いて横浜三塔と言われる神奈川県庁（キング）、横浜税関（クィーン）、開港記念館（ジャック）を見ながら、この日本大通りを歩いたことが

あります。この時のテーマとなったのが、横浜公園の豚家火事の話と、火事を教訓として生まれた日本大通りが持つ防火帯としての機能でした。

　なお、横浜公園から海岸方面に日本大通りを望むと、海岸方面が緩やかに盛り上がっています。海岸沿いに元町にかけて盛り上がっているのが、自然地形の砂州の宗閑嶋<rt>しゅうかんじま</rt>です。「横に伸びた浜」と吉田新田で干拓された地形が、その高低差から確認できると思います。

（4）　横浜港改良計画

　大蔵卿大隈重信と工部卿伊藤博文は、船舶が横付けできて容易に貨物の積み下ろしのできる埠頭の建設を望んでいました。そこで明治6（1873）年、ブラントンに対して、新埠頭の設計図と見積書の作成が指示されました。ブラントンは巨大なコンクリートの防波堤の建設と250万ドルの経費を要する計画書を提出、大隈と伊藤は是認しました。

　しかし、ブラントンの計画は激しい論議を巻き起こし、結局、明治8（1875）年、林董からブラントンに宛てて、計画実施の無期限延期が書面で通知されました。彼の横浜港改良計画は、ブラントン離日後の1889年〜1896年になってようやく施工されました。

（5）新橋・横浜間の鉄道意見書

　明治5（1872）年、イギリス人のエドモンド・モレルの指導により、新橋―横浜間に鉄道が開通しました。当時の横浜停車場（現桜木町駅）は居留地を出てすぐの所であり、新橋停車場（後に汐留貨物駅となる）も、築地居留地の外縁にありました。

　ブラントンは、この鉄道建設に対しても意見書を作成していました。もっとも彼は、多大な労力と経費を要する鉄道網整備よりも、立派な道路を造るべきだという意見を抱いていました。雨が降ると通行できなくなる未舗装の泥濘な道路を、立派な公共道路へと改良することは、日本の発展を培養する路線となり、その発展こそがやがて鉄道建設につながると考えていたのでした。

桜木町駅（旧横浜駅）近くに展示してある明治の機関車

　しかし、地味で単純な仕事である道路整備よりも、国家発展の英雄的シンボルを日本人は望んでいると考えたブラントンは、元々鉄道技師であったこともあり、東京―横浜間の鉄道建設に関する提言を依頼されると、直ちに設計と明細書作成に取り掛かりました。

　意見書は明治2（1869）年3月半ばに完成し、政府に提出しました。これによれば、
　　①東京―横浜間は地面が平坦で、敷設が容易で費用が少なくすむ
　　②距離も適当で鉄道の効力を十分に示すことができる
　　③横浜は京都・大阪に通じる大道（東海道のこと）に位置し、後日これを延長すれば、全国鉄道の根幹となる
　　④東京湾には、大船が入らないので、横浜より鉄道を敷設すれば将来の繁栄が期待できる
　　⑤通行がすでに頻繁なので資本に対して優良の割合をもって益金を得られる

と書かれていました。

　モレルを技師長とする施設工事は明治3（1870）年に始まりました。しかし工事着工後も、兵部省は高輪付近の測量を認めることはありませんでした。そこで、大隈重信の指示により、海面を埋め立てて線路を敷設しています。このように線路計画は何回も変更されました。ブラントンは、日本人は工事の手順やシステムに無知であるのに、独りよがりかつ横柄な態度で指導権を握ったと批判しています。このようなブラントンと日本人との軋轢は、他の作業でもしばしば見られました。

4.　お雇い外国人としてブラントンの評価

　ブラントンは、成立したばかりの明治政府が雇った外国人技師でした。明治政府が雇った外国人は約3000人といわれています。このうち、工部省には580人が雇われており、この約80％がイギリス人でした。また、明治3年～10年における工部省予算の25～45％が灯台局にあてられています。当時の日本の優先順位がうかがえます。

　ブラントンの給料は1カ月450円（その後600円）で、本国出発時から支給されました。また、妻同伴ということで2人分が支給され、航海の手当として英貨200ポンドも支給されています。

　当時、大久保利通など政府高官の月給は500円、小学校校長が25～30円、松江中学校の英語教師として勤務していたラフカディオ・ハーンは100円でした。ハーンが大学に勤務した時は400円が支給されています。これらからも分かるように、ブラントンに支払われた給料は、当時の日本人から見れば非常に高額でした。

　たしかに高い給料を得ていたブラントンですが、横浜だけでなく全国に及ぶ彼の業績を踏まえると、それに見合うものだったといえるでしょう。明治8（1875）年、工部卿伊藤博文は、次のような書簡をブラントンに送っています。

　　　「あなたに委ねられた、日本の海岸に灯台を建設し保守管理するという業務は完璧に実施され、政府は完全に満足しております。これらの灯台は現在30基を超えていますが、その設計、建設、運営のどれをとっても、満足すべき十分な理由があります。」

　しかし、一方でブラントンは、日本人との間で多くの摩擦を生みだしました。技術者として仕事一途だったブラントンは、日本に対しては特別の興味関心を抱いていなかったようです。それは、旅行者が日本人を過大に美化することを非難していることからも窺えます。

　ブラントンなど母国を離れた者にとっては、日本で働くことは、インドなど他の植民地で働くことと大差はありませんでした。しかし、日本は独立国であり、植民地ではありませんでした。そのため日本人は、たしかに英国人を工業力が発展しその技術・専門性が優れていると認めていても、あくまでお金を払って雇っている人であり、最終決定権は日本人の手の中にあると強く考えていました。そのため、技術的には正しくても、時に高圧的な態度で自らの意見を主張するブラントンの態度は、雇い主である日本人の目には快くは映らなかったのでしょう。このため、契約は更新されずに、明治8年3月、1年後の解雇通達を受け、ついにブラントンは翌年春に日本を去ったのでし

た。

　イギリスに帰ったブラントンは、仕事の傍ら、日本について記述を書き溜めました。これは死の直前に完成しました。その本は『ある国家の目覚め──日本の国際社会加入についての叙述とその国民性についての個人的体験記』（邦訳『お雇い外人の見た近代日本』講談社、1996 年）です。

　没後、ブラントンはロンドンのウェスト・ノーウッド墓地に葬られました。ブラントン生誕 150 周年を祝って、横浜市は灯台の彫刻をした記念碑を埋葬地に建てています。

5.　近代日本とヨーロッパ

　最後に、視野を広く取り、ブラントンと彼の祖国スコットランド、そしてヨーロッパと日本との関係を世界的な視野で眺めてみましょう。

　ブラントンに代表されるお雇い外国人は、日本史の文脈で登場します。しかし視点をスコットランドや英国に移すと、18 世紀以降、多くの技術者や移民を国外に送り出していることに気付きます。技術者に限っても、インド植民地に数百人を送り出しています。オーストラリアやニュージーランド、アフリカなど大英帝国の植民地全体ではさらに多くの技術者が活躍していたことでしょう。また、清朝においても大勢の外国人を雇用していました。

　このように、当時の世界的な観点からみえてくることは、日本が「お雇い外国人」に払った高額な給料が破格であったとはいえ、それは日本の基準から見たものであり、ブラントンのような専門性を有する技術者への報酬としては当然のものであったといえましょう。

　ブラントンは海外で活躍したその一人ですが、同じスコットランドからは 15 〜 25 人の灯台員が派遣されています。一方で、日本からもたくさんの人がスコットランドに赴いています。例えばNHK 連続テレビ小説『マッサン』のモデルとなった竹鶴政孝の留学先でありました。彼が学んだグラスゴー大学は、大陸諸国にみられる学理を重視する方式とイギリスにみられる実践重視の方式とを融合した教育課程を創案し、日本の工部大学校（後の東京大学工学部）の発展にも寄与しています。また、多くの日本人が留学生としてここに学び、特に工学人材の育成に貢献しています。

　さて、明治期の日本と西洋の関係について考えるとき、技術や文化が一方的に、西洋から日本へと流れてきたことが強調されます。しかし、実際には決して一方通行ではなく、日本に滞在した御雇い外国人たちは、日本の文物を海外に持ち出して広く伝えたりしています。例えば江の島サムエル・コッキング苑で有名な植物プランターであるアイルランド人コッキング（1845–1919 年）のように、日本に物品を求める者も大勢いました。また、ゴッホによる『名所江戸百景』の模写などで有名なように、西洋におけるジャポニズムの流行は、芸術以外にも多くの影響を与えていたと思われます。

おわりに

　私がリチャード・ヘンリー・ブラントンに興味をもった理由を最後に触れておきます。今から

20年ほど前、エルトゥールル号の調査で遭難場所の和歌山県串本を訪れ、地元の名士矢倉甚平氏にお世話になったことがあります。矢倉氏のご案内で、エルトゥールル号遭難者が救援を求めた樫野崎灯台を尋ねた時、この灯台を設計した「灯台の父」ブラントンの話になりました。このとき、矢倉氏は「ブラントンは横浜の父と呼ばれて、胸像が横浜の中心地にあるはずですが」と言われました。その瞬間、私の頭に浮かんだのは横浜公園にある西洋人の胸像でした。

　串本での調査が終わって横浜に帰ると、さっそく横浜公園に行き、その像がブラントンであることを確認しました。このとき、初めてブラントンと横浜の深い関わりに気付きました。もちろん、ブラントンの胸像の前を何回も通っていました。しかし、人物名すらも確認したことはありませんでした。私にとって、ブラントンの胸像は矢倉氏の話を伺うまで、その存在は無きに等しいものでした。

　古典的名著『歴史とは何か』（岩波新書、1962年）で、E・H・カーは次のように述べています。歴史とは「現在と過去との間の尽きることを知らぬ対話」であり、「事実というのは、歴史家が事実に呼びかけた時だけ語るものなのです。いかなる事実に、また、いかなる順序、いかなる文脈で発言を許すかを決めるのは歴史家なのです」と。

　カーの言葉を借りれば、我々が何かを積極的に見ようとするとき、事象や物体は初めて私たちに語りかけ、その存在が意味を持ちはじめます。さらにいうならば、万物は神の恩寵だとしても、その恩寵を見出すことができるのは、今生きている個々の人間次第なのです。

　私がブラントン像に辿り着くまでの軌跡と、ブラントン像を前にして見えてきた豊穣な歴史。私はまさにブラントン像の前で、生徒たちに話してみました。屋外ということもあり、私の真意がどれだけ生徒に伝わったかは疑問ですが。

　万物に無意味なものはなく、意味の可否は個々の認識次第です。いつも皆さんが歩いている横浜で、ぜひブラントン像のような身近なものから歴史を考え、そして横浜と世界との繋がりを考えて頂ければと思います。

【参考資料】
オリーブ・チェックランド、加藤詔士・宮田学訳『日本の近代化とスコットランド』玉川大学出版部、2004年
リチャード・H・ブラントン、徳力真太郎訳『お雇い外人のみた近代日本』講談社、1986年
リチャード・キレーン、岩井淳・井藤早織訳『スコットランドの歴史』彩流社、2002年
北政已「明治期日本の産業革命遺産とスコットランド人技師・教師の貢献」『創価経済論集』第46巻、2017年3月
加藤詔士「日本・スコットランド教育文化交流の諸相——明治日本とグラスゴウ」『名古屋大学大学院教育発達科学研究科紀要』第56巻（2）、2010年3月
「横浜市ホームページ」（https://www.city.yokohama.lg.jp/kurashi/machizukuri-kankyo/kasen-gesuido/gesuido/history/hajime/kyoryuchi.html）2020年10月19日閲覧

第2章
近代の神奈川と世界史
（明治～太平洋戦争）

《**コラム**》

横浜──日本の出口、世界の入口

坂口可奈

　横浜の観光ガイドを開いてみましょう。山手や中華街などの「異国情緒」あふれる場所が紹介されているはずです。昔の横浜といえば外国の文化が入ってきた場所というイメージを持っている人も多いと思います。では、横浜が日本の入口であると同時に世界の入口（日本の出口）でもあったことを思い浮かべる人はどれほどいるでしょうか。

　1864 年、イギリスの P ＆ O 社が上海−横浜間の定期船を就航させました。その 2 年後の 1866 年には幕府に選ばれた 14 人の留学生が横浜からイギリスへと旅立っています。明治期になると森鷗外（1884年にドイツへ留学）や夏目漱石（1900 年にイギリスへ留学）などの文豪たちも横浜からヨーロッパに向けて出発しました。

　現在、直行便を使えば半日ほどでヨーロッパに着きます。日系の航空会社なら、日本国内とほぼ同じ感覚のまま機内の時間を過ごすことができます。しかし、幕末から明治にかけての留学生の旅の経験は、現代の私たちとは大きく異なっていました。いくつもの寄港地に上陸し、船をいくつも乗り換えなければいけませんでした。数十日のあいだ波に揺られてやっと留学先にたどり着いたのです。

　当然のことながら、船上では他の外国人乗客と同じ空間で生活することとなります。留学生たちは船上生活で異文化に驚くとともに、世界の広さを体感しました。彼らにとっては、船上での生活そのものが世界との出会いでした。留学生たちの学びの旅は船の上で既にはじまっていたのです。

　また、ヨーロッパへの船旅はイギリスのパワーを目の当たりにするものでもありました。ここで 19 世紀後半のアジアを少し見てみましょう。上海ではアヘン戦争後にヨーロッパ諸国の租界が建設され、香港はアヘン戦争とアロー戦争でイギリスに割譲されていました。1860 年代といえば、インドシナ半島ではフランスがベトナムとカンボジアの保護国化を進めている時代です。シンガポールはインドと中国を結ぶイギリスの重要拠点としての存在感を強めている時期です。セイロン（スリランカ）は 1814 年から1815 年のウィーン会議ですでにイギリスに割譲されています。森鷗外がドイツ留学に出発した 3 年後の 1887 年にはフランス領インドシナが成立しました。19 世紀から 20 世紀はじめは、ヨーロッパ列強が経済的にも政治的にも世界を牛耳らんとしていた時代なのです。

　それぞれの寄港地で、留学生たちは欧米のパワー、植民地化される世界、そして新興国としての日本を理解しました。明治期日本にはヨーロッパに留学するエリートもいた一方で、生きていくために子どもを売らなければいけない人々もいました。売られた人々の中には、いわゆる「からゆきさん」として海外に売られていった女性たちもいます。特にシンガポールでは「からゆきさん」が多く働いていました。シンガポールに上陸した留学生たちは、「からゆきさん」という存在を通して日本という国について考えを巡らせました。

　ヨーロッパへのルートそのものもイギリスの力をあらわしていました。ヨーロッパ行きの航路では、横浜から上海、香港、シンガポール、ペナン、スリランカ、アデン、スエズ（スエズ運河開通前はそこから陸

シンガポールは今も昔も様々な人々が行きかう国際都市です。幕末明治期の日本人は、シンガポールでヨーロッパ系、中国系、さらにはマレー系やインド系の人々と出会い、世界の広さと多様性を目の当たりにしたことでしょう。

路でアレクサンドリアに行く）を経てヨーロッパに至ります。これはまさにイギリスの本国−植民地間の連絡ルートなのです。新興国の若者は大国イギリスの支配地を通る航路に乗らなければ、留学先へたどり着くことさえできませんでした。

　イギリスの支配地を通るルートにのらなければいけなかったのは日本だけではありません。ヨーロッパ−アジア間を移動する多くの船は同じルートを辿りました。あのペリー提督の黒船も浦賀に来航した際はこの航路を利用していました。アメリカの東海岸を出発し大西洋をわたり、セントヘレナ島を経由して喜望峰をまわって、スリランカやシンガポールを経て日本に来たのです。

　黒船＝アメリカによって日本は開国したとの印象を受けるかもしれません。しかし、黒船来航の背景にはヨーロッパの国が築いた世界秩序がありました。教科書の記述は「結果」にすぎません。「結果」だけでなく、その背景も見てみましょう。きっと表面的な観察では見えてこなかった世界が見えてくるはずです。

【参考文献】
木畑洋一『帝国航路（エンパイアルート）を往く──イギリス植民地と近代日本』岩波書店、2018年
西原大輔『日本人のシンガポール体験──幕末明治から日本占領下・戦後まで』人文書院、2017年

横浜港のエルトゥールル号とコレラ・パンデミック

智野豊彦

はじめに

　エルトゥールル号は、1890年に日本に来航し、その帰路であった9月16日夜半、台風によって和歌山県串本の大島樫野崎沖で遭難したオスマン帝国海軍の軍艦です。犠牲者数は580名以上を数え、日本海難史の中でも大規模な海難事故となりました。

　エルトゥールル号の生存者はわずか69人。そのうちの数名は、暗闇の嵐の中、灯台の灯をたよりに崖をよじ登り、灯台守に救助を求めました。灯台守は、異国の遭難者の言葉は分かりませんでしたが、事情を察してすぐに大島の村々に急報、医師を手配し、村々をあげて生存者を探索し、負傷者を救済しました。救助にあたった串本の人々は、自分たちの食料にも事欠くなかで、貴重な鶏や卵などを持ち寄って食事を提供し、また浴衣を与えるなどおおいに献身しました。

　その後、ナショナリズムの高まりなどを背景に、日本各地でも義援金募集の活動が活発に行われました。また、当時の複雑な国際関係の中、日本国内でも各省庁の思惑も交叉しますが、10月には日本海軍の軍艦「比叡」と「金剛」にエルトゥールル号の生存者を分乗させ、翌年の1月2日にオスマン帝国の帝都コンスタンティノープル（現在のイスタンブル）まで送り届けました。

　また遺体や遺品の収容や捜索が続き、遭難現場近くに埋葬され、「土国軍艦遭難之碑」が建立されました。さらに1929年、日ト貿易協会による追悼碑が建立されると、昭和天皇が慰霊碑に行幸されました。

　この参拝の報はトルコ（第一次世界大戦後、オスマン帝国は滅び、トルコ共和国にかわっている）にまで伝わりました。すると、トルコ共和国の建国者ケマル・アタチュルク大統領は、エルトゥールル号殉難将士の墓域の大改修と新しい弔魂碑の建立を決定しました。こうして新たな慰霊碑が1937年に除幕式を迎え、50周年追悼祭もあわせて行われました。その後も、串本町では5年ごとに追悼式典が行われ、2008年には訪日中のアブドゥラー・ギュル大統領が追悼式典に出席しています。

　エルトゥールル号の遭難は痛ましい遭難事故でした。しかし、串本の人達による献身的な救難活動や、日本の官民を挙げての対応は、日本とトルコを結ぶ友好の礎となっています。特に串本町とトルコとの交流はますます発展し、ヤカケント町とメルシン市とは姉妹都市となるまでに至っています。

　エルトゥールル号事件については、かつては司馬遼太郎の『坂の上の雲』で取り上げられる程度でしたが、近年では歴史の教科書などに記載されており、授業等で知る機会も多くなっています。また、日本トルコ友好125周年にあたる2015年には、日本とトルコの合作映画『海難1890』が制

作され、多くの日本人が知ることになりました。

　本稿では、このエルトゥールル号が横浜に来航し、台風が接近しているにもかかわらずに出港するまでの映画などでは描かれていない様子を紹介します。

1.　エルトゥールル号のコレラ感染

（1）エルトゥールル号の来日と横浜滞在

　1889 年 7 月 14 日、600 人の乗組員を乗せたエルトゥールル号は、オスマン帝国スルタン・アブデュルハミト 2 世の親書を携えてコンスタンティノープルを出航しました。この日本への航海が実現する背景には、かつて小松宮彰仁親王（明治天皇の伯父）がオスマン帝国を訪問して歓待されたことがありました。明治天皇はこの歓待に感謝してスルタン・アブデュルハミト 2 世に「大勲位菊花大綬章」を贈呈しました。するとトルコ側は、小松宮親王のコンスタンティノープル訪問の答礼として、また明治天皇に「イムティヤーズ勲章」を贈呈することを目的に、エルトゥールル号の日本派遣を決定したのでした。もっとも、実際には西欧列強に侵略されているオスマン帝国の複雑な思惑も裏側にはありました。

　しかし、エルトゥールル号は老朽艦でした。また、オスマン帝国の財政難も災いして、日本への航海は順調ではなく、数々のトラブルで予想外の時間がかかり、ようやく長崎に到着したのは出航から 11 ヵ月後の 1890 年 5 月 22 日のことでした。その後は 5 月 30 日に神戸に寄港し、さらに 6 月 7 日、ようやく横浜に到着しています。

　当時の新聞が、5 月 31 日に神戸港を出港した後に行方不明になったと報じるなど、日本人の多くはエルトゥールル号の来航に関心を抱いていました。エルトゥールル号の一行は 6 月 10 日、明治天皇への勲章贈呈のために上京し、宿舎として充てられた鹿鳴館に到着しています。

　6 月 12 日、オスマン・パシャは明治天皇に拝謁し、国書と勲章を奉呈し、自らも勲章を授与されました。その後も鹿鳴館に滞在するなど国賓として遇され、上野で開催中の内国勧業博覧会を訪問する際には丹羽式部官によって宮内庁用意の馬車で案内されています。それ以外にも、青山練兵場における府下駐在所兵の整理式一覧や、鹿鳴館における各国公使等を招待した宴、宮中における天皇との御陪食など、日本側との懇親を重ねました。

　日本での活動は東京の他に横浜でも行われました。横浜港入港時には、神奈川砲台と軍艦「高千穂」との間に礼砲が交換されました。また、アメリカ独立記念祭との関わりで、横浜港に停泊していた各国の軍艦乗員によるボート競争が開催されています。日本の常備艦隊から 4 艘、イギリス軍艦 5 艘、フランス軍艦 4 艘、ドイツ軍艦 1 艘、そしてエルトゥールル号からは 1 艘が参加し、合計 15 艘での競争でした。彼らは 19 日から練習をし、6 月 28 日、曇天の中で競技会が執り行われています。

　また、7 月 4 日のアメリカ独立記念日では、横浜居留地の外国銀行やアメリカ商館は休業して国旗を掲げ、横浜港領事館も彩旗を飾りました。このときはエルトゥールル号も他国の軍艦と並んで 21 発の祝砲を発しました。

　では、エルトゥールル号乗組員であるオスマン水兵は、横浜港でどのような行動をしていたのでしょうか。まずは、同時期に日本を訪れていた他国の様子をみてみましょう。

　例えば清国の北洋艦隊が長崎へ寄港した時、「上陸した兵員に軍規がなく、艦隊の威をかりて市民に乱暴をはたらいたり、物品を強奪したりするという事件が多発した」という報告がありました。甲申政変（1884年）と日清戦争（1894-95年）の間といった日清間の緊張が作用している可能性もありますが、日本における清国兵の態度には悪評が目立ちます。

　アメリカ人の素行も問題となっていました。たとえばエルトゥールル号が横浜港に停泊していた時期に限っても、「洋酒店において暴飲の末、巡査2名に対して暴行を加えた米国商船の水夫」が処分されたこと（6月7日）や、停泊中の米国軍艦オマハ号乗員4〜5名が横浜で酩酊し、車夫の愛犬を持ち去ろうとして乱暴狼藉を働いた（6月17日）ことなどが新聞で報じられています。しかし、当時は領事裁判権により、外国人を日本の法律で裁くことはできませんでした。この時期には外国人騒動に関する報道が頻繁に行われ、世論が不平等条約改正へと向かう背景がうかがえます。

　一方で、エルトゥールル号の乗員に関しては、その品行を批判する記事は見あたりませんでした。むしろ『東京日日新聞』（6月12日付）には「土耳古兵士の品行」という見出しで次のような記事があります。

　　「当時横浜に停泊する土耳古軍艦エルトグロール号（エルトゥールル号のこと）は、水兵五百余人が乗り組んでいるが、入港後一回も上陸して市街を徘徊しない。聞くところによると水兵の多くはイスラームの信者で、酒と豚肉を食べないからである。他国の水兵よりも品行方正な方で、当て込んだ洋酒店営業者が大いに失望したという。」

　エルトゥールル号の水兵は、他国の水兵や商船乗組員と同様、横浜市街を出歩いていましたが、素行や態度で問題を起こすことは少なかったようです。その理由は定かではありませんが、私は次のように推察します。まず、安政の不平等条約などを日本と結び、領事裁判権などを有する欧米列強とは違い、オスマン帝国も日本と同様に不平等条約に苦しんでいました。そこで、日本との関係を良好に保ちたいという意図があったのではないでしょうか。また、日本来航の途中、エルトゥールル号はイスラーム諸地域に寄港し、オスマン帝国のスルタン・カリフの威光を示してパン＝イスラーム主義の連携を取ろうとしていました。そのため、乗員の行動には特に品性を要求していたのではないでしょうか。この2点が私の推察です。

《コラム》エルトゥールル号の呼び方について
　当時の新聞の記事や『坂の上の雲』には、「エルトグロール号」とされていた表記が、近年では「エルトゥールル号」とされています。「エルトグロール号」が「エルトゥールル号」と表記されるようになった理由は、トルコ語が、可能な限り正確にカタカナで表記されるようになったからです。トルコ語の綴りは、Ertuğrulです。このうちğは、「やわらかいg」と言い、誤解を恐れず単純に言えば、日本語の「ー（のばす棒）」に相当します。「エルトグロール号」は、それを知らない人がカタカナにしたものでしょう。しかし最近は、トルコ語に限らず、可能な限り現地の音に近いようにカタカナ表記する風潮ですので、「エルトゥールル」となります。

（2） コレラ感染

　エルトゥールル号は、明治天皇への贈呈や各国との交流などを含め、3週間の横浜停泊を予定していました。しかし、実際には予期せぬ長期滞在を強いられました。それは、当時日本に流行していたコレラに乗員が次々に感染してしまったからです。

　すでに、エルトゥールル号の横浜入港を報じた『東京日日新聞』（6月8日）には、インフルエンザとコレラの発生流行をおそれる記事があります。6月24日には、下谷区と浅草で類似コレラ患者発生がすでに報告されています。そして7月4日では、長崎県で罹患者39人が発生し、このうち21人が死亡したとあるように、本格的な流行は九州から広まっていきました。九州での流行に対し、内務省衛生局は蔓延予防と東京への伝染を防ぐために対策を取りはじめています。長崎港は日本のみならず外国船も入港するため、コレラが長崎から神戸・大阪、そして横浜・東京へと東上する可能性が高いからです。こうした伝染を遮断するため注意すべき訓令も発せられ、7月6日には、横浜港では長崎を経由した船舶に対して、病者や死者の有無の確認とその手当てのために衛生官吏を派遣しています。

　7月の第2週に入ると、新聞にはコレラに関する記事が紙面を占めるようになりました。横浜でも12歳の少女が死亡したこと、家や町は「遮断法を行い消毒」が行われたとあります。大日本私立衛生会は、「生水を飲まない、石灰による消毒」などの予防心得を発出するものの、罹患者は全国に激増しました。また、コレラ菌消毒のための石炭酸が暴騰し、横浜商会などが売り惜しみしたと非難の声も聞かれました。

　横浜に滞在していたエルトゥールル号の乗員も、コレラに感染して死亡しています。横浜市内を散策していた乗組員アブドゥッラー水兵（新聞表記アブヅク）は、7月18日の午後4時ごろ帰艦、コレラを発症して午後11時頃に死亡しています。その後、艦内でコレラが蔓延しました。最初の犠牲者について触れている7月20日の『東京日日新聞』の記事を紹介します。

> 「土耳古（＝トルコのこと、筆者注）兵のコレラ
> 　横浜湾内に停泊中土耳古軍艦エルトグロール乗組の水兵某は、一昨十八日午後帰艦の後直ちに真症コレラ病に罹り死亡した。そのため昨十九日神奈川県庁より衛生課委員警察官等同船へ出張し艦長と協議の上、制規の消毒法を行い、同日より五日間乗組員一同の上陸を差し止め海陸の交通を遮断した。こうして死亡者は湾内三里外の海上にて水葬した。」

　死亡者は水葬されたとありますが、衛生管理上、本来は火葬すべきものでした。しかし、イスラーム教徒は火葬を忌み嫌います。現在でも、日本で亡くなったイスラーム教徒は土葬で埋葬されます。クルアーンでは、地獄は火が燃えるイメージで描写され、火で焼かれることは、地獄の懲罰を連想させるからです。また、死者の復活にはもとの肉体が必要であると考えられているからです。以下は余談ですが、現在では10万人前後のムスリムが日本に在住しています。火葬が主流の日本において、ムスリムの墓地確保は一つの課題です。

　コレラで死去したエルトゥールル号の乗組員に話を戻します。彼の遺体は「港より三里以上離れた横浜灘」で水葬されました。ところが、この水葬が問題となります。翌21日の『時事新報』に、

「水葬を恐れる」という寄書が記載されているのです。その理由は、亡骸を食べた魚にコレラ菌が移り、この魚を食べた人間がコレラに罹患する恐れ、あるいは亡骸近くの海水で顔を洗ったり、コレラ菌が波によって打ち寄せてくることによる感染への恐怖です。

　こうした恐れに対し、その翌日には「杞憂生に答ふ」という寄書が登場しています。その要旨は、「まず死体の水葬は横浜港内ではなく、相模の観音崎から海上三里のところであり、屍骸は十分に消毒し、帆木綿の大袋に入れて口もしっかり締め、重りをつけている。またコレラバチルスは、屍骸では発育増加することはないだけでなく、水中の低温や塩類に弱く死亡するので、袋が破損するときは、コレラバチルスは生存していないので、心配することはない」というものです。

　７月21日、エルトゥールル号は検疫所のある横須賀の長浦消毒所へ回航され、感染者は入院治療することになりました。横浜でコレラが蔓延する中、英国軍艦インピリヤス号をはじめ欧米列強の軍艦は、次々と横浜港を去り、函館に向けて出帆しました。

　このコレラの結果、エルトゥールル号では33名が発症、そのうち11名が死亡しています。長浦では強力な石炭酸で艦内消毒を行い、罹患者を隔離治療しました。こうした日本の対応に対し、８月21日の『東京日日新聞』は「エルトゥールル号の特使オスマン＝パシャは、日本の厚遇に至極満足していることと、近く神戸に向けて抜錨する」と報じています。

　艦内消毒やコレラ患者の治療を重ね、体調不良者がようやく退院したのは９月14日のことでした。予定外の長期滞在を強いられた上に、オスマン帝国のスルタン・カリフ、アブデュルハミト２世からは矢のような帰国命令がなされていたため、エルトゥールル号は、日本に台風が接近しているとの警告にもかかわらず、９月15日に長浦を出航したのでした。

　この台風では、日本郵船所有の２隻も沈没しています。それほど強い暴風雨の中、夕刻に熊野灘にさしかかったエルトゥールル号は、メインマストを倒壊させ、機関部にも浸水、ついにピストン・ロッドを破折させて進退の自由を失いました。風浪に流され、樫野崎灯台下西南の「船甲羅」と呼ばれる岩礁に座礁した老朽艦は、ボートを降ろす間もなく水蒸気爆発を起こし、一時間半後に沈没していったのです。

2.　神奈川におけるコレラ対策の歴史

（1）　横浜におけるコレラ流行

　これまでに見たとおり、エルトゥールル号は、横浜でのコレラ感染により長期滞在を強いられ、その結果、台風接近の危険を顧みずに出港することを余儀なくされ、残念ながら海難事故を起してしまいました。いわば横浜で流行したコレラは、エルトゥールル号事故の要因となったともいえます。そこで本項では、コレラを中心とした疫病対策の歴史をみていきます。

　コレラは、コレラ菌で汚染された水や食物を摂取することから感染し、下痢を主症状とする経口感染症です。江戸時代後期の1822年には、中国・朝鮮から対馬・下関を経て侵入したコレラが関西まで到達し、流行しています。しかしこのときには神奈川や江戸までには及んでいませんでした。次に日本で発生したコレラ流行は、日本開国後の1858年のことでした。このときは、長崎に入港

《コラム》 世界史的背景から見たエルトゥールル号の派遣

1. オスマン海軍の凋落

　16世紀には強力な海軍を編成し、地中海の制海権も手に入れたオスマン帝国でしたが、18世紀なると欧米列強が軍事的にも優位に立ちます。オスマン帝国は、ギリシア独立戦争や、エジプト＝トルコ戦争などの「東方問題」により衰退していきました。

　これに対し、オスマン帝国は「タンジマート」（1839-1876年）と呼ばれる近代化に取り組みました。しかし、ギリシア独立により、オスマン海軍の水兵の主な担い手であったギリシア人水夫の反乱などが懸念され、乗員を安定して確保することが困難になりました。

　また、タンジマートによる「法の下の平等」では、徴兵も義務化されました。しかし、海を見たことない内陸の貧村の若者までが水兵の徴兵の対象となりました。

　その一方、オスマン帝国は、巨費を投じて軍艦を買い集め、大半は中古とはいえトン数と砲門数では英仏に次ぐ世界3位の大艦隊保有国となりました。しかし、水兵は海も見たことのない若者が多く、しかも技師や機関士などはイギリスに頼ったままでした。さらに、巨大な艦隊建設は、オスマン帝国を財政破綻に追い込みました。タンジマートによって財政が破綻したオスマン帝国のスルタンに就任したアブデュルハミト2世は、海軍予算を半分以下に縮小しています。

　1882年、「エジプト人のためのエジプト」をスローガンにしたウラビー運動に際して、イギリスは宗主国オスマン帝国との約束を破り、エジプトを占領してしまいました。さらにアラビア半島にも野心をもつイギリスは、アラブ民族主義運動とアラビアのカリフ擁立運動を支援し、オスマン帝国のカリフ権を否定しました。こうして、オスマン帝国とイギリスとの関係は悪化しました。海軍予算が縮小されて、かつイギリスに依存していた艦隊は、メンテナンスもされず朽ちていったのです。

2. パン＝イスラーム主義

　ユーラシア大陸の東西に位置する日本とオスマン帝国は、ロシアを脅威と見なす点で一致していました。とはいえ、財政が窮乏し海軍予算を削っているオスマン海軍の冬の時代に、なぜエルトゥールル号を日本へ派遣したのでしょうか。

　オスマン帝国のスルタンはカリフであるという「スルタン＝カリフ制」という伝説が、当時のオスマン帝国では広がっていました。1876年、ミドハト憲法施行を約束して即位したアブデュルハミトでしたが、翌年の露土戦争を口実に憲法を停止してしまいました。抵抗する国内勢力をおさえ専制体制を復活させるために利用したのが、イスラーム世界の団結と統一を提唱するパン＝イスラーム主義で、スルタン＝カリフ制の伝説を強調していました。

　また、関係の悪化したイギリスを牽制するために、インドなどイギリス植民地へのムスリムへの影響力を誇示するためにもカリフの権威を高めようとしました。「イスラームの連帯が続く限り、英・仏・露・蘭は我手中にある。なぜなら、彼らの支配下にあるムスリム国家において、ジハードを起こすのはカリフの一言で十分なのだから」というアブデュルハミト2世の言葉は、彼のパン＝イスラーム主義の利用目的をよく表しています。

　こうして予算が厳しいなか、日本への派遣を名目に、途中のムスリムの多い寄港地でパン＝イスラーム主義を広め、オスマン帝国の威容とカリフの威厳を高めるために、木造の老朽フリゲート艦であるエルトゥールル号が派遣されることになったのでした。

　しかし、操作ミスによってスエズ運河では浅瀬に乗り上げ、船体修復のために3ヶ月を費やしてしまいました。石炭節約のため帆走での航海計画でしたが、修理に時間を要したため季節風が逆風となってしまいました。資金不足により、十分な石炭を購入できないとなると、帆走に都合の良い風を待つしかありません。しかし、この良風待ちは、滞在費を増大させるという悪循環に陥ります。そして、横浜でのコレラ感染によってさらに長期滞在が強いられました。十分な予算を持たず、オスマン帝国の威信のために無理な航海を強いられたことが、エルトゥールル号事件の大きな原因です。

した米艦ミシシッピー号に乗っていたコレラ患者から広がり、神奈川でも猖獗を極めています。この年は日米修好通商条約が締結されており、翌年には横浜でも貿易が開始されています。開港は、コレラの流行を促しました。実際に、1859年から63年までコレラの発生によって多くの死者がでています。

　明治時代になり、外国船の入港がさらに加速すると、「海港検疫」の重要性がさらに唱えられます。1877年、長崎では、英国軍艦の水夫が発病し、さらに市内から九州全域に感染が拡大しました。この年は西南戦争が戦われており、西郷隆盛を討滅した凱旋軍がコレラ蔓延を促進しました。

　神戸港では、コレラ汚染地から来る将兵の上陸を禁止しようとする医官に対し、兵士は銃で脅して下船しています。明治政府は兵士の移動を禁止しますが、すでにコレラは東海道線に沿って東上していきます。海路で帰京した兵士に対しては横須賀沖で検疫が実施され、その結果、「和歌浦丸」で約40名、「東海丸」で約30名の患者を検出しました。彼らは急遽建てられた仮の避病院（伝染病院）に収容されました。この時に死亡し、引き取り手がいなかった犠牲者の遺骨は、今も浦郷地区の「官修墓地」に眠っています。

　また横浜では、横浜居留地にあった茶煎じ工場である米ウォルシュ＝ホール商会（現中区区役所付近）で、便所近くの井戸水を雇用人が飲んだことからコレラが伝染したといわれています。この時はまだ避病院はなく、野毛の十全医院（現老松中学校）が患者を受け入れました。そして、米医シモンズが、開業医たちに予防と治療の方法を指導し、消毒には石炭酸を用いるなど、コレラ対策の主軸を担いました。

　1877年のコレラ流行は、避病院開設を促しました。そして横浜では、東京の駒込病院よりもはやく、日本初の避病院である太田病院（太田村字西中）が開設されました。京浜急行の黄金町駅近くには、今も西中町という地名があり、このあたりにあったと思われますが、詳細な場所は不明確です（神奈川県布達では「太田村字西中」、『横浜毎日新聞』（明治10年9月20日）では「太田霞町」とあります。現在の関東学院三春台付近、あるいは横浜市立太田小学校辺りだったと思われます）。

　この太田避病院は、コレラが下火になった11月に「閉院」されました。これは、「廃院」ではなく、建物はそのままに、次の流行に備えたようです。

　1877年に猛威を振るったコレラは、翌年にも西日本を中心に蔓延し、さらに1879年に大流行させる原因となりました。このときは海外からの伝播ではなく、発生場所は愛媛県松山市でした。3月ここからコレラは東上し、6月には神奈川に到達、全国で罹患者16万2837人（横浜812人）、死者10万5786人（横浜638人）を出し、明治時代最悪のコレラ禍となりました。1877年当時の死者1万3816人と比べるとそのすさまじさが想像できます。

　1877年の流行で、内務省はコレラ予防法心得を出しました。そして1879年7月14日には新たに「海港虎列剌病（コレラ）伝染予防規則（海港規則）」を公布しています。これが日本初の伝染病予防法で、1961年、厚生省（現在の厚生労働省）と日本検疫衛生協会は7月14日を「検疫記念日」と制定し、7月14日〜20日を「港の衛生週間」に指定して検疫の大切さを訴える週間としています。

　1879年のコレラ流行では、横浜区和泉町に新しい避病院が建てられました。当時は、市街地化が及んでおらず、湿地・田園風景のなかにあり、「人家隔絶」の場所でした。ここには現在、浦舟の横浜市大病院があります。後にこの地には十全医院が移転し、1929年の完成当時は最新の医療設備を擁する日本屈指の病院でした。こうして横浜では、太田避病院の患者を引き継いだ和泉避病

院が新設され、太田避病院は焼却されています。また、鉄道によるコレラ侵入を防ぐために、神奈川停車場（現在の東神奈川駅）で下車させた患者を対応するために神奈川避病院がつくられました。場所は、現在の三ツ沢上町の三ツ沢共葬墓地の近くでした。

　1878年、新たなコレラ蔓延を防ぐため、神奈川県には地方検疫局が設置されました。長官には神奈川県令が就き、内務省、外務省、陸軍省の職員のほか、前述した神奈川県御雇の十全医院院長シモンズ、横浜ドイツ帝国海軍病院院長グチョウ、横浜ゼネラル病院医師ホウィーラー、横浜司薬場教師ゲールツが臨時検疫委員として配置されました。

　また、三浦郡長浦（現横須賀市箱崎）には長浦消毒所が設けられました。現在、この地は米軍が接収しており立ち入ることができませんが、エルトゥールル号はまさにこの長浦消毒所にて隔離と消毒が行われました。

　長浦消毒所の総面積は 23,532 坪（77,793㎡）、停船場、病院、遺体安置所、消毒施設、停留者の屋舎、火葬場等が設けられていました。また、消毒所で使用した汽罐を、当時欧州において最善とされていた「乾湿熱消毒汽罐」にするなど充実した施設でした。またエルトゥールル号をはじめとして、明治政府が指定したコレラ流行地から来る船舶を長浦沖に停泊させて検疫を実施するために、汽船を備えていました。

　海上からのコレラ感染を防ぐために、東艦と天城艦を見張船として、猿島付近で監視させるなど、検疫の施設は整備されていきました。しかし、諸外国は必ずしも検疫に協力的ではありませんでした。コレラ大流行の大きな波の一つ 1879 年での諸外国の様子を見てみましょう。

　内務省は、「コレラ流行地域から横浜港へ入港する船舶は相州長浦において 10 日間停泊する」としました。これにより、神戸から出港した「玄海丸」が 7 月 3 日に長浦に停泊させられました。しかし、駐神戸領事が玄海丸に乗船したまま長浦に引き留められていることを、米国公使は寺島外務卿に抗議しています。

　コレラが蔓延していた神戸から出港したドイツ汽船が長浦に 7 月 11 日に回航されましたが、ドイツ公使は、独自に軍医を長浦に出張させ調査する意向を示しました。この軍医は、ドイツ船の荷や飲料には問題はなく、長浦の日本船や吏員、陸上との交通のほうが船内にコレラを移す危険があると主張したのです。こうして、許可なく横浜に入港してしまいました。ドイツは、船舶の行政権はドイツ官吏にあると主張したのです。それに対して、地方警察規則の遵守とドイツ官吏が行政権域にまで立ち入ることは不可であると寺島外務卿は反論しています。

　英国のパークスは、コレラの流行地からきた船でも、検査をして異常がないのであれば、消毒などせず、すぐ上陸を許可すべきであり、英国人に検疫規則を守らせるのであれば、英国の規則でなければならないと、反対を続けました。この地方検疫局による停船・消毒の業務そのものは、長崎同様に横浜にもコレラ感染が広がったことにより、その意義は失われました。とはいえ、コレラ予防のための、船舶検疫は、欧米列強の圧力で有効に実施できなかったのです。この失態は、不平等条約改正に取り組んでいた寺島宗則が外務卿を辞任するにいたった一因となります。

　一方、不平等条約を根拠に日本の検疫制度に抵抗したのは、欧米列強側にも理由はありました。それは、近代法治制度の未整備な点とともに、上下水道の未整備や衛生状態が劣悪なことでした。横浜居留地の水道は、多摩川からの木樋によるもので、割れ目から汚水などが混入していました。また、ブラントンが整備した細い陶製の下水も、人口の増加により排水量が容量を上回り、しばし

ば詰まっていたのです。

　1881（明治14）年以降、陶製の下水管は、煉瓦でつくった卵型の下水管へ転換していきました。この下水管遺跡は現在でも、その一部を中土木事務所でみることができます。また英国のパーマが工事監督者となって、1885（明治18）年から２年かけて横浜水道を完成させていきます。

　上下水道が整備され、衛生状態が改善されるとともに、不平等条約も改正され、船舶への検疫制度も定着していきました。これにともなって、日本でもコレラ患者は激減していきます。

（2）　横浜検疫所

　長浦消毒所は日清戦争による横須賀軍港拡張のために、1895年、神奈川県久良岐郡金沢村大字柴（現在の横浜市金沢区長浜）へ移転し、長濱検疫所と呼称されるようになります。このころ中国遼東半島の大連や、澎湖諸島においてコレラが流行していました。このため、内務省はこれらの流行地域から横浜港に入港する船舶を検査しました。

　また、日清戦争で戦地から帰国する兵士等を検疫することにも従事しています。陸軍大臣からの要請により、陸軍検疫所が設置されるまでの措置でした。しかし、日清戦争からの帰国者などにより、コレラの日本流入を食い止めることはできず、55,144人が感染、40,154人が死亡してしまいました。

　1899年になると、長濱検疫所は、内務省直轄の「横濱海港検疫所」として常設の機関となり、欧米列強の干渉をうけず、常時海港検疫を施行できる体制を整えます。この海港検疫所には、所長1人、海港検疫官1人、海港検疫官補1人、海港検疫医官補3人、海港検疫所調剤手1人、海港検疫所書記2人の職員を配置しました。

　この海港検疫医官補として採用されたのが野口英世でした。野口は亜米利加丸の検疫に従事し、中国人船員からペスト菌を検出しています。これにより国際防疫班に選ばれ、清国に赴くなど、後の世界的な活躍の第一歩を歩んでいます。

　第２次世界大戦終結後の1945年９月、GHQの指令により、長濱検疫所は米国軍と協力して引揚者の検疫を行いました。引揚検疫に並行して、復興に向けた貿易の再開に向け、GHQの下に一般船舶の検疫も行いました。

　その後、引揚検疫の縮小や一般通商貿易の再開に備えて、函館、名古屋、神戸、宇品、門司及び長崎とともに、1952年に横浜検疫所が開設されました。立地条件の悪さから本部機能を横浜検疫所に譲った長濱検疫所は、検疫措置専門の「長濱措置場」となり、1962年のコレラ汚染船舶「京都丸」、1963年の「PRESIDENT QUIRINO号」、「GUNUN KERINJI号」などの検疫措置を行いました。

　その後も組織の変遷や業務の多様化の波を乗り越えながら、神奈川を海から守り続けてきた検疫所は、2020年から世界的に大流行した新型コロナ禍に対しても最前線として活動しています。

横浜検疫所にある野口英世像

おわりに

　開国によって、ヒトやモノは今まで以上に動くようになりした。このモノの中には、細菌やウィルスも含まれます。

　明治日本は、コレラ菌の蔓延によって苦しみました。犠牲が拡大したのは、不平等条約下にある日本に対する欧米列強の非協力的抵抗が一つの要因でした。列強に侵略され、不平等条約下に苦しむオスマン帝国のエルトゥールル号も、長い航海の末、コレラの犠牲者をだし、帰路に海難事故で沈没してしまいました。しかし、日清・日露戦争後の不平等条約撤廃によって、外国艦船への海港検疫が完全実施でできる糸口が見いだされるに至りました。

　コレラ流行のもう一つの要因は、日本の衛生状況の不備でした。これに対して、避病院や検疫所・消毒所などを設置していきます。また、上下水道管の整備や公衆衛生を向上させていきます。そして、このような歴史を経て誕生した横浜検疫所が、現在でも新型コロナ禍で活動しています。こうした歴史を振り返ること、今後さらにより良い日本にするため、今私たちが何をするべきなのか、多くのヒントを見つけることができるのではないかと考えています。

【参考資料】
「厚生労働省横浜検疫所　横浜検疫所検疫史アーカイブ」
https://www.forth.go.jp/keneki/yokohama/museum/index.html（2020 年 6 月 1 日）
大滝紀雄「神奈川のコレラ」『日本医学雑誌』1992 年。
内海孝編『横浜疫病史―万治病院の百十年』横浜市衛生局、1988 年。
『東京日日新聞』、『時事新報』、『都新聞』。
『日本とトルコ友好のかけ橋―エルトゥールル号回顧展』中近東文化センター付博物館、2007 年。
神奈川県高等学校教科研究会社会科部会歴史分科会編『世界史をどう教えるか―歴史学の進展と教科書』山川出版
　　社、2008 年。
ウムット・アルク、村松増美訳『トルコ（トゥルキエ）と日本（ジャポンヤ）―特別なパートナーシップの 100 年』
　　サイマル出版会、1989 年。
小暮正夫『救出―日本・トルコ友情ドラマ』アリス館、2003 年。

【コラム　世界史的背景から見たエルトゥールル号の派遣　主な参考資料】
①　小松香職『オスマン帝国の近代と海軍』山川出版社、2004 年
②　小松香織「アブデュル・ハミト 2 世と 19 世紀末のオスマン帝国」『史学雑誌』、山川出版社、1889 年 9 月
③　神奈川県高等学校教科研究会社会科部会歴史分科会編『世界史をどう教えるか――歴史学の進展と教科書』　山
　　川出版社、2008 年

《コラム》

湘南の後藤濶によるハワイ移民が意味するもの

神田基成

移民の出港地・神奈川

　徳川幕府による日本の開国で、神奈川は世界との出入り口となり、多くの外国人が横浜を商業活動の拠点としたことで、舶来文物が日本に浸透するきっかけともなりました。目新しい文物・思想に触れた日本人の中には、海の向こうに憧れを抱いた者もいたでしょう。渡航希望者たちは、全国各地からここ横浜に集まり、そして船に乗り込みました。横浜港は世界へとつながる道の始点だったのです。

　日本からの移民の歴史を学ぶとき、まずは横浜のみなとみらい地区にある JICA 施設の海外移住資料館を見学するのが良いでしょう。ここには、19 世紀以降に日本からハワイ王国、アメリカ合衆国、ラテンアメリカ諸国へと渡った移民たちに関する様々な資料が展示されています。また、移民に対して行われたインタビューの記録映像が視聴できるのも貴重です。

ハワイ王国の状況と日本との関係

　開国以来 100 年ほどの間は、日本は相対的に見て「貧しい国」でした。そのため、日本人の中に出稼ぎという選択肢があり続け、諸外国も日本に労働力を求めました。アメリカ合衆国に併合される前のハワイ王国は、捕鯨産業からサトウキビやパイナップルなどのプランテーションに移行していく時期にあり、そこでは文字通り重労働に耐えうる労働者が必要とされました。

　1850 年、ハワイ王国で外国人の土地私有が認められたことで、ハワイ在住の白人たちが土地を買い占め、サトウキビ農園や牧場を経営し始めました。そこに最初に移民労働者としてやってきたのは、中国人でした。南北戦争勃発により合衆国北部に南部からの砂糖が供給されなくなったことで、合衆国北部におけるハワイ産砂糖の需要が高まりました。

　1868 年、最初の日本人出稼ぎ労働者たちがハワイに渡りました。150 名あまりのこの一団を組織したのは、ハワイ王国総領事のオランダ系アメリカ人ユージン＝ヴァン＝リードでした。彼は徳川幕府との交渉の結果、渡航許可を得て、イギリス船籍の帆船サイオト号で横浜を出港しました。時に江戸城明け渡しの直後であり、明治新政府の許可を得ぬままの「違法」な出国となってしまったのです。渡航が明治元年だったことから、彼らは「元年者」と呼ばれています。

　1870 年代に入ると、アメリカ合衆国＝ハワイ王国間の条約によりハワイ産砂糖の関税が撤廃され、ハワイ王国における砂糖生産量は増加していきました。しかし、「元年者」のハワイ定着率はあまり高くなかったため、ハワイではさらなる労働者の確保が必要とされました。一方で、産業界を主導する白人たちの台頭に、ハワイ国王カラカウアは危機感を強めました。そこで、1881 年に来日したカラカウアは、明治天皇に謁見し、ハワイのサトウキビ農園に日本から農業労働者を送るよう要請しました。この希望は、政府斡旋による官約移民という形で実現しました。

移民の兄貴分　後藤濶の悲劇

　ハワイ島北東部にハマクア浄土院（Hamakua Jodo Mission）があります。ここに第1回官約移民（1885年）でハワイに渡った後藤濶の墓があります。第1回官約移民が広島、山口、熊本、福岡の4県出身者で全体の96.1％を占めていた中で、ハワイ島に入植した後藤濶は神奈川県の出身でした。後藤は、1861年に神奈川県中郡国府村（現在の大磯町）に小早川勝蔵として生まれ、後藤家の養子となって後藤濶と名乗るようになりました。大磯町役場や神奈川県庁に勤めていたこともあり、ハワイへの移民募集を知り、23歳の時、第1回官約移民に応募したのでした。ホノルル到着後、ハワイ島ハマクア地区のオオカラ砂糖農園で働きましたが、英語が理解できたために労働者のまとめ役や農園主側との交渉役など、労働者たちのリーダー役を務めるようになりました。3年の労働契約満了後、ハマクアの北にあるホノカアで雑貨店を営んで成功していましたが、農業から離れた後も日本人労働者の面倒を見ていたようです。しかし、日本人労働者たちの先頭に立って交渉などを手伝った後藤に不満を持つ白人もいたのです。1889年10月、後藤濶は何者かに夜道で襲撃され、殺害されてしまいました。享年28歳でした。

　他の移民者が軒並み農村・漁村出身だったことを考えると、後藤のように学のある移民は珍しかったでしょう。これには彼の出自が大いに関係していると考えられます。大磯の寺坂出身で鈴木房五郎がいます。後藤の親友だった鈴木は、この地域の自由民権運動を盛り上げた湘南社に付随する講学会の会員で、欧米思想にも触れていました。鈴木との交流が、後藤濶をハワイに向かわせた可能性が高いです。近年では、後藤を労働運動のパイオニア的存在として位置づけ、またハワイにおける多文化共生の象徴として語るようになったといいます。その後藤濶の墓碑が、2015年に出身地の大磯で見つかりました。本来の墓碑は、ハワイ島にあり、日系人たちにより顕彰碑まで建立されています。大磯の墓碑は、後藤濶が殺害されたおよそ1年後の1891年に、実父の小早川伊右衛門により建立されたものとみられます。墓碑銘は鈴木房五郎の撰文、伊達時の揮毫によるとあるので、やはり湘南社関係の繋がりは強かったのでしょう。

後藤濶の墓碑（筆者撮影）。表面に「小早川濶墓」、側面に「明治二十四年一月十二日 建 父 小早川伊右衛門 友人 伊達時書」とある。

私約移民と日系移民のその後

　移住の斡旋は、1894年から民間会社に委託され、私約移民の時代、さらには自由移民の時代となりました。1898年にハワイ王国はアメリカ合衆国に併合されました。その後、1924年に制定された移民法で、日本人の移住ができなくなるまでに22万人もの日本人がハワイに渡ったとされています。もちろん、なかにはアメリカ本土に渡る者もいました。しかし、第二次世界大戦における日米開戦は、アメリカ合衆国の日系人社会にも大きな打撃を与えました。多数の日系人が財産を没収され、収容所に送られるという憂き目にあいました。これまでカリフォルニアのマンザナ強制収容所など、本土の施設は広く知られていましたが、近年、ハワイ州内のホノウリウリ収容所の存在が明らかとなり、オバマ大統領（当時）は国定史跡に指定しました。多くの日系人たちが囚われた一方、合衆国への愛国心を示そうと日系人の若者たちが軍に志願し、日系人部隊の第100大隊や第422連隊が編成されました。隊員たちは、ヨーロッパ戦線で決死の作戦に臨み、多数の犠牲者を出しながらも戦功をあげたのです。

　アメリカ合衆国において、多文化共生の実現は、今もって難しいことを報道は伝えています。しかし、湘南に残る後藤の痕跡は、ハワイの日系人たちの記録・記憶と呼応し、現代でも大きな意味を持つ遺産なのです。

《コラム》

横浜居留地と風刺画文化

深松亮太

　他国の文化や、その国で生じた出来事に関心をもつ。今を生きる私たちにとって当たり前のことは、実は 100 年以上前の 19 世紀の中ごろからすでに始まっていました。蒸気船の開発によって、人々の移動は容易になり、時間の短縮と共に国家間の交流はより活発になっていたのです。この時代は列強諸国による領土の獲得競争、つまりは帝国主義の時代へと突入しており、欧米諸国の人々は、この流れのなかで「他国の状況」を知ることを必要としていました。このコラムでは、国家と国家を結び付ける情報伝達手段としての新聞に注目し、日本と海外を結び付ける舞台となった横浜の役割について考えてみたいと思います。

　幕末から明治に至る時代、外国人が生活する「居留地」が日本各地におかれていました。横浜もそのひとつであり、横浜港が開港された 1860 年には、44 名の英米人が居住していました。1878 年になるとその数は 1850 人へと増加しました。英米人たちは、この「居留地」のことを「セツルメント」（「植民地」を意味する英語）と呼んでおり、ここからも、かれらの意識をうかがい知ることができます。つまり、かれらの訪日の目的のほとんどが、経済的な機会を得ることにあったのです。「居留地」という生活空間において、かれらは自国の文化・風習を維持していましたが、これは決して「日本的な生活様式」に興味がなかったということではありません。新聞の特派員として派遣されてきた画家たちは、自分たちが見聞きした「情景」を絵入りの記事として自国の人々に伝えていたのです。

　絵画は、異国の情景を自国へ伝達する手段として古くから活用されてきました。大航海時代には、多くの画家たちが植民地への冒険に同行し、そこで遭遇する「数奇な人々の数奇な行動」をキャンバスに描くと共に、植民地としての「価値判断」を行う材料を自国へと伝えていたのです。横浜に居留地が築かれた 1860 年代以降においても、今日の私たちの視点から考えると「蔑視的な態度」での描写がみられることは事実ですが、それとは対照的に日本を積極的に評価しようとする視点で描いているものも多く存在します。物事には多くの場合、二面性が存在する。このことは、歴史を学ぶ態度・視点においてとても重要です。

　以下では、二人の画家に注目しながら、幕末から明治にかけての横浜居留地で形作られた「風刺画文化」について見ていきます。まずはじめに注目するのは、チャールズ・ワーグマンです。ワーグマンは、英国で発行されていた絵入新聞『イラストレーテッド・ロンドン・ニュース』の特派員として、広東、香港、マニラ、北京などに派遣され、主として従軍記者として活動した後、1861 年に来日しました。彼は来日後 10 数年にわたって、同紙に記事と挿絵を提供していました。この間にワーグマンは、日本人に対して洋画を指導するなどの活動も行っていました。また、ワーグマンは絵入新聞の文化を日本に持ち込んだ人物として知られています。彼は、来日した翌年の 1862 年に『ジャパン・パンチ』という絵入新聞を横浜で創刊したのですが、この新聞は英国で 1843 年から発行されていた『パンチ』に由来します。この『ジャパン・パンチ』は、居留地に住む欧米人に娯楽と共に情報を提供する新聞として広がっただけでなく、絵入新聞を日本人にも認知させる上で大きな影響を与えました。つまり、居留地の外では、「パンチ」の発音が「ポンチ」という誤った発音として広まり、この「ポンチ」という言葉が風刺画そのものを意味する

言葉として広がっていったのです。たとえば、1874年には、『絵新聞・日本地（にっぽんち）』という新聞が発行されています。ワーグマンの絵入新聞『ジャパン・ポンチ』に描かれた風刺画を鑑賞することで、居留地の外国人が、どのような生活を送っていたのかを知ることができます。

特派員として来日したワーグマンが、居留地における人々の生活を本国に伝えていた一方で、仏人のジョジュル・ビゴーは、浮世絵の文化に魅了されて、1882年に来日しています。来日後、彼は陸軍士官学校において西洋画を教える講師を2年間勤めました。ビゴーは、士官学

『トバエ』5号（1887年）に描かれた風刺画、ワーグマンからビゴーへと風刺画文化が引き継がれる様子を描いている。出典：村尾優子「Farewell, Old Fellow!: ビゴーとワーグマン」『国立国会図書館月報』680号（2017年12月）

校での任期を終えた後も日本に住み続け、日本の風俗や庶民の暮らしを丹念に調べると共に、その情景を忠実に絵のなかで再現しようと試みていました。特に士官学校に勤めていた時期に発行した写生画集は、来日した外国人が帰国する際の「みやげもの」としての役割を果たし、日本の情景を海外に伝える重要な手段となりました。さらにビゴーは、1887年に時局風刺雑誌『トバエ』を刊行し、この雑誌のなかでは居留地の人びとの生活に留まらず、彼がその外側でみた日本の生き生きとした情景を描いたのです。

以上、このコラムでは横浜居留地において築かれた風刺画文化による日本と海外との交流についてみてきましたが、最後に「風刺画」を歴史のなかでみる意義について考えてみたいと思います。漫画研究者の清水勲は、風刺画などの「漫画は描かれた時代の歴史を反映しているので、古い漫画の面白さがわかるためには、それが描かれた時代がわからなくてはならない」と述べています。この言葉に私は共感すると共に、以下のことを付け加えたいと思います。風刺画は19世紀半ばの帝国主義の時代に各国で競うように発展を遂げてきた一つの「文化」であるといえます。つまり、各地で描かれた風刺画をみていくことで、今までと別の形で「世界史」を捉えることができる可能性があるのです。

《コラム》

みなと横浜が生んだ言語 ──横浜ピジン日本語

山田大介

　1854 年に日米和親条約を調印し、日本は長い間の鎖国の状態から新たな転換をしていくことになりました。和親条約の調印時には、幕府側からはオランダ通詞の森山栄之助らが通訳者としていた一方で、ペリーのアメリカ側にはサミュエル・ウェルズ・ウィリアムズ（Samuel Williams）という通訳者がいました。ウィリアムズは、後にアメリカ・エール大学で初めての中国語や中国史の教授となったほど中国語に長けていたのと同時に、日本の漂流民から日本語の知識を得ていたとも言われています。ペリー艦隊は、香港や上海から琉球を経由してここ神奈川へやってきたことは今や周知の事実でありますが、艦隊が香港などから日本へ来たことから考えると、ウィリアムズの存在は十分理解できるでしょう。つまり、ペリーは東アジア圏の覇権争いの中で、その一部として日本を見ていたことが分かります。

　こうして横浜は開港し、アメリカや英国といった欧米の国々、そして清とも貿易を開始したわけですが、貿易商人らにはウィリアムズのような通訳はいなかったのは当然です。では商人らはどのように通訳なしで取引をしたのでしょうか。

　ここで生まれたのが横浜ピジン日本語（Yokohama Pidgin Japanese）です。ピジンとは、ある場所の現地語と話す人と、その現地語を話すことの出来ない異なる言語を話す貿易商人との間で意思疎通するために、文法や単語を簡略化されたり代替されたりし、自然な形で作られた接触言語のことです。つまり共通言語を持たない者同士が接触し、集団的なコミュニケーションの手段として作られた言語であり、実はこのようなピジン語は世界の至るところに見受けられます。

　この横浜ピジン日本語について、ホフマン・アトキンソン（Hoffman Atkinson）により 1979 年に *Exercises in the Yokohama Dialect* が出版されました。このことからもこの言語がコミュニケーション手段の一言語として広く使われていたことが見てとれます。この書物には、名詞、動詞といった品詞から、疑問文、命令文などといった基本的な文法事項、そして挨拶表現、応答表現、日常会話といった実用的な会話表現集、職業や仕事上に必要とする用語や表現、さらには飲食物、交通手段、料理、洗濯、住居、天候、職業など必要とする語彙が掲載されています。横浜に滞在する当時の外国人が、異言語話者たちとコミュニケーションを図る際に必要な日本語を習得できるよう編集されました。

　実際に横浜ピジン日本語とはどのようなものだったのでしょうか。Atkinson（1879）を中心に、Daniels（1948）、Inoue（2007）、そして杉本（2010）を参考にしながら、まずは名詞の例からその特徴の一部を見てみましょう。

(1) 名詞の一例

項目	表記された発音（表記）	意味（現代日本語の意味）
I	watarkshee	わたくし（わたし、わたくし）
you	oh my	おまえ（あなた）
yours	oh my	あなたのもの
hat	caberra mono	被り物（帽子）
penny	tempo	天保銭（お金）
tea	oh char	お茶

人称代名詞であるIやyouに関して、それぞれwatarkshee、oh myと日本語に近い発音が当てられていますが、youとyoursの人称代名詞の主格と再帰代名詞に関しては、それぞれoh myと同じものが使われています。例えば「あなたのお茶」と言うときはoh my oh char（オマエ オチャ）ということになります。「オマエの」の助詞「の」は当時の日本語でも使用したでしょうが、ここでは使われていません。これがピジン語として簡略化された文法の1つの特徴でしょう。また、hatはcaberra mono（被りもの）、pennyはtempo（天保銭）と当時使われていた日本語の特徴も見てとれます。

(2) 動詞の一例

項目	表記された発音（表記）	意味（現代日本語の意味）
to have		あります（持つ）
to obtain		―（得る）
to be		―（ある、存在する）
to arrive	arimas	―（到着する）
to want		―（欲しい）
can have		―（持つことが出来る）
have had		―（持っている）
will have		―（持つだろう）

(3) 挨拶の例

項目	表記された発音（表記）	意味（現代日本語の意味）
How do you do?		おはよう（ご機嫌いかが？）
Good morning	Ohio	―（おはよう）
Good day		―（こんにちは）
Good evening		―（こんばんは）

（2）の動詞の一例を見てみましょう。挙げられている項目to have、to obtain、to be、to arrive、to want、can have（助動詞canが伴う形）、has had（完了形）、will have（未来を表す形）はともに一律にarimasが使われ、また（3）の挨拶表現においても、How do you do?、Good morning、Good day、Good eveningにおいても一律にOhioが使われています。これらもまた名詞と同じく、様々な文パターンを簡潔に一つにするというピジン語の特徴でしょう。

当時の横浜の居留地には、アメリカ人だけでなく、他の欧米人や中国人らも居住していました。そのため横浜ピジン日本語は英語だけでなく、他の言語や中国語の影響をも受けています。特徴的な一例として中国語の例を交えたto mixの意味のchamponeがあります。*Exercises in the Yokohama Dialect*によると、これは中国語のchān huò（hé）が混成して作られたとの記述ですが、他の研究においてはポルトガル語との混成によるともあり、その起源ははっきりしません。それでも現代日本語でも「ちゃんぽん」は、料理名にはもとより、日本国語大辞典には「はっきり異なる二種以上のものをまぜこぜにすること（p.1435）」という意味で使用されています。また、典型的な中国語話者の発話を表現するとき、協和語の一種として「ある」を「～アルヨ、～アルネ」ということがあります。金水敏氏によると、このような表現は「アルヨことば」といい、この横浜ピジン日本語に由来するとされ、*Exercises in the Yokohama Dialect*にも記述があります（金水 2003）。横浜ピジン日本語がこの語源とすると「アルヨことば」は必ずしも中国人に限ったことではなかったことが分かりますが、こういった言葉も現代日本語にも見うけられるのは非常に興味深いことです。

　この横浜で生まれた横浜ピジン日本語が、日本語や英語だけでなく、他の欧州言語はもとより中国語の影響を多大に受けていることを考えると、欧米諸国から中国を経由し、多くの人々が日本に往来していたことは十分に覗えます。このような現存しないことばを見ることで、当時の人間の様々な移動の様子を見てとれます。ペリー艦隊の日本への来航の足跡を追うのと同じように、このような言葉を知ることで、当時の東アジアの情勢を知るきっかけともなることでしょう。

【参考文献】

Atkinson, H. 1879. *Revised and Enlarged Edition of Exercises in the Yokohama Dialect*. Yokohama.

Daniels, F. J. 1948. The Vocabulary of the Japanese Ports Lingo. *Bulletin of the School of Oriental and African Studies*, Volume 12, Issue 3-4. pp. 805-823.

Inoue, Aya. 2007. Grammatical Features of Yokohama Pidgin Japanese: Common Characteristics of Restricted Pidgins. *Japanese Korean Linguistics* 15, pp.55-66.

金水 敏 . 2003.『ヴァーチャル日本語 役割語の謎』岩波書店 .

佐藤 憲正 . 2001.『日本国語大辞典 第二版』第 8 巻 . 小学館 .

杉本 豊久 . 2010.「明治維新の日英言語接触：横浜の英語系ピジン日本語（1）」『SEIJO ENGLISH MONOGRAPHS』42 号 , pp. 357-381.

横浜で「非常時」と「他者」について、歩いて考える
——関東大震災を記憶した、子どもたちの作文をてがかりに——

小川輝光

1. 歩きはじめるまえに

　そうこうして昼頃になると朝鮮人があばれて来たという事を聞いた。僕は本当と思わなかった。そしてしばらくようすを見ていると、うそではないらしい。若者は手に手に棒を持ってけいかいしている。（磯子尋常小学校『震災に関する児童の感想』（琴 1989）より）

　21 世紀の世界で、「デマ」や「ヘイト」ということばが行き交っています。3・11 東日本大震災では「外国人盗賊団」というデマが流れ、コロナ禍当初には中華街にヘイトの手紙が届けられました。国外に目を向けても、欧米でのアジア人差別が起こり、「ゼノフォビア（外国人嫌悪）」ということばも使われています。アメリカで BLM（Black Lives Matter）運動がふたたび高まっている背景には、人種主義的差別と、コロナ（COVID-19）禍がもたらす格差があります。デマと排除といった行為が、非常時のなかで噴出しているようです。

　しかし、それは非常時の世界だけなのでしょうか。日常のなかに、その火種はなかったのでしょうか。日常のなかで、くすぶっていた火種が、非常時によって、燃え上がっているのではないでしょうか。しばしば、私たちは、非常時のことを特別扱いにし、また忘却もしやすいです。だから、日常のなかで、過去の非常時に起こったことを記録し、検証していくことが、実は大切なのです。このような「記憶」が「記録」化される臨界点に、この節では注目をしていきます。ただ、この臨界点には、そのできごとがもつ個別性や、あいまいさが、まだ色濃く残っていることも、留意しなければいけません。

　もうひとつ、この節で注目するのが「他者」という存在です。ヘイトは、マジョリティからマイノリティへと向けられて生じます。その逆は、ありません。社会のなかの権力関係を背景に、マジョリティ側がもつ、ある種の危機感が、マイノリティへのヘイトという形で表現されるのです。ヘイトにどう対処するかは、きわめて現代的な問いです。そして、ここでも留意したいことがあります。それは、マジョリティとマイノリティの二分法だけでなく、マジョリティ内部にその権力関係があり、それが実はヘイトを生み出すのではないか、という点です。

　以上の関心から、ここで具体的に取り上げるのは、100 年前の横浜の日常と、関東大震災という非常時に起こった流言と虐殺の問題です。

　関東大震災は、首都圏で死者 10 万人と未曽有の大災害となりました。その混乱のなかで、新聞報道が途絶え、まだラジオもない時代、「朝鮮人が井戸に毒を入れた」「朝鮮人が武装して攻めてくる」といった流言が人々のなかに流れます。そして、大衆がつくった自警団や、警察、軍隊による

虐殺事件が引き起こされました。では流言と虐殺は、なぜ生じたのでしょうか。当時の横浜という都市の構造や、そこに暮らした人々の足跡から、考えてみましょう。

この流言について、かつて社会学者の清水幾太郎は「流言蜚語は報道の隙間からあらわれる」といいました（清水2011）。流言は、無記名で、口承を特徴とするからだそうです。震災時に中学生だった清水は、朝鮮人を虐殺した話を軍人から聞き、この国の「秘密」を知ったと思ったそうです。その記憶が、その後の彼の人生に大きな影響を残し、『流言蜚語』という本を書かせることになりました。清水にとって、振り返らざるを得ない原体験となるとともに、大衆社会において流言蜚語の持つエネルギーを考察することになるきっかけを与えたのです。

本書のモチーフである、「神奈川から考える世界史」という点でも、本節を位置づけておきましょう。

横浜は、虐殺を誘導する流言の発祥地とされています。それは、世界へ開かれた「開港」地として出発し、国内外から労働者が集まる「移民（よそ者）」の町として形成されていたことと関係しています。グローバル化が進む現代では、多様な背景を持つ他者と、どう共生し得るのか、という公共性に向けた取り組みが、求められています。

この「開港都市」「移民都市」横浜で、非常時に生じた過去の虐殺の歴史をいかに記録するかは、歴史によって公共性を生み出す行為ともいえるでしょう。横浜の町に残る震災と虐殺の記憶は、主に口承によるものです。それを、戦後になって文字として記録しようという動きが繰り返し起こったからこそ、私たちは震災と虐殺の歴史を知ろうと思えば、知ることもできます。なかでも、この節では、冒頭の文章のような、子どもたちの記憶と記録に注目します。というのも、清水のように、子どもたちが大きくなった後に与える影響の大きさ、さまざまな人びとが集まる公共空間としての学校の役割に、注目するからです。いま、横浜から、この地に残されたデマやヘイトの記憶と記録に向き合い、通時代的に町の公共性を考えてみたいです。

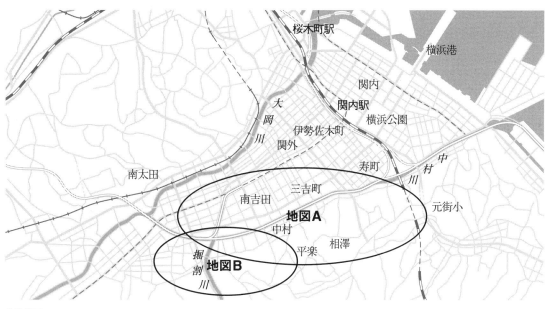

全体地図

私たちは、そのようなことを考えながら、まずは文章のなかですが、現在の横浜の町を歩いてみましょう。と同時に、過去にこの町であった歴史を重ねて考えてみましょう。そうすることで、実際に町を歩くと、新しい景色が町のなかに浮かび上がってきます。こういう体験を、歴史フィールドワークは可能にします。

　*本文では、差別的表現も含まれますが、当時の人々の認識を示す史料用語として、そのままにしました。引用して紹介した史料の中には、読みやすいように、表現を書き改めたものもあります。

2. 多文化の街の現在を歩く

　我想回家（家に帰りたい）。*中国から来日した小学2年生の日本語支援施設でのつぶやき

（『朝日新聞』2019年10月20日付）

　2と3では、震災時の流言と虐殺の風景をイメージするために、横浜という都市社会の現在と過去に迫ってみましょう。

商店街と神社

　コロナ禍といっても、横浜橋通商店街の人通りは多いです（写真1）。ここは、横浜を代表する"下町"商店街であり、多文化共生の街としても有名です。2020年9月に久しぶりに歩いてみました。相変わらず、日本語だけでなく、中国語や朝鮮（韓国）語といった、複数の言語が行き交っています。ただ、10年以上前に比べると、コリア系惣菜店の数が減り、中国系の鮮魚店・青果店などが増えたように感じます。中華料理ではなじみ深い食材ですが、日本ではなかなか見られないソウギョなども店頭に並んでいます。

写真1　横浜橋商店街のようす

　商店街のなかほどを少し横に外れてみると、かつて横浜遊郭が存在していた名残である、金毘羅・大鷲神社があります。横浜の遊郭は、開港直後に居留地に作られましたが、大火で移転して、最終的にはこの地に至ります。その間、この神社はともに移転してきました。神社のなかに入ってみると、ひときわ大きい三社復興碑があります（写真2）。これは、1924年に遊郭関係者が慰霊のために建立した記念碑です。関東大震災の時に、横浜遊郭では、娼妓をはじめ多くの犠牲者を出しました。

写真2　遊郭の被災記憶を伝える碑

地図A

多文化教育推進校

　他方、神社から横浜橋商店街をまたいで反対側には、横浜市立南吉田小学校があります。この小学校は、近年は多文化教育の推進校として有名になっています。2016年度以降、約半数の児童が外国にルーツを持つとされています（山脇・服部2019）。子どもたちは、親の仕事の関係など家族の事情で来日し、出身国は中国をはじめ、東南アジアなど多様です。低学年のころに来日することが少なくありません。

　南吉田小では、小学校の授業だけでなく、日本語をサポートする短期間集中型の教室も開かれています。コロナ禍で残念ながら学校内の取材はかないませんでしたが、ある新聞記事は、次のような教室の様子を伝えています。

　　「机の上に両腕を投げ出し、お尻が椅子の前の方へ動き、顔がどんどん下がっていく。やはりウテツさんは動かない。しばらくすると、うつむいた目から、ぽとりと1滴、右腕に涙が落ちた。もう1滴、さらにもう1滴……。」この生徒に対し、副校長は「つらいよな、悲しいよな。言葉が通じるところにいたのになあ。居心地のいいところにいたのになあ」と、声をかけました。

　　　　　　　　　　　　　　（『朝日新聞』2019年10月20日付）

　思考言語が未確立の低学年では、日本語習得にとどまらず、意志の表示や、教科学習全般に困難が多いといいます。子どもにとって重要な発達の時期に、大人たちは試行錯誤しながら向き合っています。

　このように、現在は多文化教育の先進地とみられる南吉田小ですが、100年前の関東大震災の3か月後に書かれた児童の震災作文が残る小学校の一つでもあります（写真3）。横浜の

写真3　児童の震災作文（南吉田第二小）

震災作文は、南吉田第二小『震災記念綴方帖』のほか、冒頭の磯子小のもの、寿小の『大震災遭難記』などが知られています。これらは、現在、横浜開港資料館と横浜市中央図書館で保存されています。作文を紐解いてみると、震災下で発生した流言と朝鮮人虐殺のことが、驚くほど多く書かれています。

　　　ウワーワーと叫び声、「朝鮮人だ」「鮮人が攻めて来た」という声が、とぎれとぎれに聞こえた。あまりの驚に、どうきは急に高くなった。まだ夢の様に思はれるので、尚聞いたがやはり誠［ママ］でした。あたりは急にさはがしくなった。きん骨たくましい男の方達は、それぞれ竹を切って棒にしたり鉢まきをしたりして用意に急がしくなった。［中略］昼間は夢の様な恐ろしい地震に合い又火事に合い、九死に一生を経て、此山に逃出し夜又此朝鮮人さわぎ。どこまで私等は不運なのでしょう。きらりきらりとお星様が悲しそうにお光になっている。火の手はだいぶ静まったらしい。わーと喜びの声が立った。聞けば朝鮮人は少し先で皆さんでやっとの事に止めて来さつたのだそうです。あ、此時の嬉しさよ。なんにたとえん様もありませんでした。今まで皆恐ろしさで口一つ聞かずあたりは深山の如く静かさであったが再び本のにんぎやかさにかえった。

（南吉田第二小学校『震災記念綴方帖』より）

　これら震災作文に、早くから注目してきた人がいます。元中学校教師の後藤周です。後藤は横浜の中学校に勤める傍ら、関東大震災の歴史を調べ、作文と出会いました。読み取った作文は、500筆にわたります。それと同時に、「ハギハッキョ」という生徒や若者たちの日韓交流グループも運営してきた人です。もう一人、小学校の教師だった山本すみ子も、虐殺された朝鮮人の慰霊活動を長い間行うなかで、これらの作文と出会います。ふたりは、過去の歴史的事件としてだけでなく、現代の多文化教育の問題として朝鮮人虐殺の問題に注目し、長年この震災作文を調べて、その価値を伝えてきました。震災作文の価値は、彼ら戦後の読み手、語り手なくしては、はかることができません。

　この節の最後には、日常の生活のなかで、虐殺という非常時の記憶にこだわってきた人たちの取り組みの一端を、紹介したいと思います。それは、横浜の非常時の記憶として不可欠の関東大震災を問い直し、現在の多文化化に向き合おうとするという彼らの試みが大切だと考え、記録しようと思うからです。

横浜の現在

　横浜橋通商店街に限らず、横浜で暮らしていると、この10年程でますます外国人と接することが増えたと感じます。歴史の町を歩く前に、21世紀の横浜を本節にかかわる部分で、簡単にスケッチしておきましょう。

　まず、経済です。横浜は貿易港としての役割が今でも大きく、安定的な物流拠点でもあります。しかし、横浜市の法人税収入は、市の人口規模に対して少ないといわれています。その結果といえるかもしれませんが、2021年の横浜市長選でカジノ誘致を含めたIR開発の是非が大きな争点にな

りました。

　街の風景を見ると「ハマ」の文化を代表していた店などは減り、多分に漏れず、ここでも大手チェーン店が増えています。度重なる市域拡張と人口流入で、360万人に達する横浜市民の多くは、ここで取り上げる旧市街地域（現在の中区）にはあまり足を運びません。旧市街地域には、戦前からかかわりを持つオールドカマーの子孫に加え、戦後に新しくやってきた中国、朝鮮半島、東南アジアなど各地域からの移住民が多く暮らしています。

　都市政策はというと、1990年代以降の福祉政策の後退は全国と軌を一にしています。「三大寄せ場」といわれていた寿町は、急速に高齢化が進んでいます。一方、多言語による生活情報の提供など、政府が進める「地域での多文化共生」の先進事例といえる取り組みが、先ほどの旧市街地域を中心に見られます。

　これらを背景にし、横浜橋商店街周辺を少し歩くだけでも、意識すれば100年前の痕跡に出会います。生活の場のなかに埋め込まれた震災の記憶と記録を発見できます。それでは、次に100年前の、この町の日常の姿を見てみましょう。

3. 大正末期の労働世界と「スラム」を訪ねる

　横浜は、「開港」とともに形成された都市であり、その住民は他所からの「移民」です。江戸時代に埋め立てられて吉田新田がつくられ、さらに沿岸部に横浜新田などが加わります。幕末の開港で、横浜新田などは外国人居留地と日本人居住地で構成される「関内」となります。吉田新田の部分には、各地から人々が集まり「関外」と呼ばれる港の後背地を形成しました。ここでは100年前の横浜を、この「開港都市」「移民都市」という性格を軸に見ていきます。

「移民都市」と「スラム」

　先ほど取り上げた南吉田は、20世紀初頭の1901年の市域拡張により南太田・中村・根岸などとともに、横浜市に編入されたという共通の歴史を持ちます。南吉田は、埋立てでできた関外に含まれます（地図A）。それ以外の場所は、埋立地の周縁部に位置します。埋め立てられる前に海岸線があった場所が、丘と崖沿いの谷戸景観を残しているという地勢上の共通性も見られます。内陸に位置しますが、大岡川・中村川を通じて、横浜港ともつながっており、沖仲士や、木材、石炭の運送に従事する労働者が多く暮らすようになりました。そして、これらの土地は、明治期には「貧民窟」、大正期には「細民部落」と呼ばれるスラムが形成され、関東大震災までに急速に拡大したことでも知られています。

　このように人々が大規模に移動し、新しい都市空間が形成されるのは、世界の一体化が進んだ20世紀初頭の世界的現象でもあります。たとえば、アメリカでは、南欧や東欧からの「新移民」が増加していました。このことに対し、その制限とアジア系移民を禁じた移民法が1924年に制定されます。一方で、この移民法と1920年代の産業発展に伴い、労働力の不足が問題にもなります。そこで、ニューヨークやシカゴ、デトロイトといった、北米の大都市に、南部から黒人が流入し、

労働者として定着するとともに、ハーレムに代表される黒人居住地域が形成されていきます（樋口1997）。世界的な巨大都市の基本構造が、この時期に姿を現しますが、横浜でもスラム集住に象徴される、都市住民の階層と地域的な偏りも見られたわけです。

【コラム】 スラムの生活と子ども

　横浜のスラムの様子を詳しく見てみましょう。1903年に出版された『横浜繁盛記』には、木賃宿が並び博徒などが出入りする「三吉町」、屑拾いが多い「乞食谷戸」が、開港地横浜に対する「半面の横浜」として登場します。

　大正時代となり、社会事業を専門とする慈救課が横浜市役所内にできますが、そこで発行していた雑誌には「根岸町細民長屋」の調査報告が掲載されています（横浜市役所慈救課1919）。相澤など中村川沿いの丘地には、合計1,000戸、4,500～5,000人が暮らす、南太田と並ぶ市内最大の「細民部落」が形成されていたとします。職業は、家内では靴屋や草履造り、下駄直し業などが、家外では沖人夫、ペンキ屋、工場（女工）が多く、女性は夜間に活動演劇の女給や酌婦、芸妓に従事していると紹介します。子弟も、小学校を中退して船内労働などで働くことが多かったようです。この地域の子どもが通った平楽小学校の校長によると、学費を工面することは困難で、授業料免除と学用品給与を行っているということも紹介しています。

　当時の子どもたちの様子も見てみましょう。1907年に石川小学校に赴任した石川ふさという教師は、「下層階級の子供」「閾外異国人のごとく」だった小学2年の受け持ち生徒について、このように回顧しています（石川ふさ先生教壇五十年記念祝賀会1992）。「卒業すべき年齢にして身体も私より大きいのがあり、中には幼稚園児位のがあり、姉妹共に同一学級にいるのがあり、子守に雇われていたもの、親のさすらいに伴われて各所に流寓し、所謂木賃宿を家とするヨカヨカ飴屋の子があり、虱タカリの子、トラホームの子、シノダ屋の子、下駄の歯入の子、種々雑多の女児で、栄養不良にして発育不完全の者、白痴瘋癲に等しき者、異色特色実に驚嘆に値する者の集まり」と。当時の小学校令では、まだ学齢児童であっても「瘋癲白痴又は不具癈疾」であれば就学義務が免除されていたので、その規定と重なる児童たちだったという訳です。教育者としての石川は「彼等の純朴を見出しては、愛憐の心がムラムラと擡頭する」のですが、救済の対象としての「スラム」の児童であるという彼女の認識や、救済手段としての教育への期待が、ここにはよく示されています。

「開港都市」と労働世界

　このような町に、1920年前後、新しい時代のうねりが押し寄せます。第一次世界大戦です。大戦景気に沸く「開港都市」横浜は、一大貿易港として活性を極めました。しかし、ほどなくして戦後に生じた反動不況は、彼ら労働者たちから仕事を奪うとともに、世界的な労働運動の波が、横浜の労働者たちを労働運動へと駆り立てました。

　その目立った存在なのが、沖仲士の労働運動と、それを支援する社会主義政党・立憲労働党です。1920年4月に起こった労働争議で、沖仲士は分裂し、強硬派が労働組合として沖仲士同盟会を結成しました。彼らは、翌年5月2日の「日本最初のメーデー」の前日に、横浜ですでに労働祭を挙行しています。これらの活動の中心には、中村川沿いの平楽に住む山口正憲がいました。山口

は、国際的な「労働不安の時代」に「労働者の独立・自治」を目指した人物です（岡本 1994）。この団体には、自由労働者たちも含めたさまざまな立場の仲士が集まりましたが、仲士は市内各地に集住していました（松本 2019）。

　また、彼ら労働者を出身地別でみると、各都道府県からの新規流入者でした。加えて、朝鮮人・中国人労働者なども含まれています。朝鮮人・中国人の多くが肉体労働者で、横浜の場合、沖仲士として働く者が多かったです。しかし、朝鮮人・中国人と日本人との間の賃金格差は大きく、日本人労働者の仕事が安い朝鮮人・中国人に流れているという日本人側の認識もありました。このような問題を背景にして起こった、労働者同士の対立として著名なのが、1923 年 2 月の中国人労働者と日本人労働者の激突です。山口正憲は、この紛争の調停者ともかかわりを持っています。

都市社会行政

　このような都市下層社会の形成と労働運動の高まりを背景に、横浜市や財界による本格的な都市社会行政も開始されます。

　とりわけ 1918 年 8 月に、横浜公園や伊勢佐木町を中心に起こった米騒動が、彼らに与えた衝撃は大きかったといわれます。この事件を機に、新たに設置された横浜市慈救課は、全国的な社会政策行政と歩調を合わせて、1920 年に社会課に改組されます。新しくなった社会課は、中村・根岸などでの市営住宅の建設、公設市場、職業紹介所、方面委員制度の設置などといった社会事業にあたります。翌 21 年には、財界の支援でつくられた神奈川県匡救会による、横浜社会館も設置されています。

　なお、当時の職業紹介所の記録には、1910 年に植民地となった朝鮮出身者も含まれていることが注目されます（横浜市職業紹介所 1922）。その背景には、1920 年代初頭に朝鮮人旅行取締制度が廃止されたことで、日本にわたってくる労働者が急増していたことが考えられます。

　都市社会行政の別の側面に、衛生行政があります。横浜では、衛生行政が地域社会の末端まで組織化する機能を持っていたところに特徴があります。戦前の日本で多くを占める農村部では、地域出身者で構成される在郷軍人会が、地域の人びとを組織しているのが一般的でした。しかし、移民都市である横浜では、在郷軍人会による組織化が果たされませんでした。その結果、関内を中心に明治期に設立された横浜の衛生組合が、市域全域に他の医療、学校、警察などの諸団体と協力しながら、地域住民を組織化していきました。コレラが流行した時は 40 回もの街の封鎖（今でいうロックダウン）が行われ、衛生組合が物品の搬送を担いました。このような衛生組合は、第一次世界大戦後の 1921 年に横浜市衛生組合連合会となって衛生管理を強化し、28 年ごろには町内会へと改組されています（横浜市衛生組合連合会 1928）。横浜の場合、関東大震災前後を転換点に、人々の生命そのものを管理する都市的な統治機構が形成されていました。

　その具体例といえるのが、警察が作成した記録です。20 世紀の初頭に、たびたび横浜を襲ったペスト流行の際、その発生源として「細民部落」や、そこでの生活環境のようすが、警察や行政によって把握されています（阿部 2005）。記録からは、ひとたび感染が確認されると、感染者が暮らす「細民部落」全体を隔離するという手法が分かり、隔離の視覚効果は差別を生み出すには十分だったことを推測させます。

また、1920年前後にはスペイン・インフルエンザが広がっています。コロナ禍で、改めて、この時期の記録が注目されていますが、かつて速水融は全国的に珍しい記録が存在している神奈川県の事例に注目していました（速水2006）。私たちは、この研究によって、横浜での感染状況が克明に把握できます。

　ただ、そのような記録がなぜ作成されたのでしょうか。この点に着目すると、当時の神奈川県警察衛生部が、すでにペスト予防目的から市役所に提出された死亡診断書の検閲を行っていて、日ごとの「流行性感冒」死亡者・肺炎死亡者を、統計情報として示すことができていたことに気づきます（神奈川県警察部衛生課1915）。このような地域警察（権力）の「記録」への介在は、関東大震災という非常時に、流言蜚語が渦巻く情報空間においても、果たされることになります。

　それでは、次に本節の本題である震災時の流言と虐殺について、なぜ生じ、当時の子どもたちはどう記憶したのか、見ていきましょう。

4.「非常時」の流言の中を走る

　　やっと皆んながねむりについた頃、がやがやという人声がきこえて、此方へ来るようであった。すると向の方でピストルの音が五、六度したと思うと、ばたばたと人が此方へ来るようであった。私たちの寝ている前へ来ると、土びたにぺたっとすわった。こっちでねている人はたいがい目がさめてしまったから、其の人の様子をいきをこらして見ていた。「私朝鮮人であります。らんぼうしません」と言いながら、私達の方に向かって幾度も幾度も頭をさげておじぎをしました。

（寿小学校『大震災遭難記』（琴1989）より）

　1923年9月1日午前11時58分、関東大震災が横浜を襲いました。横浜は震源地に近く、また埋地のように地盤が弱かった地域もあり、多くの建物が即倒壊し、その後火事が広がりました。

　横浜遊郭では、ほぼ倒壊、全焼し、450名の犠牲者を出しました。隣接する南吉田で発生した火事から逃れるには、橋を渡らなければなりませんでした。最初のうちは、この橋を渡って南北の丘へと逃れられましたが、次第に、橋は倒壊。逃げ遅れた老人や子どもが、火に飲まれました。南太田や中村といった地域の人々は、着の身着のまま裏山へ逃げました。難を逃れた人々にも、繰り返す余震と、次第に暗くなるなかでの野宿中、食料不足が襲います。支援はまったくありません。多くの被災民が自力で物資・食料を調達すべく、商店や富家を襲い始めました。震災により、衣食住の欠如といった生命の危機がさらけ出されていました。

　市内の警察機能も失われます。その一方で、一般民衆が学校などに保管されていた銃を持ち

写真4　自警団（堀割川天神橋付近根岸町第4区）

出し、武装します。彼らが集まって作ったのが自警団です（写真4）。自警団は、通常は在郷軍人会や青年会などのメンバーで構成されますが、移住者の多い横浜の場合、流入者を構成員に含んで、作られることもありました。

　ところで、自警団という組織と「不逞鮮人」という認識は、関東大震災で突如として登場したわけではありません。ロシア革命による社会主義の広まり（1918年）、国内における米騒動（1918年）、朝鮮半島における三・一独立運動（1919年）という、第一次世界大戦末期から戦後にかけての世界史的変動に影響を受けているといえます。

　震災後に『神奈川県下の大震火災と警察』を著す、警察官僚・西坂勝人は、福島県警に勤めていた際に、三・一独立運動を経験していました。そこで「不逞鮮人」という認識をもったうえで、のちに朝鮮総督府配属となります。さらに西坂は、神奈川県に配属となったのち、藤沢署長として自警団結成を組織しています。そのような西坂は、震災で「一夜にして生まれた自警団」と前著に書いていますが（西坂1926）、神奈川県下ではすでに1922年以降に各所で自警団が設立されています。これは、地域住民の自発性だけでは説明できず、「民衆の警察化」という考え方に基づき、警察主導で協力組織化されたものだと考えられます。そして、このようななかで、流言が発生しました。

【コラム】　流言は、なぜ発生したのか

　流言は「朝鮮人が井戸に毒を入れた」「朝鮮人が襲ってくる」「不逞鮮人が逃げ出した」といったものでした。しかし、人々が信じた朝鮮人による暴挙は、そもそも存在しないという点で研究者の意見は、共通しています。それでは、なぜ流言は生じたのでしょうか。

　今井清一は、著書の中で4つの発生説を整理しています（今井2007）。「略奪原因」説。罹災民による略奪は広範に行われていました。その状況を、朝鮮人の暴挙と誤って伝えられたとするものです（『関東大震災の治安回顧』などによる）。次に、「警察警戒原因」説。警察官が、無政府状態からの救済のために、朝鮮人が攻めてくるぞと脅すことで罹災民を団結させようとしたという説（『横浜市震災誌・四』などによる）。今井は、これを最も妥当性のある説としています。三つ目が、「不逞日本人」説。戒厳令で出動し横浜に入った神奈川警備隊司令官（軍人）奥平俊蔵が、日本人が自分たちのした悪事を朝鮮人に転化したとしています。最後が、権力の中枢である水野錬太郎内相と赤池濃警視総監が、意図的に流言を流した「官憲作為」説。たしかに戒厳令施行に流言を利用したことは研究者間での一致した意見としています。

　現代でも、大震災の折やコロナ禍で、SNSなどを介して流言が広まっています。なぜ、発生し、広がるのか考えてみることは、日常の社会の在り方を考え直すきっかけになるはずです。

平楽の丘を登る

　4.の冒頭で紹介した小学生の児童の作文は、流言渦巻く平楽・中村町方面の様子を伝えていました。ただ、普通の児童の作文や証言と違うのは、この女子児童が例外的に逃げてきた朝鮮人と間近に接し、卓越した文章で、自分の気持ちを記していることです。女子児童は、当時、寿小高等科1年で、唯一焼け残った車橋を越えて平楽の丘に上がり、横浜植木会社の中で野宿をすることになりました（地図A）。その間、幼い妹が息を吹き返したような体験をしています。野宿をした1日の

夜に、冒頭の場面に立ち会うことになります。続きを読んでみましょう。

　　そこへ大勢の夜けいの人達が来て、その朝鮮人に向かって頭のような人がそばによって、［中略］又向き直って、「おい」「はい」「さっきけいさつのだんなと立ち合った時には何んにも持っていないといったが、今お前の持っているのは何だ」「ええっ」と、いったが、「これはさっきもらった米です」「そうか見せろ」「いえだめです」「何がだめだこれでもか」といいながら、こしにさしてあった日本刀をぎらりとぬいて、朝鮮人の目の前につきだした。朝鮮人はそれでも大事そうに小さい油紙につつんだ物をはなそうともしなかった。私は心の中で早く出せばよいのに、たかがお米なら中を開いて見せてやればよいと思った。いつまでたっても返事をしないので、こん度は大勢の人が日本刀でほうをしっぱたいたり、ピストルを向けたりしても鮮人はだまっていた。さっきの人が鮮人に向い「おいだまっていちゃあわからねえよ、なんとかしねえか」と、いって刀をふり上げて、力まかせに鮮人のほほをぶった。その時に月の光が輝やいて、そのすごさといったら身の毛もよだつくらいでした。いくらなにをされても鮮人は一言もはなさなかった。しらべる人からが［ママ］をおって鮮人に向い、「おいしかたがねえから、けいさつへ行ってだんなの前でお話をしろよ」そういいながら大勢でよってたかってかつぎ上げて、門の方へと行ってしまった。行った後はやはり水を打ったようにしんとしていた。私は翌朝までまんじりともしなかった。

（寿小学校『大震災遭難記』（琴 1989）より）

　　翌2日の朝、寿署の前を通るとき、彼女は門の中まではいり「五、六人の人が木にゆわかれ、顔なぞはめちゃめちゃで目も口もなく、ただ胸のあたりがびくびくと動いているだけであった」というようすをみてしまいます。このような、虐殺の状況まで、具体的にうかがわせる記録も少ないです。

　　他の多数の児童作文では「朝鮮人がこの山へあばれにくるから用心するように」と噂が流れ、「朝鮮人がてっぽうをうつ音がしました」（6年女子）というように事実誤認をしています。そのうえで寿小では、寿署でのできごとのように虐殺の現場を見たという記述があり、流言を固く信じる原因にもなります。このような、大多数の子どもたちには、知り合いの朝鮮人はいなかったのでしょう。朝鮮人虐殺に疑問をもち、流言は誤りであったという記述は、ありません。

　　一方、女子児童は「私はいくら朝鮮人が悪い事をしたというが、なんだかしんじようと思ってもしんじる事は出来なかった。其の日けいさつのにわでうめいた人は今何処にいるのであろうか」という感想を、最後に書いています。彼女は、その後どのような想いをしていたのでしょうか。

写真5　現在の堀割川のようす

　　心中のわだかまりを抱えた女子児童を例外とし、朝鮮人への偏見や流言の誤りに気付かなかった多くの子どもたちが、戦時下の日本社会を支える若年世代になっていきます。このような情報経験に

よる事実の差は、やはり大きく、重いです。移民都市横浜で、移民同士が直に言葉を交わすという経験はほとんどなく、虐殺の記憶は深く押し込められていきます。

火の海の南吉田と掘割川の道筋

地図B

　2で現在の様子を紹介した南吉田に目を転じましょう。南吉田第二小の児童作文には、９月１日の夜に裏山で野宿をしたこと、時の声や流言を聞き、怖くて夜も寝られなかったことが書かれていました。また、朝鮮人の遺体を目にしたという記述や、中村橋で殺害現場を目撃した記述も、複数の作文にあります。朝鮮人を巡る流言と虐殺は、目の前の災情の後景として描き出されています。これは、寿と南吉田の地域の違いによるところも大きかったと思われます。

　南吉田から根岸方面に通じる川として、掘割川がありました（写真5）。掘割川沿いにあった横浜刑務所は、建物が倒壊したので、囚人約1000名を解放しています（地図B・現在は移転したが町並みから跡地が分かります）。このことが、流言内容に与えた影響は大きいとされています。この掘割川沿いでも、自警団による取り締まりが行われ、殺されかけた人物の回想があります。戦中・戦後に活躍した歴史家ねずまさし（禰津正志）のものです。中学３年生のねずは、朝鮮人を探すために船に乗ったところ、逆に朝鮮人と間違えられてしまいます。

　　　自分が朝鮮人といわれたことに気づいた私は、すっかり上がってしまって、口がきけない。目の先には、日本刀や小銃の剣先（この小銃は小学校から持ち出してきた）が４〜５本突き出された。「早く合言葉をいえ、すぐ言わぬと、殺すぞ！」と叫ぶ。一人でなく、何人もがやがやとやり出した。いよいよ上がってしまった私は、舌がちぢんで声が出ない。「合言葉がいえねえば、何とかいえ！だまっているなら、いよいよ朝鮮人だ。かまわねえから、やっちゃえ！」と。
　　　　　　　　　　　　　　　　　　（ねずまさし『「現代史」への疑問』三一書房、1974年）

　ねずは、結局合言葉が言えず、殺されかけたところ、顔見知りに助けられます。集まった人々は「なんだ！日本人か！」とつまらなそうに立ち去って行きました。日本人か朝鮮人かの吟味は、人々の興奮にとってあまり重要ではないようです。ねずを救い出したのは、たまたま顔見知りがいたということだけでした。

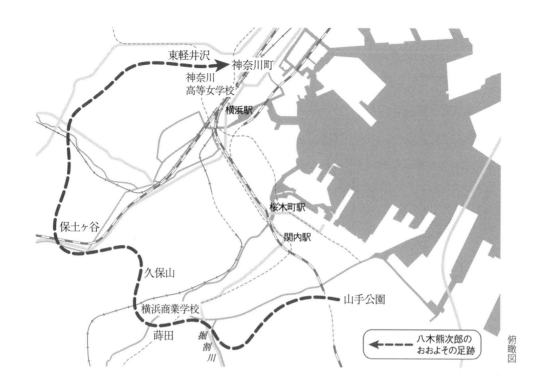

俯瞰図

東軽井沢
神奈川町
神奈川
高等女学校
横浜駅
保土ヶ谷
久保山
横浜商業学校
蒔田　掘割川
桜木町駅
関内駅
山手公園

←――― 八木熊次郎の
　　　　おおよその足跡

神奈川町方面へ

　流言は、避難民の動きとともに拡大していきます。市街地が壊滅状態となったので、東神奈川方面に北上していく避難民が多くいました。そしてこちらも、多くの朝鮮人が居住する地域の一つでした。そのような避難民の一人、元街小学校に勤務していた八木熊次郎の動きを、彼の日記から追ってみましょう。

　八木は、勤務校の近所の理髪店によっているときに本震にあいました。その後、火に飲み込まれる直前の小学校に戻りましたが危険で、山手公園に避難しています。山の手を抜けて、根岸から山を下り、掘割川の天神橋近くの知人宅によります。この天神橋の近くには、先ほどの横浜刑務所があり、倒壊しつつ、まだ焼ける前の状態で、看守や巡査が囚人を取り囲み、威嚇しているようすを書き残しています。八木は、家のある上反町を目指し掘割川を北上しますが、南吉田が火の海だったので、蒔田町、横浜商業学校を経て、久保山を越えていきました。藤棚停留所より先も、また火の海で、保土ヶ谷を迂回し、東軽井沢に立ち寄り、上反町の家族のもとにようやく戻りました。

　上反町など神奈川町周辺は地盤が固く、倒壊・延焼することは多くありませんでした。神奈川署は、例外的に機能を維持していて、衛生組合など自治組織も維持されていました。そのようななか、八木一家は草原に避難しましたが、２日午後にやってきた警察官が、次のように避難民に伝えたといいます。

　　　この日午後吾々が陣取っている草原へ巡査が駈って来て皆さん一寸御注意を申ます。今夜
　　此方面へ不逞鮮人が三百名襲来することになって居るそうである。又根岸刑務所の囚人一千
　　余名を開傲した。これ等が社会主義者と結托して放火、強奪、強姦、井水に投毒等をする。

昨夜は本牧方面を襲撃した。右の様な始末でありますから今夜はなる可く皆様がバラバラにならぬ様に一所に集って居て下さい。そうして万一怪しい者が来たら一同で喚声を挙げて下さい。猶一六歳以上六十歳以下の男子は武装して警戒をして下さい。

（八木熊次郎『関東大震災日記』1923年）

この結果、青年団や衛生組合が集結し、腕に赤布を巻き、鉢巻きをして、武装したといいます。関外に比べて、比較的被害が少なく秩序も安定していたこの地域で、警察官がもたらす情報はきわめて重要でした。その夜、銃声や喚声が聞こえ、戦場のような様相が記録されています。反町遊郭裏で、朝鮮人17、8名が惨殺されたとも八木は聞いています。

写真6　元街小学校の震災後の授業風景

　一方で、近隣にあり、地域の避難所となっていた神奈川高等女学校（当時）では、当時の校長である佐藤善治郎が次のように伝言に対したといいます。

　　二日の昼頃になると避難者の一人たる某大学生が咳き込んできたり「ただいま保土ヶ谷方面から鮮人約千人来襲の報知がありました。急いで防御の準備を」という。私は平然として「それは誤伝であろう。言語不通の彼等は食事にも困るであろう。来るとすれば食物を探してくるので、吾々は食を割って与えてやろうではないか」といえば彼の学生は不興に立ち去った。
（神奈川高等女学校学友会『学校時報』第7巻第4号、1923年より）

　情報伝達者が警察官と学生という圧倒的な違いがありますが、「誤伝」と断じることは、かなり珍しいでしょう。背景には、佐藤には朝鮮人の知人がいたことがあるといわれています。
　このような震災後の流言と虐殺は、軍隊のない町である横浜に、外部から軍隊が入ってくることで、ある程度の終息が見られていきます。

もう一人の「他者」

　ところで、流言の発生源として官憲資料に繰り返し登場する人物がいます。震災前から横浜労働世界で活動していた、あの立憲労働党党首の山口正憲です。司法省の資料には「巷の風説」として断ったうえで、次のように記されています（姜・琴1963）。「中村町字平楽の原に於て避難民大会を開き避難民約1万人に対し食料品掠奪に関する演説をなしたるが其の際鮮人が夜間内地人を襲撃して危害を加ふるの説あるを以て互に警戒せざるべからざる旨の宣伝を為したるにより鮮人の不逞行為の声一時に伝はるに至れりと」。また、10月20日朝鮮人虐殺に関する報道規制が解除されますが、その翌日から各新聞で、山口正憲一派が流言発生源とする報道が出されています。赤襷、赤鉢巻きをしないと鮮人にやられるとふれまわしたと報じられています。この報道はおそらく、流言の責任を山口らに転嫁すべく出された、当局の発表によるものだと思われます。
　その後、『大阪朝日新聞』は独自取材をしなおしました。掠奪した物品を罹災民に分配したこと、

山口の妻は傷病者の救護に当たったことなどを報じています。震災当時は、山口に限らず自力救済のために掠奪が横行しており、公的救助が皆無の中で、横浜震災救護団を組織して比較的秩序だった行動をとってもいます。そのような姿が、取材を通じて明らかになったのだと思われます。

　山口という人物は、いわばスケープゴートの役回りを演じることになったといえるでしょう。震災直後は寿警察署と横浜植木会社（先の寿小女子が一夜を明かした場所）に同居し、救護団活動は黙認されていました。しかし、逮捕され、そののち裁判にかけられるのですが、略奪の罪は問われても、朝鮮人虐殺にかかわる罪は一切問われませんでした。流言の原因は、山口正憲の掠奪原因説が問われなくなるとともに、公的にはうやむやにされていきました。このような顛末をみると、非常時に活躍した山口は、もう一人の「他者」だったのではないか、という気持ちになります。

　以上、見てきた震災時の記憶は、経験した人々にとっては忘れがたいものだったに違いありません。しかし、この過去を、後世が歴史として受け継ぎ、学ぶための記録としては、すぐにはまとまりませんでした。私たちは、この経験から何を学べばよいのでしょうか。虐殺を巡る記憶と記録の足跡から、最後に考えたいと思います。

5.　みんな忘れる。だから、記憶する、記録する。

日本人に気を許してはいけないよ、カッとなると何をするかわからないから
（歴史家・齊藤秀夫が聞いた言葉）

　関東大震災で焼け跡となった町には、バラックがたちました。各地からの震災支援がなされ、中村町には「関西村バラック」（写真6）が並びました。さらに、しばらくすると倒壊と消失を逃れた建物を含めて、スラムのクリアランスも実施されていきました。横浜市は、1927年に第3次市域拡張を行い、面積は3倍となります。この復興事業に併せて行われた市域拡張によって「大横浜」の建設がうたわれました。これらの事業で町の風景が一新され、スラムの住民たちは転居を余儀なくされていきました。

写真7　横浜関西村のバラック（中村町）

戦前の記録

　町の風景が変わるなか、人びとの震災の記憶はどうなったのでしょうか。横浜市は、いち早く『横浜市震災誌』5冊を編纂して記録としてまとめ、復興に向けての礎石としました（横浜市1926-27）。この震災誌には、市内の各地域や公共施設の被災状況が詳細に記録されています。しかし、あれほど人々の心に恐怖を残した虐殺の記憶は、ほとんど取り上げられていません。むしろ、第5冊に多く採録されている「震災美談」と、その一部におさめられている朝鮮人保護の事例の影に、隠

されてしまったようです。

　あわせて当時の状況を伝える記録としてよく利用されるのが、前出の西坂勝人『神奈川県下の大震火災と警察』です。この本は、西坂勝人が震災の混乱にもかかわらず、各警察署や警察幹部の動向に関して、よく資料を集め記録しており、研究者も利用してきた一級資料です。しかし、読み方には注意が必要です。というのも、虐殺に関する警察の活動を正当化し、その関係で関係情報を取捨選択しているからです。たとえば、先ほどの八木熊次郎の記録にあったように、警察官が「武装警戒」をふれまわった神奈川署ですが、そのことの記載はありません。また、自ら設立に関与もした自警団に対し「自衛の域を超えて警察本然の権力行使をも為し、甚だしきは殆んど暴民と異なるなく」（254 頁）といった厳しい評価を随所に与えています。つまり、一般民衆の自警団にのみ、虐殺の責を負わせているのです。

　このように虐殺は、公的には実態も明らかにされず、記録に残されませんでした。そのようななかで、戦前において虐殺の実態を調査する動きは、金承学と吉野作造がかかわるものがあったことが知られています（姜・琴 1963）。また、慰霊については、三ツ沢の退役軍人・村井履吉の活動があります。ただ、これらは個人によるもので、同時代的にはほとんど知られていません。

戦後の記録

　これらの活動が着目され、虐殺の記憶を記録化しようとする動きが現れるのは、戦後においてです。その動きを大きく分けると、在日朝鮮人社会のなかでの動きと、市民団体の動き、これらと隣接する横浜市など自治体の動きがありました。ここではそのなかで、自治体史である『横浜市史』や横浜市と市民が協働して取り組んだ『横浜の空襲と戦災』など、公共的な記録に取り組んだ人々の初動に注目します。

写真 8　反町遊郭（現：反町公園周辺）があった付近

　今日、横浜の震災史研究で最も手に取りやすい本は、本節でもたびたび参照した今井清一『横浜の関東大震災』です。今井は横浜市立大学に所属した、日本近代史の研究者です。その今井とともに、横浜の公共的な記録づくりに長年取り組むとともに、最初に横浜の朝鮮人虐殺を研究した人に、齊藤秀夫という在野の研究者がいます（コラム参照）。

　1974 年の論考で、齊藤は次のように述べています。

　　　統計的には、関東大震災を体験した横浜市民は、全市民の 10 パーセント、横浜大空襲の体
　　験者についても、敗戦後の人口移動等から、ほぼ同数に落ちつくのが現状である。地域を研
　　究対象とする私たちは、文献や記録には埋もれてしまう、市民の体験を追跡し、体系化する
　　ことによって、私たちと私たちの後の世代のために、市民としての責任を果たさねばならぬ
　　のではないだろうか。

　　　　　　　　　　　　（「関東大震災と横浜大空襲の経験から」『郷土よこはま』70 号、1974 年）

関東大震災が起こった時（1923年）から横浜大空襲（45年）までが22年。空襲から空襲記録運動（70年）までの時間とほぼ一致します。その差は、親子の差です。親世代が体験した震災と虐殺の記憶を、語り伝えきく程度だった戦後世代の齊藤は記録しました。

　齊藤の目的はいくつかあると思います。初動は、「他者」としての朝鮮人家族の記憶に迫りたいと思っていたからでしょう。そして、横浜大空襲の記録運動とかかわってからは、「移民都市横浜」で「市民社会」をどう形成するか考えて、という点が大きかったのではないかと、私は思っています。齊藤は、略奪や流言の抑制に果たした役割として、歴史が長い自治組織を高く評価し、戦時期の町内会と異なる可能性を見出しています。自身も、戦後の町内会活動に積極的に参加するとともに、空襲記録運動を母体に、飛鳥田一雄革新市政を支える「市民」創出に意欲的に取り組みました。齊藤は、埋もれゆく民衆の記憶を、横浜市の歴史として記録することを通じて、1970年前後の「市民社会」を形成しようとしていたといえます。そのために、虐殺の問題は、空襲経験の前史として、ふれねばならないことがらだったのでしょう。

【コラム】　齊藤秀夫にとっての朝鮮人虐殺問題

　齊藤秀夫（写真9）の父親も「移民」でした。しかも、関東大震災を機に横浜に住み着き、虐殺のあった旧反町遊郭周辺で骨董屋を始めた人です。秀夫自身は、中学を中退後、労働運動や社会運動に身を投じるとともに、横浜大空襲の経験から歴史研究を生涯続けた人物です。齊藤は、戦後の物資難の時代に朝鮮人に助けられた経験を持っています。朝鮮戦争に反対する運動にもかかわりましたが、朝鮮人の友人から「日本人に気を許してはいけないよ、カッとなると何をするかわからないから」と家族が話していたと聞いて、大変ショックを受けました（齊藤1993）。朝鮮人や中国人の日本人への不信感・憎悪の遠因には関東大震災があると考え、1958年に「関東大震災と朝鮮人さわぎ」という研究論文をまとめます（齊藤1958）。

写真9　朝鮮人虐殺を取り上げた齊藤秀夫

　私は、齊藤のこの論文が、京浜工業地帯の労働者たちの学習サークル運動から生まれていることに、興味を持ちます。本章で取り上げてきた、労働者たちの生活世界と、そこでの朝鮮人の立場への着目は、彼らを「なかま」と認識する、齊藤の生活世界のなかにありました。齊藤は、全国的に国民的歴史学運動という地域史運動が行われていた時期、京浜工業地帯を拠点に労働者を組織し「職場の歴史」「工場の歴史」の学習を行っていました。しかし、国民的歴史学運動がとん挫し、齊藤自身も病床に付していた苦しい時に、女性史サークル・メンバーの資料調査の助けがあって、この論文は出来ました。つまり、地域の労働運動と国民的歴史学運動の余韻のなかで、震災と虐殺の地域史は生まれたのです。

　以後の齊藤は「セミ・プロの歴史家」として活動を開始します。1970年代には、横浜空襲を記録する会の事務局長として、精力的に地域史研究に取り組むことで、齊藤の名前は世に知られるところとなります。その時期にも、朝鮮人の空襲被害を記録に盛り込むことを目指したり、久保山に建てられた朝鮮人慰霊碑（石橋大司建立）の前での慰霊活動を行ったりしています。

記録と記憶

　関東大震災から100年がたとうとしている今日においても、虐殺の記憶は公共空間の問題として意味を持っています。横浜市教育委員会によって「在日外国人（主として韓国・朝鮮人）にかかわる教育の基本方針」（1991年）が策定され、そこには記憶されるべき出来事として、関東大震災時の虐殺があげられていました（鄭1995）。しかし、東日本大震災後の2012年に横浜市教育委員会が発行してきた中学校副読本『わかるヨコハマ』の虐殺記述が、市議会で問題化し、修正が迫られました。東京都でも、都知事の慰霊式への参加問題が、現在続いています。国レベルでの公的な記録である内閣府中央防災会議報告書にも、詳細な虐殺に関する分析や教訓化がなされたにもかかわらず、にです（内閣府防災中央会議2008）。

　このことは、虐殺の記憶とは記録化され「正史」となれば終わるという問題ではなく、日常の中で非常時の記憶をどう公共空間に位置づけるか、という極めてアクティブな歴史実践であるということを示しています。

6.　歩いた後に、私たちは何をなすべきか

　21世紀に、どのような公共空間を歴史経験から築くことができるのか、私たちは考えてきました。「これだけすればよい」という教訓は、なかったかもしれません。ただ、それでも記憶の断片を想起することには、意味があります。

　ジェノサイドがあった後に、歴史といかに向き合うか考察したマーサ・ミノウは「必要なのは、結果としての記憶（memory）ではなく思い出し続けること（remember）であり、ある完璧な画像を取り戻すことではなくて過去と現在の断片を峻別しかつ結合するというダイナミックなプロセスである」と述べています（マーサ2003）。事実を明らかにする、あるいは記憶するという営為を通じ、証言を引き出し、再記憶化の途を探る。それは歴史と向き合う私が生み出す歴史実践なくしてはなしえません。と同時に、日常と非常時のあいだにおける対話が、公共性のために求められている、ということでもあります。

　では、そのような記憶の断片を想起することが、今の世界を考えることに、どうつながるのでしょうか。

　ひとつは、「平時（日常）／非常時」についてです。第一次世界大戦後の労働世界の形成、現代ならばグローバル化の格差社会の定着という日常の風景が、非常時の他者への恐怖を生み出し、流言に基づく行動を生みました。このことは、今日においても示唆を与えます。コロナ禍の日本社会で改めて表出した「自粛警察」の問題は、狭められる社会保障の果てに生じる自力救済策であり、非公式の権力統治に見えます。補償を伴う営業禁止ではなく、自粛として判断が市民にゆだねられたことをきっかけとし、公助が担うべき役割を、個人があたかも主体的に代行するからです。その意味で、関東大震災時の流言と虐殺は、過去のことではありません。いまも続く、公共空間に、非常時の流言の痕跡と向き合い続ける歴史実践は、未来の非常時への備えでもあるでしょう。

もうひとつは「自己／他者」についてです。「恐怖」「不安」は、他者に向けられがちであるということです。たとえば「朝鮮人」「外国人」など分かりやすい他者に。しかし、戦前の労働者と彼らを取り巻く世界においては、他者化は、自国民に対しても向いていました。関外や周辺のスラムに。人びとは、同じような都市空間の位相に置かれつつ、普段着の会話がないなかで、集まり、そして孤立していました。それを思うと、今、商店街での複数言語が織りなす立ち話や喧噪、コロナ禍でも踏ん張って運営している子ども食堂の張り紙といった断片に、どうしても身体が反応してしまいます。このような地域のなかの断片を、課題意識をもって見てみると、新しい世界が見えてくるようです。「地域から世界を考える」「世界を考えながら地域を歩く」という実践を、私全体で取り組んでいます。

　そして最後は、公共空間としての学校の役割についてです。学校は、多様なルーツを持つものが、一定の地域性をもって集まる公共的な場です。「分断」ではなく「共生」を、日常の中で実践しうる場であり、地域の未来を創出することもできます。非常時の中の子どもたちの体験を、日常の学校はどう受けとめたらよいのでしょうか。

　たとえば、ある女子生徒は関東大震災の後に、こう書きました。

　　　二日目の夕方鮮人騒ぎの噂さの高い相澤の山をとぼとぼ歩いていた時、私は家をなくした悲しさを味わった。そして竹槍や日本刀を下げて血眼になっている人達が自分の味方ではない様な気がした。もう誰も私の事など考えてくれる者はないと私は考えながら歩いていた。私は世界が変ってしまった様な気がした。人間が人間を殺し合うような世界は今までとは余りかけ離れた世界だったから。[中略]もう地震は人々の心から忘れられそうになっている。否、人達は忘れようと努めている。苦しい経験だったもの。けれども私はそれを恐れる。天災の記憶が日々薄らいでいくのを感ずるたびに、悲しくなる。私の心がひびの入ったままで育ってしまうのが私にはよく分かっているから。

（前出、神奈川高等女学校学友会『学校時報』より）

　いま一度繰り返しましょう。彼女の「心のひび」は、どう埋めたらよいのでしょうか。

【参考文献】
阿部安成「都市縁辺のテキストを読む」（『日本近代都市社会調査資料集成8　横浜市社会調査報告書別冊』近現代資料刊行会、2005年所収）
石川ふさ先生教壇五十年記念祝賀会編『石川ふさ先生と女教員会二十年史』大空社、1992（初版1941）年
今井清一『横浜の関東大震災』有隣堂、2007年
岡本真希子「横浜における朝鮮人虐殺について」（関東大震災70周年記念行事実行委員会編『この歴史永遠に忘れず』日本経済評論社、1994年）
神奈川高等女学校学友会『学校時報』第7巻第4号、1923年12月
神奈川県警察部衛生課『大正七、八年　大正八、九年流行性感冒流行誌』1915年（『日本近代都市社会調査資料集成3』近現代資料刊行会、2004年所収）
姜徳相・琴秉洞編『現代史資料集（6）』みすず書房、1963年
琴秉洞編『朝鮮人虐殺関連児童証言史料』緑蔭書房、1989年
齊藤信夫編『齊藤秀夫著作集』「齊藤秀夫著作集」編纂委員会、2012年
齊藤秀夫「関東大震災と朝鮮人さわぎ」『歴史評論』99号、1958年11月
齋藤秀夫「関東大震災誌研究が問いかけるもの」『歴史地理教育』506号、1993年8月
清水幾太郎『流言蜚語』ちくま学芸文庫、2011（初版1946）年
鄭早苗他編『全国自治体在日外国人教育方針・指針集成』明石書店、1995年
内閣府中央防災会議編『1923関東大震災第2編』内閣府中央防災会議、2008年
西坂勝人『神奈川県下の大震火災と警察』大震火災と警察刊行会、1926年
速水融『日本を襲ったスペイン・インフルエンザ』藤原書店、2006年
マーサ・ミノウ『復讐と赦しのあいだ』信山社、2003年
松本和樹「戦間期横浜港湾労働者の労働運動」（『歴史民俗資料学研究』24号、2019年3月）
南吉田第二小学校『震災記念綴方帖』（横浜開港資料館所蔵「南吉田小学校震災関係資料」）
樋口映美『アメリカ黒人と北部産業』彩流社、1997年
八木彩霞（熊次郎）『関東大震災日記』1923年9月（横浜開港資料館寄託「八木洋美家所蔵文書」）
山脇啓造・服部信雄編『新多文化共生の学校づくり』明石書店、2019年
横浜市役所市史編纂係『横浜市震災誌　第1-5冊』横浜市役所、1926-27年
横浜市衛生組合連合会『保健衛生新横浜の建設』横浜市衛生組合連合会、1928年
横浜市役所慈救課『慈救時報』第1巻第2号、1919年8月（横浜開港資料館所蔵）
横浜市職業紹介所『大正10年度横浜市職業紹介所報』1922年9月（『日本近代都市社会調査資料集成8』近現代資料刊行会、2004年所収）

【写真出典】
写真1　筆者撮影（2020年9月）
写真2　筆者撮影（2020年9月）
写真3　横浜開港資料館所蔵（横浜都市発展祈念館・横浜市開港資料館『関東大震災と横浜』横浜市ふるさと歴史財団、2013年）
写真4　横浜開港資料館所蔵（横浜都市発展祈念館・横浜市開港資料館『関東大震災と横浜』横浜市ふるさと歴史財団、2013年）
写真5　筆者撮影（2020年9月）
写真6　横浜開港資料館所蔵（横浜都市発展祈念館・横浜市開港資料館『関東大震災と横浜』横浜市ふるさと歴史財団、2013年）
写真7　横浜開港資料館所蔵（横浜都市発展祈念館・横浜市開港資料館『関東大震災と横浜』横浜市ふるさと歴史財団、2013年）
写真8　筆者撮影（2021年3月）
写真9　遺族提供

「横浜商業学校表忠碑」から見た日露戦争

智野豊彦

はじめに

　桜木町駅の近くに横浜の総鎮守である伊勢山皇大神宮があります。伊勢山皇大神宮本殿に入る道のすぐ横に、巨大な石碑があります。この石碑は、「明治三十七、八年戦役（日露戦争）　横浜商業学校出身陣没之士」の「表忠碑」で、揮毫者は「希典（乃木希典）」となっています。裏側には、戦死した12名の戦没場所などが書かれています。横浜商業学校は、現在の横浜商業高校の前身となる学校です。

　ここでは、この表忠碑を核に日露戦争について述べていきます。

1.　校史と表忠碑

　横浜商業学校は、創設当初には、横浜商法学校と呼ばれ、本町1丁目の町会所楼上で授業が開始されました。1888年、北仲通りに移転後、横浜商業学校（通称Y校）と改称されました。学校では、ほぼ10年ごとに記念誌を作成していますが、これらの記念誌の中に、以下のように記述がありました。校舎は「桜木町の '横浜駅' から弁天橋を渡って大岡川沿いに左に行くと灯台があった。Y校はその手前の川岸に面してあった」とあります。この灯台とは、ブラントンの灯台づくりの拠点となった「横浜燈明台局」だと思われます（ブラントンについては第1章参照）。横浜商業学校のあった場所には、新しい横浜市市庁舎が建てられています。新市庁舎建設時に横浜商業学校の遺構が発見され、その一部は横浜商業高校の正門近くに展示されています。

　『記念誌』によれば、生徒数の増加に伴って2階部分が増築されていますが、それでも収容人数に限界があったため、1904年7月、現在の南太田に移転が決まりました。新校舎の落成は1905年9月のことでした。ちょうど日露戦争と時期が重なります。『記念誌』には「日本はこの戦争に国運を賭したのであった。大国ロシアに当たるため死力を尽くして戦った」とあります。横浜商業学校は、このような困難な時期に校舎を移転したことになります。たとえ戦時であっても、すべてが戦争一色ではなかったことが窺えます。

2.　表忠碑から見えてくる先輩たちの日露戦争

　表忠碑の裏面には、12人の卒業生が命を落とした日付と場所が刻まれています。最初の戦没者は、1904年5月27日、奥保鞏率いる第2軍に従軍した鈴木順平中尉（25歳）でした。彼は南山の戦いで戦死しています。

　乃木希典率いる第3軍がロシアの強固な要塞を相手に戦った旅順包囲戦は、その多大な犠牲であまりにも有名ですが、横浜商業学校出身者も例外ではありませんでした。表忠碑には、第1回総攻撃（8月

21日）で、水野正武中尉（28歳）、齋藤文六中尉（28歳）、
石川佐一中尉（28歳）、田邊新太郎伍長（24歳）が、水
師営にて戦死したことが刻まれています。同じ日に同じ
場所で命を落としたのであり、戦闘のすさまじさが想像
できます。私の授業でこの表忠碑を取り上げたところ、
ある生徒は、戦没者３人が同年齢であることから、同
窓生として従軍したかもしれないと想像をめぐらしてい
ました。また、第３回総攻撃では、11月29日に吉本
平四郎中尉が戦死（28歳）しています。

　旅順包囲戦だけではありません。遼陽会戦（８月24
日～９月４日）では８月26日に持田善助中尉（25歳）と北村勵次郎中尉（31歳）が戦没しています。
また沙河会戦（10月９日～20日）では、人見米三少尉が10月16日に負傷、遼陽の兵站病院にて24
歳で亡くなっています。さらに翌年３月に始まった奉天会戦では、８月８日稲葉茂太中尉が31歳で、３
月９日に長谷川淺次郎少尉（24歳）が戦死、松平脩吉少尉は負傷、３月12日平羅堡定立病院にて死去（26
歳）したことが分かっています。

3.　Ｙ校に伝わる写真

　『記念誌』には、卒業生が多数従軍したことにより、陸軍省が
戦利品「双輪式47ミリ速射砲一門」と単発歩兵銃外15点を学
校に下付したことが記載されています。この大砲の前で、集合
写真（1941年２月15日撮影）がとられていたようです。さらに、
学校の図書館司書の協力により、「昭和20年卒業」の裏書のあ
る集合写真もみつかりました。

　では、この大砲は、その後どうなったのでしょうか。文化祭に
いらした60歳以上と思われる卒業生に尋ねると、「昭和44年
ごろ、大砲はなかったが、砲台は残っていた」ということでした。
この疑問に対する記述を、『記念誌』の中から図書館司書に見つ
けていただきました。そこには、「敗戦により一切の武装を解除
された我国に於て、大砲を残しておいては、占領軍により如何な
る咎をうけるか計り知れない、という配慮から、由緒ある大砲
の取り壊しが行われた。木製部分を砕き、鉄製部分を分解してば
らばらにされた大砲は、生徒の手によりグランドの端にある砂
場のかたわらの前の防空壕に投げ込まれ、埋められた。」その後、
「朝鮮戦争による金ヘン景気の為、大砲と一緒に埋められた砲弾
が盗掘されたという噂を聞いたが……戦没者を慰霊せんとして、
グランドを掘り起こしてみたが、自衛隊の地雷探知機も役に立
たず、咎としてその行く方は知れなかった。」とあります。

　一枚の写真から始まった大砲をめぐる探求は、一区切りしま
した。しかし、大砲をめぐる探求の過程でまた新たな疑問が生

まれています。歴史の学習は、短なる暗記ではなく、史料などとの対話によって進んでいくものです。

おわりに

　私が担当する「日本史A」では、表忠碑に刻まれている戦没者の氏名・階級・戦没した年月日・場所・年齢の一覧表を生徒と作成します。すると、戦没者一人ひとりが、名前を持ち、血がかよう生きた人間であったということが実感できます。この認識こそが歴史を考える出発点だと思っています。戦争では兵士は「道具」として扱われるかもしれませんが、生きている一人ひとりの人間であり、それぞれの人生や生活があることを考えてくれることを願っています。

*　横浜商業学校は、1917年に横浜市に経営が移管され、横浜市立横浜商業学校となった。その後、幾多の制度変遷を経て、今日の横浜市立横浜商業高等学校（通称Y校）と、横浜市立大学（国際）商学部となっている。進交会が表忠碑の整備を行っている。進交会は横浜商業高校と横浜市大、そして市大の前身である横浜商業専門学校（通称Y専）の同窓会である。

【主な参考文献】
『Y校八十周年記念誌　昭和37年』Y校八十周年記念誌編集委員会
『Y校九十周年記念誌　昭和47年』Y校八十周年記念誌編集委員会
『Y校百三十年記念誌　平成24年』Y校創立百三十年記念事業実行委員会
山本和久三『美澤先生』Y校同窓会、1937年

《コラム》

曹洞宗大本山・總持寺から見る日本とアジア（横浜市鶴見区）

鈴木　晶

　みなさんは修学旅行などで坐禅を組んだことがありますか？　大乗仏教の一派である禅宗は、南インドから中国に渡った達磨が始祖とされていて、坐禅が基本に据えられました。禅宗が中国から日本に伝わったのは鎌倉時代のことであり、曹洞宗は道元が伝えて主に地方豪族や一般民衆に拡がり、臨済宗は栄西が伝えて室町時代には幕府の庇護を受けて拡がりました。

　總持寺は曹洞宗寺院として1321年、瑩山紹瑾禅師により当初は能登半島に建立されました（現在の輪島市門前町）。永平寺と共に曹洞宗の総本山です。ところが能登の總持寺は1898年、大火により伽藍を失いました。それに先立つ明治政府の神仏分離令（1868年）後の混乱もあり、横浜、鶴見の地に1911年に移転することになり、能登の本山は總持寺祖院となりました。

　JR鶴見駅西口から5分ほど歩くと總持寺の参道があります。そこから羯鼓林と呼ばれる松並木を歩くと三松関、そして大きな山門があります。その右手にある境内の建物群は見応えがあります。多くは1910年代に建てられて現在に至っています。迎賓館とされる待鳳館は、東京の千駄ヶ谷から尾張徳川家旧書院を移築したものです。

　三松関の扁額や鐘楼の銘文を揮毫したのが石川素堂禅師です。石川は鶴見への移転事業の中心人物でした。移転の協力を呼びかけたときに応えた一人が、明治時代の「たばこ王」と呼ばれた村井吉兵衛でした。村井は境内に鐘鼓楼や、収集していた古代からの仏像・仏具や美術工芸品約300点を寄進しており、それらは現在も宝物殿に所蔵されています。石川素堂は、初期アジア主義の文脈で出てくる頭山満主宰の福岡・玄洋社の一員である武田範之と交流がありました。武田は久留米藩士の養子になったのち関東自由党などと接点を持ち、のちに内田良平の黒竜会に加わって渡韓し、「日韓合邦運動」を促進したといいます。石川と武田の細かい関係はわかりませんが、それが境内に中国革命関連の碑がある理由なのでしょうか。中国革命関係では「黄君克強之碑」（18年／犬養毅揮毫）、「日本同志援助中国革命追念碑」（41年／汪兆銘

總持寺山門

「黄君克強之碑」（犬養毅揮毫）

浅野家墓所

敬題）があります。前者と関係して宝物殿には孫文の「大観」という書が所蔵されています。孫文と革命を進めた陳其美が上海で暗殺された時には、日本でも總持寺で追悼会が行われました。後者は日本政府の「東亜連盟運動」（石原莞爾や辻政信が主導）で同年に汪が会長になったことが背景だと推測されます。墓所には上海の東亜同文書院の初代院長根津一や、同院出身者で仏教僧の水野梅暁、第23代首相で同院の副会長も務めた清浦圭吾、東亜同文会の中国語新聞『順天時報』社長となったジャーナリスト・上野岩太郎の墓などがあります。卒業生がよく出入りしていたという当時の饅頭屋の証言もあります。

　東亜同文書院とは、1880年代後半から列強が中国侵略を強める中、漢口楽善堂（1886年／岸田吟行、荒尾精）、日清貿易研究所（90年／荒尾精、根津一）設立の延長線上で、日中連携の人材養成のため、日清戦争後に東亜同文会（98年結成、近衛篤麿会長）が上海で設立した（1901年）学校です。多くの学生は府県からの派遣生で、總持寺や黒竜会から派遣された学生もいました。昭和になって国策の影響を受けながらも、中国との友好提携を重視しようとしていました。36年には大学に昇格しますが、45年、敗戦とともに閉校しました（関係者は朝鮮や台湾の教員や学生とともに46年、愛知大学を設立しています）。

　こうしたことから、總持寺を軸として、東京に多く滞在していた中国人留学生や中国の革命家たちのネットワークが形成されていたといえます。

　墓所には明治時代の政治家や実業家、首相経験者など日本の近代史にまつわる人たちが眠っています。墓石には建築家がデザインしたものもあります。また自由民権運動や第一次世界大戦、前述のように中国革命に関する石碑も建っています。では具体的に見てみましょう。

①建築

　總持寺の山門を入った右手境内には、鶴見移転当時の1910年代からの建造物が多くあります。

　佛殿、僧堂、香積台、紫雲台、衆寮、放光堂、鐘鼓楼は1915年前後に完成しています。自身の墓もある建築家・伊東忠太（東京帝大教授）設計の大梵鐘、墓石もあります。伊東は南アジア・中東・欧州を旅して独特の建築スタイルを築きました。彼の設計でよく知られているのは築地本願寺ですが、祇園など京都での様々な作品の他、神社建築（朝鮮神社など）も手がけました。

②お墓

　ここでは總持寺で近代史を学ぶことができる主な方々のお墓とそのプロフィールを紹介しますが、寺院敷地内にある個人のお墓なので、訪問には許可と、マナーや慎重さが必要になります。

　外交官としては、日露開戦時の外交官・栗野慎一郎、芦田均（47代首相）、常設国際司法裁判所裁判官として活躍した安達峯一郎、政治家としては内務大臣・内海忠勝、台湾総督府民政長官でもあった大島久満次の墓があります。自由民権運動の小久保喜七や、民権運動や芸能活動で知られる川上音二郎（出身地博多にも墓がある）はヨーロッパ公演を一緒に行なった妻・貞奴と眠っています。また日露主戦論に転換した『萬朝報』社主の黒岩涙香と、そのことで同紙を飛び出し『平民新聞』を立ち上げた堺利彦も同じ墓地にいます。実業家では、横浜の商工業や教育の礎を築いた小野光景や三井財閥を支えた益田孝、京浜工業地帯の埋立事業の中心人物・浅野総一郎とその娘婿で日本鋼管（現JFE）白石元治郎の墓所があります。山梨県出身で浅野や渋沢栄一と同じように、多くの企業を所有していた雨宮敬次郎を筆頭とする甲州財閥系の墓もみられます。また三井財閥系の人物の墓が多く見受けられるのは、中国進出の縁があるからでしょ

うか。

　また東京芸大学長も歴任した日本画の前田青邨、野球選手・監督の水原茂、相撲で横綱となり高見山関も育てた前田山、そして俳優の石原裕次郎は有名ですね。

東亜同文書院の根津一と水野梅暁の墓

自ら設計した伊東忠太の墓

「日本同志援助中国革命追念碑」

③石碑・その他

　山門の左手の階段を登ると十数基の石碑が立ち並んでいます。東日本大震災の追悼碑のほかは、ほとんどが明治後期から昭和初期に建てられたものです。明治初期の自由民権運動を記念した「自由党追遠碑」「大阪事件記念碑」、伊藤博文の政治顧問にもなった「ラッド博士之碑」、第一次世界大戦に日本が参戦したため交戦国となったドイツ軍に攻撃されて沈没した船舶を追悼した「欧州戦乱殉難会員之碑」、「徳洋丸殉職船員」「殉難船員之碑」などがあります。その他では、関東大震災での東京電気（現東芝）工場での「遭難死亡者供養塔」、戦後の混乱を示す桜木観音像（1951年に電車が炎上した桜木町事故の慰霊）、高度成長期を象徴するような鶴見事故慰霊碑（1963年の脱線事故）があります。

　總持寺というお寺には、禅宗について学ぶだけでなく、日本と世界、特に中国をつなぐ様々なつながりがあります。この地に眠る方々から歴史への視野を拡げてみませんか。

【参考文献】
サトウマコト『鶴見線物語』230クラブ、1995年
蓮沼美栄「總持寺点景」『跳龍』大本山總持寺布教教化部出版室、1997年
房建昌「北京国家図書館所蔵東亜同文書院一九三八―四三年書院生夏季旅行調査報告書及び日誌目録」『同文書院記念報8号』
　愛知大学、2001年
曹洞宗大本山總持寺『曹洞宗大本山總持寺』1996年

鶴見事故慰霊碑

伊東忠太設計の大梵鐘

「宮崎丸、常陸丸、平野丸
欧州戦乱殉難会員之碑」

「自由党追遠碑」

「大阪事件記念碑」

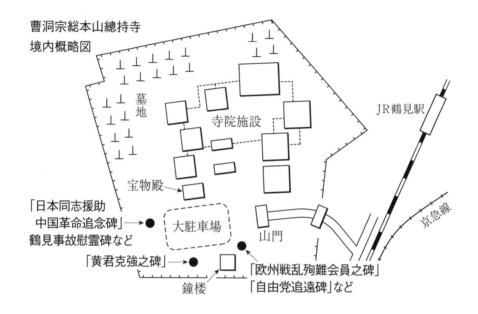

曹洞宗総本山總持寺
境内概略図

墓地

寺院施設

宝物殿

JR鶴見駅

京急線

「日本同志援助
　中国革命追念碑」→●
鶴見事故慰霊碑など

大駐車場

山門

「黄君克強之碑」→●

鐘楼

「欧州戦乱殉難会員之碑」
「自由党追遠碑」など

《コラム》

中国国歌「義勇軍行進曲」を作曲した聶耳

田中孝枝

　藤沢市の江の島を臨む鵠沼海岸の一角に、中国の国歌を作曲した聶耳（ニエアル）の記念碑があります（写真1）。中国では誰もが知る人物ですが、なぜ彼の記念碑がこの地にあるのかを紐解いてみると、単純ではない歴史のつながりが見えてきます。

　聶耳は、1912年2月、中国雲南省の省都・昆明市に生まれました。辛亥革命によって清朝が崩壊し、孫文を臨時大統領とした中華民国が成立した翌月のことです。本名は、聶守信。聶耳という名は、彼の聴覚の鋭さに驚いた音楽仲間たちが、聶という姓にもう一つ耳という字を重ねてつけたあだ名を、ペンネームとしたものです（岡崎雄兒『神奈川の中の中国』）。

　聶耳が4歳のときに父が亡くなり、その後は母が家計を支えましたが、経済状況は厳しく、聶耳は苦労して勉学を続けました。

　小学生の頃から、音楽に関心を持ち、笛や胡弓などの楽器に触れ、高校卒業後は、演劇学校

写真1　聶耳記念碑　2019年碑前祭の様子（撮影・小泉徹）

音楽班でピアノやバイオリンなどを学ぶとともに、マルクス主義の書物に親しみました。共産党の学生運動にも進んで参加したため、軍閥政府からマークされ、18歳のときに上海に逃れました。上海では、聯華影業公司音楽歌舞学校の楽隊練習生に採用され、バイオリンの腕を磨き、作曲の理論なども学びました（葉山峻『聶耳物語』）。

　上海で暮らしていた1931年、満州事変が起こり、民衆の怒りは、日本のみならず、事件の処置を国際連盟に委ねた国民政府へも向けられました。抗日救国運動が高まるなかで、聶耳は、芸術のための音楽ではなく、革命のための音楽を志すようになったのです。戦争が拡大するなかで、聶耳は気鋭の劇作家・詩人として活躍していた田漢と知り合います。田漢は、文化闘争によって、革命の基盤を築こうとする中国左翼劇作家連盟の代表であり、聶耳も左翼映画の製作に関わるようになります（岡崎雄兒『歌で革命に挑んだ男』）。当時の上海映画界は、中国共産党と国民党の勢力争いの場でもあったのです。聶耳は、中国共産党に入党し、国民党政府による政治弾圧が強まるなかで、映画の挿入歌や主題歌を次々と作曲し、民衆の支持を得ました。

1935年2月、国民党政府によって逮捕された田漢は、逮捕前に映画『風雲児女』のシナリオと主題歌の歌詞を書き上げました。この歌詞に聶耳が曲をつけたものが、後に中国国歌となる「義勇軍行進曲」なのです。義勇軍行進曲は、映画の中で、華北での日本軍への抵抗を描く場面を中心に幾度も流され、人々の心に強い印象を残しました。「起て！奴隷となることを望まぬ人々よ！」という歌詞で始まるこの曲は、抗日戦争（日中戦争）で人々に歌われただけでなく、国民党との内戦において、共産党側の大衆と兵士たちに愛されて歌われ続け、1949年の中華人民共和国建国時に国歌とされたのです（『歌で革命に挑んだ男』）。

　こうして聶耳の作曲した義勇軍行進曲は国歌になったわけですが、ではなぜ彼の記念碑が鵠沼海岸にあるのでしょうか。それは、革命歌の人気作曲家となった聶耳が、国民政府による逮捕を逃れるために、日本に亡命したことに始まります。当時、国民党政府から迫害された多くの左翼芸術家や活動家が日本に逃れていました。聶耳も、1935年4月、中国共産党の助力を得て日本へと旅立ち、東京での新生活をスタートさせました。東京では、千代田区神田神保町にあった中国人留学生向けの東亜高等予備学校で日本語を学ぶとともに、精力的に音楽・芸術の見聞を広め、日本人とも親交を深めました。

　1935年の夏、聶耳は、同じ下宿の友人であった朝鮮籍の李相南に誘われ、李の友人である浜田実弘の藤沢の家で1週間ほど余暇を過ごしました。鵠沼海岸で友人たちと海水浴を楽しんでいた最中に姿が見えなくなり、翌日遺体で見つかったのです。23歳の若さで亡くなった聶耳の遺体は日本で茶毘にふされ、友人の手によって故郷に持ち帰られました。日中関係の悪化を背景に、上海では聶耳謀殺説が浮上しましたが、現在では遊泳中の事故死（溺死）が定説となっています（『歌で革命に挑んだ男』）。

　聶耳の記念碑が鵠沼海岸に最初に建てられたのは、1954年のことです。義勇軍行進曲が中国の国歌となった年に、藤沢市民の有志により聶耳を記念する運動が起こり、実現したのです（藤沢市ウェブサイト）。その後、台風で碑が流出し、1965年に現在の地に再建されました。聶耳記念碑保存会により、毎年命日の7月17日には、碑前祭が開催され、義勇軍行進曲が吹奏されています。1981年には、聶耳の縁で、藤沢市と昆明市が友好都市提携を結んでおり、両市の人々は、現在まで途絶えることなく、交流を続けているのです。

【参考文献】
岡崎雄児『神奈川の中の中国』東方書店、1998年
岡崎雄児『歌で革命に挑んだ男――中国国歌作曲者・聶耳と日本』新評論、2015年
葉山峻『聶耳物語』聶耳記念碑保存会、1989年

参考ウェブサイト
藤沢市ウェブサイト「中華人民共和国国歌の作曲者聶耳（ニエアル）」
https://www.city.fujisawa.kanagawa.jp/jinkendanjyo/kyoiku/bunka/toshikoryu/shimai/chugokukokka.html
　（2021年2月28日アクセス）。

《コラム》

帝国主義下、横浜で活動したアジアの革命家たち

鈴木　晶

　近代の横浜といえば、ヨーロッパやアメリカからの宣教師や貿易商、そして「お雇い外国人」などが行き交うイメージが強くあります。また中華街が形成されました。実はこのエリアで、いまから1世紀ほど前、アジアの革命家たちが活動をしていました。欧米列強の帝国主義の圧力を受けて、中国革命を目論む人々や変法派の人々、フィリピン、ベトナム、インド、ロシアからの人々が横浜にやってきたのです。

　彼らはなぜ横浜へやって来たのでしょうか。最大の要因は、欧米列強が清を半植民地化したことです。1840年からのアヘン戦争以来の清の弱体化は政治腐敗が要因だとして、太平天国の乱（1851-1861年）などの民族運動的な動きや、①洋務派（西洋の制度を導入して欧米列強の動きに対抗する）②変法（保皇）派（立憲王政を掲げる）、③革命派（漢民族による近代民主国家を目指す）の動きが表れました。変法派の康有為、梁啓超の主張は1898年に実現（戊戌変法）されましたが、のち西太后のクーデタで失脚し2人は日本に亡命しました。梁は横浜で雑誌『清議報』を発行して、政治改革の必要性を異国から訴えました。

　一方、中国革命を目指した孫文は、まず1894年ハワイで興中会を結成して革命を目指しましたが失敗、1895年に初めて横浜にやって来ました。孫文は日本を革命運動の拠点とは考えていませんでしたが、横浜での人的交流、特に宮崎滔天の働きかけから考えを変えていきます。孫文の58年の生涯のうち、横浜には短期滞在を重ねて合計5年6か月を過ごしており、海外では一番長く過ごした場所でした。当初、知名度が低かった孫文は、中国人の日本留学生と華僑社会の一部によって支えられており、「華僑は革命の母である」という言葉を遺しています。東京在住の留学生たちは当初、梁啓超の影響を受けていました

孫文が横浜のポンセ宅を訪問（シンガポール（旧）孫文記念館展示。現在展示はない）

横浜中華学院の蘇曼殊の碑（横浜市中区）

が、清朝への幻滅や日本への失望から、孫文ら革命派への支持が大きくなったといいます。

　やがて日露戦争に「勝利」した日本に、一時的にアジアの盟主としての期待が高まったので、アジア系人口が多く、首都東京の近くにある港町・横浜の存在意義が大きくなってきました。日本へ西洋の帝国主義に対抗するリーダーの役割が期待されたというわけです。中国人が多く働く横浜は、アジアの革命家たちにとって、外見的にもそれほど目立たずに動きやすい場所でした。1905年、東京で中国革命同盟会が興中会（孫文）、光復会（章炳麟）、華興会（黄興）などが合流して結成されました。しかし日本は07年の日露協約や日仏協約の締結でわかるように「脱亜入欧」の道を選び、こうしたアジアからの期待の声を切り捨て、取り締まっていく方向性を明確に取りました。

　横浜はアジアの革命家、運動家たちに地政学的にどのような優位性があったのでしょうか。第一に香港、上海、神戸などに共通するような港湾都市であり、また華人人口の多いハワイ、ヴァンクーバー、サンフランシスコにもつながっていることです。

　第二に、首都・東京に隣接しており開国時や、第二次世界大戦後の占領期と同様に、首都の副次的役割を担ったからです。東京と横浜の距離は政府にとっても、要注意外国人を留め置くメリットがありました。孫文は、宮崎滔天に「改まった通告はないが、東京に入ろうとすると、必ず何かの故障が起こって、入京を妨げられ、どうしても、目的を達する事が出来ぬ」と述べていました。

　第三に、居留地は治外法権であり、領事裁判権が及ばないので、敵対勢力からの逃亡、隠遁といった場所としても利用価値がありました。例えば甲申政変に失敗して日本へ亡命した金玉均らは、福沢諭吉たちの援助で横浜に居住しました。朝鮮からの帰国命令が出たので横浜の三井財閥の別荘に抑留したのち小笠原へ送られ、その後租界のある上海で暗殺されました。

　横浜には中国革命についてのモニュメントは多くありません。孫文については、関帝廟となりの中華学院学校敷地内に胸像があります（普段は見学不可）。その横には、梁啓超と孫文両方から影響を受け革命活動に従事し、小説なども発表した蘇曼殊の碑があります。孫文が滞在していた場所の一つである華都飯店の二階は「中山紀念堂」となっています（見学不可）。また1911年に石川県能登から移転してきた総持寺と中国革命にはさまざまな縁があり（別稿）、「革命三尊」の一人、黄興を讃える「黄興君克強之碑」（18年建立）があります。1912年に中華民国を建国した孫文ですが、すぐに軍閥の袁世凱に実質的に政権を奪われました。1915年、孫文が第三革命に失敗して密航してきた時は富岡沖で小舟に乗り換えて上陸し、鎌倉で匿われました。富岡の慶珊寺（金沢区）には「孫文先生上陸之地」碑が、鎌倉にはビハリ・ボースや孫文も利用した義烈荘山（相馬愛蔵・黒光夫妻の別荘）あとに関連する碑（「新田公旧蹟陣鐘山」）があります。

　現在、毎年10月10日の双十節（中華民国の建国記念日）では孫文の大きな写真が掲げられています。また、孫文と革命を進めた陳其美が、16年に上海で暗殺さ

横浜中華学院の孫文像（横浜市中区）

慶珊寺「孫文先生上陸之地」碑（横浜市金沢区）

れた時には日本でも追悼会が総持寺で行われ、寺尾亨、頭山満などが出席しました。上海の東亜同文書院の初代院長根津一や、同院出身者で仏教僧の水野梅暁の墓がこの寺にあり、東亜同文書院の関係者が出入りしていたことを考えると、総持寺が京浜間に位置する利便性や、東京に多く滞在していた中国人留学生や中国の革命家たちによる「総持寺ネットワーク」が形成されていたと考えられます。

　日本人でも、熊本の宮崎弥蔵が中国革命の手助けをと来浜し、中国商館で働いて革命勢力の知己を得ました（しかし弥蔵は1896年に早世、弟の民蔵や滔天が遺志を継ぎました）。いわば、横浜は20世紀初頭のアジアの反帝国主義の重要拠点であったといえます（宮崎兄弟の生地、熊本県荒尾市には記念館があります）。

　同じころ、スペインからの独立戦争を共に戦ったアメリカに裏切られ、植民地化されたフィリピンはアギナルドの命により、ホセ・リサールが東京に（日比谷公園に胸像がある）、マリアノ・ポンセとホセ・リチャウコが横浜に滞在して、独立戦争への援助を模索しました。これは孫文が香港で、宮崎兄弟の仲介でアギナルドと会談して、「フィリピン革命の成功は中国革命の成功につながり、逆もありうる」と、相互援助を約していたからです。孫文の動きがフィリピン革命運動を横浜に呼び込んだといえます。第二次世界大戦時に横浜に逃れてきていたリカルテ将軍の顕彰碑が山下公園にあります。

　ベトナムからは東游（ドンズー）運動で有名なファン・ヴォイ・チャウが横浜へやって来ました。理由はやはり日本政府の支援を得ることでした。また梁啓超と「横浜の山の手の、太平洋に臨んだ小さな酒楼」で面会し、援助は期待できないがベトナムからの留学生を育てるべき、と助言されたことで、チャウは東游運動を始めました。亡命政府も考えて王族、クォン・デ侯を呼び寄せた上で当初は横浜（場所は不明）、のちに東京で留学生を学ばせました。

　イギリスの植民地支配に苦しんでいたインドのエリアでは、独立運動が過激化していました。1912年、ベンガルでイギリス総督に爆弾を投げたスバス・ビハリ・ボースは、日本へ亡命してきました。逮捕の危機に頭山満らが対応を協議してボースを引き受けたのが、新宿に中村屋を出店した相馬愛蔵でした。この「中村屋のボース」は警察にマークされなくなると、横浜港に仲間を迎えに行くこともありました。

　1917年のロシア革命後にはロシアの軍人や、日本をマーケットとしたタタール系ロシア人が来浜しています。タタール系を含めた多くのロシア人はまとまって山手町179番地（汐汲坂の上）の赤レンガの建物、通称「レッド・ビルディング」に滞在していました。

　こうしたアジアの革命家たちの中には（中国、朝鮮、インド、フィリピン、ベトナム）、反帝国主義・反植民地活動のために、初期社会主義者と東京・青山で「亜州和親会」を組織（1907年夏）しました。幸徳秋水や大杉栄も関わりましたが大きな動きには至りませんでした。

孫文滞在地の一つ、現華都飯店（横浜市中区）

かつて清国領事館があった山下町公園（横浜市中区）

1920 年代半ば、第一次世界大戦を経ての日本の膨張主義が進むと、こうしたアジアの活動家は次々と警告を発します。1924 年孫文は神戸で「大アジア主義」演説、同年タゴールは京都で「東洋の文化と宗教」演説、ベトナムのクォン・デ侯は 26 年に長崎の全アジア民族大会で同様の演説がありましたが、日本は中国侵略へと傾いていきました。

【参考文献】
伊藤泉美「横浜居留地における華僑の職業」、横浜居留地研究会『横浜居留地の諸相』横浜開港資料館、1989 年
内海三八郎『ヴェトナム独立運動家ファンボイチャウ伝』芙蓉書房、1999 年
大形孝平『日印関係小史』アジア経済研究所、1969 年
韓永渉『古筠金玉均正伝』高麗書籍、1992 年
木村毅『布引丸－フィリピン独立軍秘話』恒文社、1981 年
栗田尚弥『上海　東亜同文学院－日中を架けんとした男たち－』新人物往来社、1993 年
中村喜和・長縄光男・長與進編『異郷に生きるⅡ－来日ロシア人の足跡』成文社、2003 年
狭間直樹編『共同研究梁啓超－西洋近代思想受容と明治日本』みすず書房、1999 年
宮崎滔天「三十三年の夢」『日本人の自伝 11』平凡社、1982 年
上村希美雄監修『夢駆ける－宮崎兄弟の世界へ』荒尾市宮崎兄弟資料館
『曹洞宗大本山総持寺』大本山総持寺、1996 年
外交史料館史料

《コラム》

近代神奈川とインド

鈴木　晶

　神奈川とインドの関係というとなにが思い浮かぶでしょうか。このところインド料理屋さんは県内にも増えていますね。ここでは主に横浜を中心としてインドとの関係を見てみましょう。

　インドという国家概念は第二次世界大戦後のものですが、大まかにみてかつてのムガル帝国の地域であり、人々と日本とは早くも幕末から関係がありました。こうした人々は 1859 年の横浜開港直後から、インド地域を植民地化したイギリス人に連れられて労働者として上陸し、63 年には横浜の英国商館で働き始めました。インド系の銀行も2つ開業しました。幕末に攘夷の動きが高まるとイギリス軍とフランス軍は横浜に駐留することにしましたが、下関戦争時（1863、1864 年）には横浜の居留地防衛を手厚くするためにベルチスタン兵（今のパキスタン）約 150 名が、イギリス陸軍の一員として4ヵ月間駐留したこともありました。

　明治時代になるとインド人による会社が横浜で設立され、80 年代には日印貿易が本格化します。神戸は食器・陶器、大阪は雑貨品、横浜は絹織物の輸出地となりました。一方、輸入品の綿花のため、93 年には日本郵船とインドの綿花商タタ商会が提携し、ボンベイ航路を開設しました。同年、高名なヒンドゥー僧スワミ・ヴィヴェーカーナンダがシカゴの宗教会議への途中、横浜に滞在しました。

　大正時代には日本でインド系会社が約 25 社も設立され、そのほとんどが横浜にありました。この頃、イギリスからの独立運動をしていたインド国民会議のラス・ビハリー・ボースは、1912 年、ベンガルでイギリス人総督襲撃事件を起こし、1915 年に（タゴールの親戚と偽って）亡命してきました。しかし日本政府は日英同盟に基づきボースを追い詰めようと、国外退去の最終通告を行いました。時間的に国外へ行ける場所は船便の関係で上海のみで、そこはイギリス官憲が待ち受けています。そこで玄洋社の頭山満らが集まって対応を協議して、ボースの身柄を引き受けたのが、当時本郷に続いて新宿に中村屋を出店した相馬愛蔵でした。妻の黒光はフェリス和英女学校（現在のフェリス女学院大学）に通学していた時期があります。ボースが匿われていたことで新しいメニューのインドカリーやカリーパンに生かされました。新宿中村屋の「インドカリー」は今も有名です。当時、東京や横浜にいるインド人商人は、独立運動を警戒し

タゴール文庫もある大倉山記念館（旧大倉山精神文化研究所）（横浜市港北区）

「岡倉天心生誕之地」碑（横浜市中区）

た日本の警察に厳しく監視されていたことが外務省記録に残されています。鎌倉・極楽寺には相馬家の別荘・義烈荘があり、ボースや第三革命に失敗して逃れてきた孫文、李烈鈞も滞在していました。現在、跡地前に新田義貞の「新田公旧蹟陣鐘山」碑（新田義貞の鎌倉攻略の故事を中国革命と重ねた）があるほか、「東洋平和発祥之地」があるそうです（こちらは私有地にあるため見学不可）。

　横浜生まれの岡倉天心は、アジア初のノーベル文学賞を受けた詩人ラビナンド・タゴールと交流を深めました。タゴールは5度来日し、三渓園の松風閣に約2ヵ月半滞在したこともありました。タゴールは慶大などで講演し（24年）、日本へ敬意を持ちながらも軍国主義膨張を批判しました。同年の孫文の大アジア主義演説との類似性が、当時の日本を象徴しています。佐賀県出身の江原邦彦は上海・東亜同文学院を経て大倉洋紙に就職後、東京で大倉家の婿養子になり、ボースを介してタゴールとの知己を得ました。タゴールは来日時に目黒の大倉邸に1ヵ月滞在しました。大倉邦彦は現在の港北区に1932年、大倉精神文化研究所を設立し、のちに東洋大学学長などを歴任しました。同研究所は現在横浜市所有の大倉山記念館となり一般公開されています。内部には精神文化研究所の附属図書館があり「タゴール文庫」もあります。

　この間、横浜ではシルクや宝石などを扱うインド人商人が増え続け、19年にはインド・クラブが設立され、その延長線上に21年、横浜比無度協会（The Hindhu Association Of Yokohama）が設立されました。これが22年、横浜インド商協会に発展していくなど、インド商人は横浜に欠かせない存在となりました。メンバーの中にはインド独立運動が高まると横浜での商売をやめて祖国の運動に身を投じる人たちもいました。G・B・アドバニはその一人で、第二次世界大戦戦にはその子、チャンドル・アドバニが来日、長男ナリン・アドバニと横浜とインドの友好に尽くしてきました。

　23年の関東大震災では、横浜在住インド人28人が犠牲になりました。震災で多くのインド人は同じ港町である神戸へ移住しましたが、横浜の復興にはインド商人の存在が欠かせないと、横浜市や地元商人たちは彼らの住宅兼店舗

横浜市とインドの友好関係を長年築いてきたチャンドル・アドヴァニ氏

を建設して呼び寄せたのです。その甲斐あって、多くのインド人商人が横浜でのビジネスに復帰しました。

　39年、横浜のインド商組合から横浜市民へ援助の感謝や同胞への慰霊の意味をこめて、山下公園に水塔が寄贈されました。毎年、関東大震災が起きた9月1日には横浜在住インド人、大使館関係者、横浜市関係者が列席して、水塔の前で追悼と献花が行われています。ただインド人たちも自分たちのテニスコートを日本人にも開放して炊き出しをするなど、援助する側でもありました。

　この水塔の寄贈については、震災から16年後、山下公園完成の9年後という時間経過からは、イギリスの植民地支配に苦しむインドの人々が、この頃高揚した日本の排英運動に期待を持ったという可能性があります。在浜インド人約160人の3割が国民会議派だったことや、40年にはインド人はイギリス人と商業取引があるから民族的反感や政治的意識を表さず穏健な態度をとって来た（朝日新聞）と報じられていました。第二次世界大戦ではこれを逆手にとってか、日本がインド人を利用するようになります。陸

関東大震災での援助に感謝した在浜インド人が横浜市に贈った山下公園のインド水塔、その前で毎年9月1日に行われている追悼セレモニー（横浜市中区）

軍の藤原機関（F機関）はバンコクのインド人反英組織に42年、インド国民軍を結成させ、その後岩畔機関がシンガポールのインド人捕虜を加えてインド国民軍を拡大しました。インドの人々は、日本への協力で独立を目指しましたが、日本側としてはインド攻略の手段だったのです。

　第二次世界大戦後、震災後と同じように横浜を離れたインド商人を呼び戻そうと、西田通商社長・西田義雄氏が県の協力を得て、山下公園近くに18棟の建物を建設しました。このことでインド人商人は再び横浜に戻ってきました。山下町には現在も当時の建物が一部残っています。

　横浜には日本唯一の英連邦戦没者墓地あります（保土ヶ谷区狩場町）。主に第二次世界大戦時に捕虜として日本へ連行されて亡くなった英連邦関係者が眠っていて、その一角のインド地区エリアでは拿捕された南京丸のインド人乗組員が葬られています。

　1965年に横浜市はマニラ、オデッサ、バンクーバーとともに、ボンベイ（現ムンバイ）との姉妹都市提携を締結しました。この友好都市関係の周年行事で、20周年には象2頭（金沢動物園）、30周年記念にはインドガビアル（野毛山動物園）が贈られました。2003年からは「ディワリ・イン・ヨコハマ」（新年の光の祭り）が横浜で開催されています。グローバル化の進展からビジネスの関係も強化され、2009年には（社）横浜インドセンターが発足、翌年には緑区霧が丘にインド系インターナショナル・スクールが開校しました。2015年には横浜市ムンバイ事務所が開設されました。近年、なぜ横浜とインドの関係は深まっているのか、詳しく調べてみるのもいいですね。

横浜市などが第二次世界大戦後に建てた現存するインド商館建物（横浜市中区）

横浜インド商協会の建物にある説明板（横浜市中区）

毎年10月に山下公園で開催されているディワリ・イン・ヨコハマ（新年のお祭り）（横浜市中区）

【参考文献】
大倉精神文化研究所編『大倉邦彦伝』大倉山精神文化研究所、1992年
中島岳志『中村屋のボース――インド独立運動と近代日本のアジア主義』白水社、2005年
伊藤泉美「横浜におけるインド人の歩み――アドバニ家の足跡を中心に」『開港のひろば』117号、横浜開港資料館、2012年
伊藤泉美「横浜・ムンバイ姉妹都市提携50周年記念、山下町の旧インド人商館」『開港のひろば』127号、横浜開港資料館、2015年
外交史料館資料
チャンドル・アドバニ氏へのインタビュー（2011年、2016年）

第 3 章
戦中・戦後の苦難の 神奈川と世界史

川崎の在日朝鮮人――桜本を歩きながら戦中戦後を考える

中山拓憲

はじめに

　現在、世界中で外国人排斥の動きがあります。残念ながら日本も例外ではなく、例えば在日コリアンに対しても、SNS 上や街頭デモなどでヘイトスピーチなどの攻撃が散見されます。また、中東やミャンマーからやむを得ない理由で来日した人々が難民申請をしても、残念ながらほとんど受け入れられていないようです。2021 年 3 月には、愛知県の入国管理局でスリランカ人女性が亡くなるという痛ましい事件が発生し、外国人に対する行政のあり方も問題になっています。

　日本に住む外国人が年々増加している今、改めて私たちは多文化共生のあり方を問うべきでしょう。そこで本稿では、多文化共生の街として有名な川崎市の川崎区桜本に注目します。桜本には多くの在日コリアンが住んでいます。また、南米からの日系移民やフィリピン系の人たちも住み、まさに外国人街の顔を持っています。

　この街の多文化共生を支えるひとつの柱として社会福祉法人青丘社が運営する「ふれあい館」があります。ここに在日コリアンなど外国にルーツがある子どもたちや大人も訪れます。また、ここで日本語の読み書きを教える識字学級も開講されています。

　桜本が多文化・多民族共生の街となるまでには、様々な困難の歴史がありました。以下では実際に地域を歩き、人々に話を聞きながら、この街のコリアンの軌跡を辿り、過去と、あるべき未来の多文化共生について考えを深めていきたいと思います。

1.　川崎桜本のコリアン史

　桜本は現在も在日コリアンが多く住む街です。今では普通の住宅街が広がっていますが、よく観察すると、過去の出来事を今に伝える名残が多くあります。

　私は、フィールドワークを行うにあたり、ふれあい館の三浦知人元館長に案内していただきました。ふれあい館には在日コリアンのハルモニ（おばあさん）がよく集まります。三浦氏は、しばしば「ハルモニに教えてもらった」とおっしゃることがあります。私は、ハルモニの声を集めた資料をお借りして街を歩きました。

戦前の朝鮮人の日本への流入

　1910 年、朝鮮半島は日本に併合されました。その後は 1945 年の「解放」まで、朝鮮の人々は「日本人」として生きることを余儀なくされました。韓国併合から日本の敗戦までの朝鮮人の足跡を振り返ってみます。

　韓国併合で「日本人」となったとはいえ、やはり朝鮮人は多くの面で日本人とは異なる差別を受けました。例えば当時の大日本帝国憲法は朝鮮人に適用されず、選挙権も与えられませんでした（後に、植民地期に限られますが在日朝鮮人には選挙権が認められています）。

　日本は朝鮮人の同化を目指しました。同化とは「日本化」を意味します。そこには、異なる文化や風習を尊重するという姿勢は見られません。また、日本と朝鮮が併合して同じ国になったのであれば、日朝間の移動は自由であるべきですが、朝鮮人は自由な移動を制限されました。例えば、たとえ日本に長く住んでいても、朝鮮に帰る時には「一時帰鮮証明書」を警察に発行してもらう必要がありました。もし、親族の急死などで許可を待たずに朝鮮に帰ったならば、再び日本へ戻ることは困難でした（水野直樹・文京洙『在日朝鮮人　歴史と現在』）。

　こうした様々な制約がありましたが、それでも朝鮮から日本に来る人の数は増加していきました。その理由は、朝鮮側と日本側の双方に求めることができます。

　朝鮮側の理由としては、貧困がありました。また、朝鮮には良い仕事を得る機会に乏しいという現実もありました。朝鮮では、日本人と朝鮮人、さらには朝鮮人の間においても貧富の差が大きくなり、特に 1918 年の土地調査事業の結果、土地を失って小作農になる自作農や、焼畑農業を強いられて生活に困窮する火田民が続出しました。また、朝鮮総督府は 1920 年から朝鮮産米増殖計画を実施し、生産量は増加しますが、もともと日本への米輸出が主目的で朝鮮人の米の消費量は減少する結果になりました。また、小作人などの貧しい農民たちはさらに没落へと追い込まれました。

　こうして農業を断念した人達は、ソウルや釜山などの都市に仕事を求めました。また、より仕事の多い日本に向かいました。他にも中国東北地方（旧満州）や南サハリン（樺太）を選ぶ人もいました（日本は、日露戦争で南サハリンを獲得しましたが、1945 年の敗戦でソ連の支配下となると、そこにいた朝鮮人は帰国を禁じられました。日本人が日ソ共同宣言後、帰国を許されたのに対し、彼らが再び祖国の土を踏めたのはソ連崩壊後のことでした）。

　日本側も朝鮮人労働者を求めていました。東京や大阪など都市部で工業が発達し、安価な労働力を大量に必要としたのです。1923 年の関東大震災では多くの朝鮮人が虐殺されましたが、それで

も朝鮮人の日本移住が続いたのは、震災復興が雇用機会を生んでいたからでした。

川崎の朝鮮人コミュニティ

本稿で扱う川崎は、もともと農村地帯でした。工業の街として発展するのは 1912 年頃であり、日本鋼管、浅野セメント、味の素といった大きな工場が次々と建設されました。工場建設に伴い、日本全国そして朝鮮からも、多くの人が仕事を求めて集まってきました。

朝鮮の人達は、まず単身で日本に移住し、親戚縁者や同郷の人達が彼らを頼って後に続きました。こうして朝鮮人コミュニティが生まれていきました。日中戦争勃発後、日本はさらに多くの労働力を求め、戦時動員が行われ、多くの朝鮮人が募集方式で、1942 年からは官斡旋（行政当局が関与する方式）で、日本に労働力として連れてこられました。しかし、いざ日本に来ると、事前の約束と違う労働条件を突きつけられたり、また劣悪な環境下で働かされたりすることも多く、職場からの逃亡も続出しました。川崎は、こうした朝鮮人の逃げ場所でもありました。

戦後川崎の朝鮮人

1945 年 8 月、日本の敗戦によって朝鮮は植民地支配から「解放」されます。戦時中、「強制連行」（または「徴用」、「戦時動員」）で日本に来た朝鮮人は、終戦直後にほとんど帰国したといわれています。しかし、依然として多くの朝鮮人は日本に残りました。あるいは、いったんは帰国したものの、再び日本に来た人達も多くいました。

1947 年、日本に残った朝鮮人は日本国籍を奪われました。代わりに「朝鮮籍」を与えられましたが、当時の朝鮮半島は連合国の占領下に置かれており、いまだに北朝鮮（朝鮮民主主義人民共和国）や韓国（大韓民国）も建国されていませんでした。つまり、「朝鮮籍」を与えられても、帰属すべき祖国がなかったのです。イギリスやフランスは、旧植民地の人達に国籍選択の権利を与えましたが、日本は朝鮮人にこうした選択肢を提供していません。

終戦当時に日本にいた朝鮮人は 200 万人、このうち 140 万人以上が祖国に帰国しました。そのうち日本に再渡航しようとした朝鮮人も多くいたと考えられますが、多くが密航であったので、その数はわかりません（鈴木久美『在日朝鮮人の「帰国」政策 1945-1946 年』）。最終的に日本で暮らすことになった在日朝鮮人は、1946 年以降は 50 万～ 60 万人になったと考えられます（外村大『在日朝鮮人社会の歴史学的研究』）。

なぜ、結果として多くの朝鮮人が戦後も日本に住むことを選んだのでしょうか。それは、すでに生活の基盤が日本にあったこと、日本で生まれ育ち、朝鮮語に不自由したこと、また祖国朝鮮の政情不安など、様々な理由が考えられます。

川崎は、戦後も朝鮮人が住む場所でした。ふれあい館元館長の三浦知人氏によれば、戦後川崎は「共感と対立の時代」だったといいます。占領軍や日本政府の管理が及ばない中、朝鮮人や日本人は、民族対立や差別もたしかにありましたが、同時に民族を問わずに共に助け合う姿が多く見られたとのことです。

多くの貧困者は、生きる知恵を絞りました。朝鮮人の多くは農村出身者であったため、その知恵

を生かして農作物や服などを生産しました。ドブロク（濁り酒）や牛の解体をする人達もいました。朝鮮牛を食べると精力が付くと言われ、日本に輸入されており、解体技術を持つ人達も日本に来たようです。

2. フィールドワーク——朝鮮人の軌跡を追いかけて

在日朝鮮人と民族教育

それでは、フィールドワークを始めていきましょう。まずはふれあい館からスタートして、川崎朝鮮初中等学校に行きます。ここは、在日コリアンによる民族教育の学校です。ただし、ここに学校が建てられるまでには複雑な歴史がありました。

大島小学校

『川崎労働史』によれば、1939 年、現在の大島小学校の位置に建てられていた川崎市立大島尋常高等小学校の敷地内に川崎市立大島尋常夜学校が設立されたとあります。ここは、義務教育を終えていない若者に初等教育を提供する夜学校で、朝鮮人が主な生徒であり、授業料は無料でした。工場勤務後に通う生徒の利便を考慮して交通の便の良い場所が選ばれました。とはいえ、戦前においては、教育内容はあくまでも日本人向けであり、朝鮮の民族教育などは不可能でした。

戦後の大島小学校は、本格的に朝鮮人の民族教育の舞台になります。朝鮮人は民族教育のため、場所の確保など多くの努力を重ねました。食料も欠く苦しい中においても教育を優先したのは、教育機会に乏しかった戦前の反動なのでしょう。

解放前の朝鮮半島で初等教育を受けた児童は半分以下と言われています。一方で在日朝鮮人は 7 割が受けていました。しかし、ほぼ全員が義務教育を授けられていた日本人と比較すると、やはり朝鮮人は教育機会に恵まれていなかったといえます。先述したとおり、ふれあい館では、読み書きができないハルモニ対象の識字学級があります。彼女たちは、役所の文書や契約書が読めず、就職先も限られるなど、文字が読めないことで辛い経験をしてきました。

また、朝鮮人は民族教育にこだわりました。日本統治下で受けたのは日本人になるための教育であり、戦争が始まってからは「皇国臣民の誓詞」など日本の天皇に忠誠を誓わせる皇民化教育でした。こうした過去を踏まえて、戦後には民族教育を重視したのです。また、将来の帰国に備えても民族教育や朝鮮語教育は大切でした。

民族教育の第一歩は寺子屋式の国語講習所であり、川崎をはじめ全国に設けられました。こうした動きは、戦後に在日朝鮮人が組織した在日朝鮮人連盟（以下、朝連）の取り組みでした。各講習所は小規模でしたが、全国に 600 〜 700 か所が短期間に設けられました。

その後も様々な初等教育機関が全国に設立されました。1947 年 10 月までに全国では小中高合わせて 578 校（生徒数 61,870 人、教師 1,505 人）、神奈川県内に限っても 1948 年 2 月の朝連基本調査

では 22 校の初等学院（児童数 1,386 人、教員 45 人）が設立されています。

　桜本では、大島小学校の敷地に川崎初等学校（のち学院）（生徒 369 名・教員 6 名）が開校（1946年 11 月 1 日）しました。地域の朝鮮人が川崎市当局と交渉を重ねて借用契約を取り付け、数十名が無償で 30 余日を費やし、校舎を建設しました（『大同江 七』1954 年 7・8 月号）。

民族教育が可能となるまで

　1947 年 4 月 12 日、文部省は、在日朝鮮人児童も就学する義務があるとしました。その一方、「各種学校」として朝鮮人学校を新設することは差し支えないと通達しています。在日朝鮮人が民族教育の場を求めていたことを、日本もある程度理解していたのでしょう。

　しかし、当時の日本は占領下に置かれていました。そして、GHQ 民間情報局は、朝鮮人諸学校を日本の法令下に置くべきであると日本政府に指示しました。そこで 1948 年 4 月 24 日、文部省は朝鮮人学校にも日本の教育基本法や学校教育法の適用を決めました（「朝鮮人設立学校の取り扱いについて」）。換言すれば、朝鮮人による学校設置や、朝鮮語教育の正規科目化を認めない措置でした。つまり朝鮮人は、日本人と同様の教育を受けなければならず、民族教育や朝鮮人学校は認められないことになったのです。

　朝連は、この通達に抗議しました。特に神戸や大阪における抗議活動は激しく、通達のあった1948 年 4 月に「阪神教育闘争」が起こっています。

　神奈川県では、川崎初等学院の校舎増築運動が起こりました。文部省通達に従って廃校にするのではなく、むしろ拡大することを目指したのです。『解放新聞』（147 号）には「4・24 教育事件を契機にして、学父兄および一般同胞に、当局の陰謀を徹底的に暴露して、今後いかなる防圧にも屈せず（中略）私たちの学校を立派に拡張し、充実した教育をしなければならないことを訴え、ただちに校舎増築建設準備会を構成し、積極的に活動を始めた。その結果当初の予算 120 万円を超過して、150 万円という巨額な基金が集まり、校舎増築事業を開始した」と報じられています。多くの朝鮮人が民族教育を守りたいと思ったことは、150 万円という多額の寄付が集まったことからもうかがえます。

　しかし、日本は「日本人と区別しない教育」を主張しました。たとえば 4 月 27 日付の『神奈川新聞』第 1 面には県下朝鮮人学校が、「4 月中に認可申請を提出するよう通告」されたとあります。その結果、朝連の川崎小学校を含む 7 校が県知事より認可されました（『神奈川新聞』6 月 15 日付）。朝連は、朝鮮人教育費用を日本政府が負担すべきであるとの要求を掲げて運動しています。1949年 5 月には国会への請願が採択され、神奈川県内でも朝鮮人学校への助成金獲得の運動が展開されました。

　一方、1949 年 9 月 8 日、占領政策に対する「反抗」「反対」「暴力主義的」な活動をするという理由で、朝連は解散させられ、幹部追放と財産没収処分を受けました。また文部省は、朝鮮人学校が教育基本法を順守しているか、教育内容に特定の政治的傾向がないか、朝連との関係はどうか等の調査を各都道府県に求めました。

　朝連解散時、殖田俊吉法務総裁は「学校は朝連の財産であっても没収しない」と言明していましたが、実際は学校閉鎖と財産の接収に向けて着々と準備が進められました。10 月 12 日の閣議では

「朝鮮人学校の処置方針」が決定され、翌13日、政府は文部省監理局長と法務府特別審査局長連盟の通達「朝鮮人学校に対する措置要綱」を都道府県知事及び教育委員会あてに発令し、「旧朝鮮人連盟の本部、支部等が設置していた学校については、設置者を喪失し、当然廃校になったものとして処置」すること、廃校となる学校に在学する児童・生徒は、できる限り公立学校に収容することを求めました。この通達に基づいて、10月19日、全国一斉に92校の朝鮮人学校に即時閉鎖と没収命令が下されました。

　神奈川でも、朝連設置の9校が閉鎖され、川崎朝鮮初等学院も閉鎖、建物9棟、校具類578点が接収されました。当時、同校で学んでいたある生徒は「僕たちのお父さんお母さんが夜も寝ないで働いて建てた学校を一銭も出さないで政府がとるのはよいことでしょうか。早く学校を返してもらってまた一緒にほがらかに遊び勉強したい」(『アカハタ』10月28日付)と訴えています。学校の閉鎖が始まった時は、「午前10時から川崎本校、南部分校(川崎南武朝鮮初等学院か?)の児童370名、父兄約100名は川崎市役所に参集、代表5名は教育部長と会見し、廃棄処分の撤回など七項目と給食実施を申し入れた。いずれも市の権限外のことであると断られたが、人員を増して粘り強く交渉を続けた。交渉は覚書を手交し午後4時終了した。この間児童はスクラムを組んで労働歌を歌って」闘いに参加しました(『神奈川新聞』10月21日付)。

　また、11月1日には「公立学校における朝鮮語等の取扱いについて」、そして24日には「朝鮮人児童生徒の公立学校受け入れについて」と、新たな通達が矢継ぎ早に出されました。これらは、公立学校における在日朝鮮人児童・生徒の教育を、教育基本法・学校教育法の全面的適用(日本人と区別しない教育)下とする原則を示しています。原則として日本の公立学校へ通わせる決定でした。

　1949年10月27日、川崎市長は、接収した朝鮮人学校の校舎の使用許可を県知事に求めました。11月1日には同様の要求を法務府総裁にも行っています。その結果、校舎管理は川崎市に任され、神奈川県下ではじめての朝鮮人児童のみの「公立分校」が開校される運びとなりました。これが、川崎市立桜本小学校の分校として存続した川崎朝鮮初等学院でした。

　11月6日付『アカハタ』は「懐かしの校舎へ帰る　川崎　日本の友達に送られる朝鮮児童」という見出しで報じています。以下、当時の様子が良く分かるので引用します。

　　「川崎朝鮮小学校児童450名は閉鎖後16日目の4日午前11時朝鮮小学校へ復校式を行った。近藤アキラ校長から『おとといこの学校へ入学した朝鮮のお友だちはここで勉強してもらうつもりだったが、学校がせまいので、いろいろ相談した結果、元の朝鮮人小学校へ帰ってもらうことになった』と話があり、1キロ半離れた、まだくぎ付けになったままの懐かしい自分たちの学校へかえった。これらの児童は桜本校大島分校として、今までの朝鮮校舎を使うことになったもの。近藤校長は『十六日まえ、あなたたちが学校を釘づけにされたことは、人ごととは思えぬ。あなたたちがかばんをしょって雨に濡れたままあてもなく歩いている姿を見て私は泣いた。自分としてはどうすることもできないのが残念だが、みなさんはどんなことがあってもたえてつきすすんでゆく元気を持たなければなりません』と述べている。」

　分校で求められたのは朝鮮人教員と朝鮮語の授業でした。11月12日付『アカハタ』は「出欠をとるのに1時間半。川崎朝鮮人学校てこずる日本人教師」の見出しで以下の様子が報じられています。

　川崎桜本小学校大島分校では派遣された日本人教師は八人であった。児童の中から「わたしたちの先生を返して下さい。」という声が起こり、ひとまず１週四時間だけは朝鮮人の先生が教えることになった。帰校後第一日目の授業が行われた七日、名前を日本読みにする教師に朝鮮人児童は返事をしない。教師は朝鮮読みを児童に教わりながら出欠をとるので、出欠調べだけで１時間半もかかった。また質問は全部朝鮮語でするため算数の時間は先生のほうから一から十までの朝鮮語を生徒に教えてもらってやっと授業を進める有様だった。

　このような状態から、教室の内外に「僕らの先生をもどそう」「僕らの言葉を使いましょう」などのビラがいたるところに貼られていたといいます。この学校は、1966年２月１日に川崎朝鮮初級学校として新たな歩みを始めました。

　日本に住む以上は日本の教育を受けるべきだという方針は、もともとは日本政府というよりはGHQの意向でした。その後、日本人がこの考えを強く持つようになり、今でもこうした考えは根強く残っているように感じます。

川崎朝鮮初級学校

外国籍といえども日本に住むならば日本人と同じ教育を受けるべきなのか。あるいはそれぞれの民族的・文化的背景を生かした教育を推進すべきなのか。今後、在日外国人がますます増加することが予想される中、日本が目指すべき多文化社会のあり方を考える上でも、このテーマはより活発に議論されるべきでしょう（以上の内容は、今里幸子「神奈川における在日朝鮮人の民族教育——1945～49年を中心に——」在日朝鮮人運動史研究会編『在日朝鮮人史研究』緑陰書房、2009年による）。

朝鮮人の住む街—池上町—

　続いて池上町に向かいました。産業道路を挟む線路沿いに長細い住宅街があります。道幅が狭く、車が通れないところもあり、郵便配達員はバイクで細い路地を縫うように走ります。実際に現地を歩くとのどかな感じがする一方、周りには様々な工場も立ち並んでいます。環境規制が進んだ現在ではあまり感じませんが、工場の排出する煙などが公害を発生させ、近隣住民を悩ませた時代もありました。この池上町一帯は、戦前には桜本３丁目や群電前と呼ばれており、この名前は戦後に付けられたものです（以下池上町で統一します）。

　1985年に出版された『日本の中の外国人』という本の中で、戦前からの池上町について書かれています。近くの大島に住んでいた在日二世コリアンは、「グンデンマエの人と聞くと、我々同胞もまゆをひそめるんです。できるだけ近づかないようにしている。悲しい話ですが……」と語っています。かつての池上町は近づきがたい地域だったようです。戦前の1932年から33年頃には「朝鮮部落」と呼ばれていたようですが、1937年頃に住み始めた朝鮮人によればその頃は長屋・バラックが十数軒建っていたそうです。

　戦前、桜川公園近くに群馬電力があり、日本鋼管に電気を供給していました。ここには日本鋼管

のノロの流し場（鉄鉱石の残滓の捨て場）があったようです。日本鋼管がこの地に工場を建設したのは1913年のことでした。第一次世界大戦によって急成長し、他の多くの工場とともに、京浜工業地帯を形成していきました。また、川崎の臨海地区で働く労働者の通勤手段として、1925年に海岸電気軌道が施設されました。その電力は群電が供給しました。

当時、群電の前は草でおおわれていたそうです。この辺りの地主の言葉が記録に残っています。それによると、「朝鮮人は金払いがいい」ので「バラックを建てて貸し」、「1932、33年には、もう"朝鮮部落"と呼んでいた」とのことです。「金払い」が良かったのは、ここに住んだ朝鮮人は、もし追い出されたら他に寄る辺がないため、一生懸命働いて家賃を払っていたのでしょう。

この地に住んでいたある父、兄を頼り、夫とともに朝鮮慶尚南道からやってきて、六畳1間を月2円で借りた人の話によると、この一帯は葦野原で水はけが悪く、雨が降るとすぐに腰のあたりまで泥水で埋まったといいます。別の家族が住んでいる隣室との境には裸電球が1個ぶら下がっていました。

1939年、日本鋼管が池上町一帯を買収し、京浜製鉄所の建設に着手しました。すると飯場が設けられ、多数の朝鮮人がそこに来て働きました。ここでの生活は、「来たときは草ぼうぼう」「当時、池上は水道が一つしかなく、道路を隔てた大島の方まで天秤棒担いで水を汲みに行った。井戸もあったけどしょっぱくて濁っていた。シャツを洗うと黄ばんだよ。隣が使った水を捨てずにもらってもう一度洗い物に使ったりしてたよ。」という証言があります。

また、雨が降るとよく浸水したようです。一度浸水すると1週間くらい水がひかないので、畳が水に浮いている姿から「あひる長屋」と呼ばれたり、共同便所は汲み取りされず、住人が交替で海に捨てに行っていました。水道栓は部落内に1つ、朝鮮料理店も1軒ありました。

1940年代に入り、軍需品の増産が叫ばれると、日本鋼管などの工場も拡張されました。拡張にあたり、日本鋼管は朝鮮人が住む土地も買い取り、彼らに立ち退きを要求しました。ここは最も貧しい人たちが集まる場所であったため、立ち退きを求められても他に住む場所はありませんでした。戦争が終わると、川崎の工業地帯で働いていた日本人たちは故郷に帰りました。すると、彼らが住んでいた社宅に空き部屋が増えます。そこに朝鮮人が住み始めました。しかし、満州や朝鮮からの日本人引揚や兵隊の復員がはじまり、彼らが職を求め始めると、朝鮮人は職場や社宅からも追い出されました。すると日本鋼管の周りにバラックを設けて住みはじめました。疎開していた朝鮮人が戦後に池上町に戻ると、街には家が増え、知らない人が多く住む様子に驚いたそうです。桜本2丁目（旧中留）や川崎大空襲で焦土と化したセメント通り一帯（現浜町）にも残留した朝鮮人のバラックが建ち始めたそうです。

現在の池上町は、迷路のような細い道や、隙間もなく密集する住宅など、産業道路の反対側の桜本1、2丁目とは違う顔を持っています。その理由は、かつては日本鋼管の用地であったため、行政の整備が遅れたことが原因で、水道なども住民が自主的に設置しました。

ここに住んでいた人の言葉によると、かつては隣接する日本鋼管の溶鉱炉から伸びる高い煙突から炎が吹き上がると、まるで大きな夕日の様に空が真っ赤になったそうです。また、海からの南風が吹くと鉄サビが一帯に降り注ぎ、目を開けて歩けなかったことや、鉄くず、コークスの山があちこちにあり、鉄を冷やした熱い排水が流れてきて、低地に小さな沼をいくつも作っていたといいます。これらの沼は青暗く沈んでおり、湯気と臭気が漂っていたようです。

　バラックは、こうした沼地を埋めた上に次々と建てられました。屋根は木板で、壁は油紙を黒く塗った粗末なものでした。こうしたバラックは、目立たないように低く建てられました。土地所有者の日本鋼管が不法占拠を監視していたからです。「誰が建て

ているんだ」と咎められると、バラックを建てた本人であっても「私は知らない。頼まれただけだ。」と言い張り、日本鋼管があきらめるのを待ったのです。このエリアには、逃げ込めば警察も追いかけてこないとすらいわれました。

　戦後しばらく、水道は一口しかなく、蛇口の前には水を汲む人がいつも並んでいました。水が足りずに桜本1丁目にもらいに行くときもありました。

水道があったところ

　また日本鋼管が捨てた鉄くずを拾い集めて生計を立てた人もいました。また、熱い鉄くずで雨水を暖めて風呂代わりとしたこともあり、焚かなくても暖まるので「温泉」と呼ばれたそうです。

　1976年、池上町は人口1,449名、このうち韓国・朝鮮籍は860名を数えていました。一方、日本籍は589名、まさに韓国・朝鮮人と日本人の「混住」地域でした。敗戦後の経済不況を背景に、この地域の韓国・朝鮮人の人々は日雇労働者や失業者に転落する人もいました。京浜工業地帯の中心部であったことから煤煙やホコリなどの劣悪な生活環境をも考慮しなければなりませんでした。

　田代国次郎が1966年に発表した一連の調査によると、池上町を次のように形容しています。

　　「人間が生存するに適当な環境ではない。既に人間の住む居住地としての利用価値は低落しているばかりか、まったく人間生存に適していない。つまり、ばい煙、そう音、不衛生、緑地は無論安全な遊び場さえないこの土地は、人間の生存にとってはまったくの不適当な荒廃地帯である」（田代国次郎「都市の福祉問題（二）——川崎市のドヤ街とスラム街の実態『福祉問題研究』）

　この引用に示されているように、日本鋼管、川崎化成、昭和石油、そしてごみ焼却場などの工場に囲まれた池上町は、「桜本スラム」といわれるほど厳しい生活環境でした。経済成長によって多くの工場を誘致し、川崎は工業都市として発展しました。しかしその裏には、鉄粉やセメントの粉じんが飛び、洗濯物もすぐ黒くなった劣悪な環境問題を引き起こしていたのでした。

　川崎の在日コリアンは、まさにこうした環境汚染が劣悪な場所に住んでいました。在日1世のハルモニは、「鋼管の煙がひどかった。煤煙がすごかったから、洗濯物を中に干したりしていた。冬は北風が吹くからいいけど、夏はもう戸も開けておけない。小雨が降るみたいだよ」「親戚が来ると『何か降ってるの』って聞くから、「鉄粉だよ鉄粉。鋼管の鉄粉が降ってるんだよ」って。煤煙がひどいときは植木もだめだった。すぐそばにゴミ焼き場もあった」と当時の劣悪な環境を語っています（小林知子「川崎における在日韓国・朝鮮人高齢者の生活史」『川崎　在日韓国・朝鮮人の生活と声』青丘社、1999年）。

桜本に集まるコリアンたち

　1961 年度の川崎福祉事務所の調査によると、外国人の 50.3% が「知人を頼って」桜本に来たと答えています。その理由に関しては、75% の人々が「同国人が多い」ことを挙げています。これは、より生活条件が悪い他の地域を抜け出し、同胞が多く住む場所を探して移り住んだことを意味します。こうして池上町は、コリアンが多く集まってきました。

　在日コリアンは、同郷の人を頼って集まる傾向がありました。1938 年の神奈川県内では、慶尚南道出身が 40.9%、慶尚北道出身者が 30.2% を占めていました。一方、同時期の大阪では、38.7% が全羅南道出身でした。つまり、朝鮮にいたときの地域の繋がりが、日本におけるコミュニティ形成にも影響していることが分かります。こうした人間関係は戦後も続き、同郷の人々を引き寄せる原因となったのです。

　池上町の住環境はたしかに劣悪でしたが、それでもここに住み続ける人がいました。その中には、コリアンに加えて日本人もいました。

　池上町において、コリアンと日本人は、他の地域とは異なる関係を結んでいました。在日 1 世のハルモニによれば、「終戦後は朝鮮人の方が多くて、日本人はあまり住んでいなかったね。ここに住んでいる日本人は私たちと同じことやっているのよ、住む以上は。ここに住んでいる以上は仲良かったよ。表一歩出ると『朝鮮人、朝鮮人』って言われたけどね」と答えています。つまり、池上町においては、コリアンと日本人は、異民族として向き合うのではなく、同じ地域の住民として協力し、共に生活をしていたようです。

　鄭大均は、現実の力関係で「（池上町では）韓国・朝鮮人が優位な立場にある場合が多い」と指摘してます。例えば、コリアンが日本人を雇うこともあり、コリアンの子供が地域の子供達のリーダーとなるケースもあったからです（鄭大均「池上町 “朝鮮人部落” の社会関係（下）」『朝鮮研究』186 号、1979 年）。

　池上町を考える際、見落とすべきではないのは、町全体が 1 つの生活共同体として機能している側面です。即ち、民族的経験という歴史・記憶を共有する場においては、ある主の連帯感が見られます。それは、池上町を相互扶助や情報共有で結ばれた共同体へと進化させたのです。

　日本という異国の地で生きていくため、同じ文化や風習を持つ同胞同士がお互いを助け、団結しました。池上町は劣悪な生活環境でしたが、強固な共同体意識は、自分達を排除する日本社会に対する抵抗を生みました。こうした仲間意識こそが、在日コリアンのバイタリティとなったのです（金侖貞『多文化共生教育とアイデンティティ』明石書店、2007 年による）。

密造酒と税務署員殉職事件

　次は桜本 2 丁目（旧中留）です。神奈川税務署職員傷害致死事件（1947 年 6 月 23 日）を引き起こす密造酒摘発が行われた場所です。中留地域が面する産業道路に、税務所員、警察官、占領軍憲兵など

中留

産業道路

が集まり、中留の一斉検挙をしました。この結果、当時の税務署職員が殺される事件が起こりました。そのことを記した碑も残っています。

　戦後すぐに朝鮮人がドブロクを製造したと書きましたが、そのほとんどが密造でした。密造は戦前から禁止されており、取り締まりも盛んに行われました。しかし朝鮮人の間では、麹にお米や麦を混ぜて発酵させたドブロクや、さらに蒸留して焼酎を密造することが少なからず行われていたようです。

　なぜ朝鮮人は法を犯してまでして密造酒を作ったのでしょうか。ひとつのヒントとして、大阪府多奈川のドブロク密造の摘発事件の判決文を見てみましょう。

　　「大多数の朝鮮人等は終戦と同時に一堂に解雇せられた上、その生活については何等の対策も講じられなかったため、生活の道を閉された朝鮮人は動揺し、一時は好ましくない気運もかもされた。当局はこれら朝鮮人に対し本国送還の計画もしたが、船腹不足で実現せられなかったのでいくらかの貯えのある者は自ら傭船して帰国したが、帰国できない者も当地においては生活する見込が立たなかったため親戚や知己を頼って泉大津市や大阪市生野区等に移住して行った。移住すべき当もなく当地に止るほかなかった者にも固より就職の方途はなく、僅かに塩を焼いたり、飴を造ったり、米の闇の売買をしたり、或は焼酎を密造してこれを戦後もその規模を縮小して操業を続けていた前示川崎（重工）の労働者等に販売して漸く糊口をつないできたが、塩の製造は禁止せられ、また焼酎は、川崎（重工）が昭和二十四、五年に最終的に撤去されてしまったためその顧客の大半を失い、更に製造に要する資本にも枯渇するという困窮状態に立至り、これも殆どその姿を消して行ったのである」（伊地知紀子『消されたマッコリ。朝鮮・家醸酒文化を今に受け継ぐ』より）

　この判決文からは、戦後の朝鮮人が酒の密造の他に闇塩や闇米にも手を染めていたことや、その背後にあった極度の生活困窮の様子が分かります。特に空襲で焼け野原となった終戦直後の川崎では誰もが住む場所を失い、仕事もありませんでした。朝鮮人が置かれた状況はさらに悲惨でした。仕事は見つからず、生存の手段など選べない中、ドブロクは比較的容易に製造できることもあって多くの朝鮮人が始めたのです。これには日本人も少なからず関与していたそうです。

　戦後の混乱は税の徴収にも響き、納税額も低下しました。そのため、1947年には１年で２回も税制が変更され、いずれも酒税率は大幅に引き上げられ、酒の値段が高騰しました。

　職にありつけない朝鮮人は、集団でドブログを密造しました。酒屋も安価な密造ドブログを販売しました。

　1947年９月末時点で、ドブログを含む密造酒の総生産量は、合法的に製造された酒類の生産量を超えたといわれています。具体的には、1947年９月末の調査では、密造酒の生産は50万2000キロリットルに達したと推定されています。一方で、同時期に合法的に生産された酒類は34万3000キロリットルでした。このため、酒税収入は悪化し、原料となる米穀の供給にも悪影響を及ぼしました。そ

税務署員のための慰霊碑

こで当局は密造酒に対しては厳しく取り調べました。

　こうした密造酒の取締が悲劇を引き起こしました。それが先ほど書いた神奈川税務署職員傷害致死事件です。1947年6月23日、米軍の指令のもと、検事2名、警察官206名、そして占領軍の憲兵隊の応援のもと、税務職員88名は、桜本で密造酒取締を行いました。これにより100余名を検挙、密造酒15キロリットル、原料品（米・麦・こうじ等）200キログラム、及び生産に用いる器具を押収しました。

　この日、部下職員の先頭に立って取締を行った神奈川税務署員の端山豊蔵は、取締後に税務署に戻り事後処理を行いました。夜9時頃に退勤し、京浜川崎駅にさしかかった時、待ち伏せていた朝鮮人が取り囲んで「税務職員か」と尋ねました。「そうだ」と答えた端山は殴打暴行を受け、3日後の6月26日に死亡しました（内園惟幾「税務職員の殉難小史——酒類密造等の沿革と併せて」）。

焼き肉・スクラップ

　最後に「セメント通り」に行きます。ここは、工場へセメントを運ぶトラックが頻繁に通っていたことから、セメント通りと呼ばれるようになったようです。

　この通りは、焼き肉店を中心とするコリアンタウンとして活性化しようという計画があったようです。しかし、実際に歩いてみると、焼き肉店はところどころに点在しているに過ぎません。焼き肉店は川崎駅前にも多く、わざわざバスを利用してセメント通りに来る人は少ないようです。

セメント通り入り口

　しかしセメント通りと焼き肉屋との関係には古い歴史があります。戦後、まだ建物もない時に、早くも多くの焼き肉屋が並んだことがありました。とはいえ、焼き肉屋で出てきたのは牛肉ではありませんでした。戦後の貧しい時代、牛肉は非常に高価で簡単には手に入らなかったのです。

　そこで、焼肉屋は、肉屋が捨てた血と糞尿で汚れている内蔵を拾い、丁寧に洗い、焼いて売りました。こうした店ではホルモン焼き（「ほうるもん」（捨てるモノ）が語源との説がある）をドブロクと一緒に安価で提供していたようです。こうした店には日本人や朝鮮人を問わず、多くの労働者が集まりました。日本人客が多い店では、朝鮮人店主はわざわざ日本人を店員に雇ったこともあったようです。

池上町

　また、現在も中留と池上町の間の産業道路沿いや工業団地には、スクラップ屋さんがあります。これらは戦後に鉄くずを集めて売った名残です（樋口雄一「川崎市おおひん地区朝鮮人の生活状況」）。

おわりに

　ドブロクの密造などは法律違反でした。たしかに法律の遵守は当然の義務ですが、戦後の混乱期に生活の糧がなく、住む場所もなく、何ら保障のない毎日を過ごしていた人達が生き残るわずかな手段のひとつだったことも同時に振り返るべきでしょう。

　桜本の人たちは、様々な困難を乗り越え、過去を教訓としつつ、今、新たに国籍や民族を超えた共生の街を築きあげてきました。彼らの軌跡を振り返り、未来への教訓を考えるためにも、ぜひ桜本へ訪問されることをおすすめします。

　本稿を執筆するにあたり、三浦氏をはじめとふれあい館の人々や、多くの貴重なお話を聞かせていただいた樋口雄一先生をはじめ、多くの方々のお力を賜りました。街を歩き、人々に出会うことで、歴史に対する理解は一段と深まりました。

　注．　本項では、戦前、戦後間もない時期は、在日朝鮮人、それ以外はおもに在日コリアン、またはコリアンと表記しました。

【参考文献】

今里幸子「神奈川における在日朝鮮人の民族教育 —— 一九四五～四九を中心に ——」在日朝鮮人研究会編『在日朝鮮人史研究』緑陰書房、2009 年

田代国次郎「都市の福祉問題（二） —— 川崎市のドヤ街とスラム街の実態」『福祉問題研究』童心社、1966 年

金侖貞『多文化共生教育とアイデンティティ』明石書店、2007 年

伊地知紀子『消されたマッコリ。朝鮮・家醸酒文化を今に受け継ぐ』社会評論社、2015 年

内薗惟幾「税務職員の殉難小史 —— 酒類密造等の沿革と併せて」『税務大学校論叢（通号 12）』税務大学校、1978 年

樋口雄一「川崎市おおひん地区朝鮮人の生活状況」『海峡』朝鮮問題研究会、2001 年

橋本みゆき「共に生きるコリアンな街づくり —— 川崎「おおひん地区」の地域的文脈」在日朝鮮人研究会編『在日朝鮮人史研究』緑陰書房、2013 年

『川崎　在日韓国・朝鮮人の生活と声』青丘社、1999 年

神奈川新聞社会部『日本の中の外国人』神奈川新聞社会部、1985 年

鄭栄桓『朝鮮独立への隘路 —— 在日朝鮮人の解放五年史』法政大学出版局、2013 年

呉圭祥『ドキュメント在日本朝鮮人連盟』岩波書店、2009 年

水野直樹・文京洙『在日朝鮮人　歴史と現在』岩波新書、2015 年

鄭大均「池上町"朝鮮人部落"の社会関係（下）」『朝鮮研究』186 号、1979 年

小林知子「川崎における在日韓国・朝鮮人高齢者の生活史」『川崎　在日韓国・朝鮮人の生活と声』青丘社、1999 年

《コラム》

台湾少年工と高座海軍工廠

神田基成

日本統治下の台湾人と神奈川

　神奈川県大和市の善徳寺。その境内に、「戦没台湾少年之記念碑」が建っています。第二次世界大戦中、台湾出身の少年たち約8400人がここ大和で生活し、海軍工廠の軍属として懸命に学び、各地の工廠で働きました。そのなかには空襲や病気で命を落とす者もありました。犠牲者たちは、「戦死」あるいは「戦病死」として靖国神社に合祀されています。

　幕末開国より、神奈川県は浦賀、横須賀をはじめとして海軍にゆかりのある土地でした。1941年12月、日本はアメリカ合衆国との戦争に突入、戦局の悪化と作戦における航空機需要の高まりを受けて、神奈川県高座郡の大和村・座間村を中心に、当時国内最大規模の航空機生産工場を整備することになりました。軍の召集などの影響もあり、すでに内地（本州・四国・九州・北海道）で労働力を確保するのは難しく、新規の人員確保を目指した海軍は、1942年10月に台湾総督府を通じ、台湾全島の公学校をはじめとする初等教育機関な

戦没台湾少年の慰霊碑

どに募集をかけたのでした。保護者の同意を条件として、初等教育を修了（見込みを含む）、かつ日本語を常用できる壮健な男児たちが選抜されました。そして選ばれた少年たちは、撃沈される可能性もある危険な海域を渡って、大和へとやってきたのです。彼らは工廠敷地の近隣、上草柳の宿舎で海軍軍属として暮らしながら、開設準備期間中は、海軍空Ｃ廠と称された工廠に通いました。まず工員養成所での実習を通して技能を習得していきました。1944年4月に正式に開設した高座海軍工廠では、局地戦闘機「雷電」の製造を開始しました。しかし、労働力が不足した日本各地の軍需工場などに派遣されることもあり、三菱重工業名古屋航空機製作所大江工場で零式艦上戦闘機の生産に従事した者もいました。

　日本での生活は、仕事の苦労や気候の違いなどもあり、決して楽ではなかったといいますが、健在の元台湾少年工は「休日には同僚と江の島や鎌倉など観光できたし、楽しかった思い出」と証言

雷電部品

しています。

台湾領有の世界史的意味

　台湾人の少年たちが、なぜ大和市で生活することになったのでしょうか。それは近代国家となった日本の帝国主義的拡大と関係しています。周知の通り、日本は、下関条約（1895年）にもとづいて南方に台湾という新領土を獲得するとともに、朝鮮の独立を大清帝国に認めさせました。これは、日清戦争という出来事を通じて、日本が東アジアの冊封体制を崩壊させたことを意味しています。結果として、以後50年間にわたり、もともと言語や文化、宗教的バックグラウンドの異なっていた人々を天皇が統べる帝国に内包することになりました。これにより、日本は植民地帝国となり、イギリスやフランス、そしてアメリカ合衆国などが共通して直面していた多民族国家としての課題に向き合う必要に迫られたのです。

　欧米列強に倣った日本は、台湾で法律、行政、産業、教育といった多岐にわたる制度を整える必要がありました。しかし、ことに教育政策では日本独特の仕組みを作りました。それが台湾住民に対する日本語教育の徹底です。教育機関の設置は、領有以後漸次進められました。特に初等教育機関は、内地と同様に義務教育として就学率を上げることが目指され、日本語や衛生観念、天皇に対する忠誠心を涵養する場として重視されました。当初は漢人系住民を対象とする公学校、山地原住民を対象とする蕃童教育所、内地から移住した日本人を対象とする尋常小学校など校種は区別されましたが、次第にその垣根を越える事例も増えていきました。

　大正から昭和にかけて、台北高等学校や台北帝国大学が設置されていきました。台湾における教育制度は、台湾人には限定的かつ差別的ながらも内地出身者を対象にしていた高等学校や大学への入学も可能となっていきました。また、内地への留学事例も増えていったため、帝国内の人口流動は活発化したと言えます。こうしたことの蓄積が、台湾人少年たちを大和に向かわせる背景となりました。しかも、初等教育修了者は、海軍工廠における３年間の勉強と、さらに２年の工場実習で甲種工業学校卒業者に認定されるという条件も強い応募動機となっていました。つまり、帝国日本が作り上げた特有の教育制度に取り込まれた結果、台湾少年工たちは日台の間で様々な労苦を味わうことになったのです。

台湾少年工の記憶とその継承の意義

　台湾少年工たちによる証言は、戦前・戦中を生きた少年の目を通して見えた日本社会を「心の故郷」として描き出します。もとより歴史の語りには、様々な主体が存在しえます。しかし、日本を愛してくれている彼らを単なる愛国者におとしめるのではなく、今こそ、植民地帝国日本という幻想的国民国家が産み落とした健児、そして否定しがたい民族的ヒエラルキーが存在する帝国で、たくましく努力し、自らが置かれた環境に適応していった存在ととらえる必要があるでしょう。その苦労に共感し、もはや日本政府による手厚い補償が見込めない中で、せめて彼らを顕彰し歴史的な文脈で語り継いでいくことが求められます。正式な国交のない中で、活発化している日台交流の淵源にある台湾人の歴史的経験に、我々はどこまで寄り添うことができるでしょうか。さらなる交流の深化には、アジア諸地域との関係を歴史的にとらえることが必要です。

《コラム》

氷川丸とユダヤ難民

神田基成

港・横浜と氷川丸

　ＪＲ桜木町駅近隣には、いかにも横浜と言える観光スポットが集中しています。帝冠様式のはしりと言われる神奈川県庁（通称「キングの塔」）、横浜税関（通称「クィーンの塔」）、横浜市開港記念会館（通称「ジャックの塔」）の三塔をはじめ、赤レンガ倉庫、象の鼻パーク、神奈川県立歴史博物館（旧横浜正金銀行本店）、そして大桟橋など挙げればキリがありません。また、観光遊覧船やシーバス乗り場もあり、山下公園は家族連れやカップルたちの憩いの場となっています。

　世界史との結びつきを感じられる場所もあります。開国以降、日本にやってきた大清帝国出身の商人たちが形成した中華街、関東大震災からの復興後に在日インド人協会が建立したインド水塔などを想像する読者もいることでしょう。彼らは日本に「世界」を持ち込んできた人々でした。しかし、ここで紹介したいのは、横浜を経由し、世界へと逃げて行ったユダヤ難民です。

　山下公園のインド水塔を横目に、海沿いをさらに進むと、白と黒に塗り分けられた美しい客船が見えてきます。日本郵船の北米航路シアトル線に配船された氷川丸です。1930（昭和5）年の竣工以来、30年に渡って第一線で活躍し、日本人はもちろん、チャップリンなど多くの著名人や貨物を輸送した豪華客船です。第二次世界大戦中には、病院船として海軍に徴用されましたが、ヨーロッパ各地で迫害を受け、ユーラシアを横断して逃れてきた多くのユダヤ人をアメリカ合衆国など第三国へと移送した客船の一つであったことはあまり知られていません。1940年から41年にかけて、ユダヤ難民たちは多数の船舶に乗船したのですが、現存し、かつ公開されている貨客船は、唯一この氷川丸だけです。

ヨーロッパのユダヤ人

　ヨーロッパの中世都市におけるユダヤ人居住区ゲットーの形成、19世紀ロシアにおけるポグロム（虐殺）やフランスにおけるドレフュス事件は、長い年月にわたり醸成され、古代以来存在し続けてきた反ユダヤ主義という差別が顕在化した事例です。これがシオニズム運動につながりました。しかし、それでもヨーロッパに残った多くのユダヤ人たちをさらなる困難が襲いました。1933年にドイツで政権を獲得したナチ党のヒトラーは、国内のユダヤ人に対する国家規模の組織的迫害を展開したため、ユダヤ人たちはドイツ脱出を試みました。これに対し、欧米などの周辺国は大量のユダヤ難民受け入れに難色を示し、移民申請の不許可に転じるなどしたため、行き場を失った多数のユダヤ人はポーランドなど歴史的にユダヤ人に対して寛容な姿勢を見せていたヨーロッパ東部へと移動しました。ヒトラーによる東方拡大がさらに進むと、ポーランドから多数のユダヤ人が隣国リトアニアに入りました。リトアニアの在カウナス日本国総領事の杉原千畝が発給した「命のビザ」は、こうした人々（スギハラ・サバイバー）を救ったものでした。シベリア鉄道でユーラシア大陸を横断し、ウラジオストクに到着した難民たちの多くは、日本海を横断、福井県の敦賀港に到着しました。ここで各地のユダヤ人協会の後援などを得ながら、主に神戸・横浜・長崎

から第三国へ移動して行ったのです。

横浜からアメリカ大陸へ

　インターネット上で閲覧できる資料に、日本に到着したスギハラ・サバイバーのユダヤ人たちがどのような経路で第三国に逃れたかをまとめたものがあります。それは「第二次世界大戦期、日本に到来したユダヤ難民のリスト」と称され、ユダヤ難民を調査・研究している東京理科大学の菅野教授がまとめたものです。リストには、ユダヤ難民たちに便宜的に通し番号を付し、氏名、最終目的地、ビザの発行地・発行年月日、日本通過ビザの発行年月日、年齢、職業、リスト掲載者との関係性、同伴者、日本到着年月日、日本出発年月日、日本出発地（神戸・横浜・長崎）、乗船名、同伴人数などの情報が記載されています。一般に、1940 年 7 月 9 日〜 8 月 31 日にかけてリトアニアの在カウナス日本国総領事館で杉原千畝が発給した「命のビザ」によって救われたのは 6000 人ほどと言われています。なかには、1800 人ほどと推定しているものもあります。菅野教授も指摘していますが、大切なことは「救われた人数の多少ではなく、救われた人と救われなかった人それぞれに数字の分だけ人生があった」ということです。本稿でも、横浜を経由した人々の数に注目しますが、読者におかれては、数字の向こう側に存在した人々の営みに想いを馳せていただけたらと思います。

　ユダヤ難民たちは、横浜から様々な船舶で、主にアメリカ合衆国、カナダ、オーストラリアなどに移動していきました。このほか、ウルグアイ、アルゼンチン、パナマなどのラテンアメリカ諸国を目的地としたものも多くありました。中には、南アフリカを最終目的地としている難民もいました。彼らは、日本通過に必要な要件を満たしていないと判断されれば、シベリア鉄道と船を乗り継いで到着した敦賀から再びウラジオストクへと送り返されることもありましたし、なかには共同租界が形成されていた上海への移動を余儀なくされる場合もありました。

　名簿によると、日本に到着したユダヤ難民のうち、横浜から第三国に移動した人々の総数は 2300 名を超えます。名簿には、氏名登載者に同伴者数が書かれているものもありますが、書かれていないものもあります。ビザは、同伴家族に対しても効力をもったとされているので、横浜を経由して移動した実数は、2300 名以上ということになります。彼らは、日本郵船でアメリカ西海岸方面を主とする氷川丸（371 名）、新田丸（54 名）、龍田丸（148 名）、鎌倉丸（174 名）、銀洋丸（90 名）、平洋丸（199 名）、楽洋丸（102 名）、日枝丸（285 名）、平安丸（341 名）、浅間丸（147 名）、八幡丸（153 名）、西回り遠洋航路の靖国丸（5 名）、大阪商船で東回り航路に転じていたラテンアメリカ方面を主とするぶゑのすあいれす丸（90 名）、もんてびでお丸（2 名）、アフリカ方面を主とする西阿丸（3 名）、衣笠丸（旧国際汽船）（2 名）、さらにはアメリカ合衆国アメリカン・プレジデント・ラインズ社のピアース号（6 名）、タフト号（5 名）、クーリッジ号（28 名）、パシフィック・メイル社のポイント・ロボス号（2 名）、その他シティ・オブ・サンフランシスコ号（11 名）にそれぞれ乗船し、その多くが 1940 年から 41 年にかけて世界中に散っていきました。氷川丸は、神戸港発のユダヤ難民も輸送しましたが、横浜港発の氷川丸に絞ると、その乗船者数は 371 名で、横浜から出発した船舶の中で最大数となっています。

　1937 年勃発の日中戦争、そして 1939 年勃発の第二次世界大戦により、遠洋定期航路は次々と中止に追い込まれていきました。ユダヤ難民を乗せて横浜を出航したのは、定期航路が次々と停止される時期に重なっており、日本に親類縁者のいない難民たちにとっても急を要するものだったに違いありません。

係留されている氷川丸全景

氷川丸のその後

　往航で難民たちを北アメリカ大陸に運んだ氷川丸は、復路で帰国を希望する日本人らを乗せ、引き揚げ船として横浜に帰着しました。太平洋戦争の勃発後、横須賀で特設病院船へと艤装され、南方戦線に投入されました。戦後、復員や一般人の引き揚げ輸送にあたった氷川丸は、1950年代に入り再び貨客船としてニューヨーク航路やヨーロッパ航路、そしてシアトル定期航路に復帰しました。しかし、船体の老朽化と飛行機の発達や大型貨物船の普及などから、1960年ついに氷川丸は引退、船主の日本郵船も客船事業からは撤退しました。

　杉原千畝の行動に影響を受けた様々な団体がスギハラ・サバイバーをはじめとするホロコーストからの生存者の証言を記録しており、上海におけるユダヤ難民についても、そのご遺族の証言から、日本を経由した難民の総数の内訳として、「横浜港から第三国に行けた難民はそれほど多くはなく、その多くは日本政府が仕立てた船で上海に移送された」ということです。

　往時を偲べる豪華客船として係留、公開されている氷川丸ですが、この船を通じて戦時中の病院船としての歴史やホロコーストから逃れたユダヤ難民の歴史へと学びを広げてゆくことができるのです。

かつて焼け野原だった横浜を歩く——戦争を二度と繰り返さないために

谷口天祥

はじめに

0.1　街を歩く意味

　私が部顧問をしている英語部は、時々フィールドワークに出掛けます。教室の外に出て実際に街を歩いてみることで、知ることができるものがあると考えているからです。英語を勉強することは、単に英文が読めたり英会話ができるようになるためだけではありません。広い世界を知るためです。ところで「世界を知る」とは何でしょう。

　リアルであることを表す ”bricks and mortar” という形容詞が生まれたことに時代がよく象徴されています。これまで、街ができてゆくことはレンガとモルタル造りの建物が次々に建てられ、道路や鉄道が走り、そこに人々が往き来することでした。ところが今は日常生活の多くがネット上で行われています。在宅勤務やオンライン授業、インターネットショッピングなどが日常になったことで人々は敢えて街を歩くことを必要としなくなりましたし、「おウチ旅」と呼ばれるバーチャル観光旅行さえも楽しまれるようになりました。百年に一度とも云われる感染症が世界を震撼させたことがこれらの傾向を加速させたことも大きな背景ではありましたが、行った気分・やったつもりになることで、人々はある欲求を満たせるようにもなりました。

　世界は狭くなったと言われて久しいですが、世界中がバーチャルに溢れむしろ私たちにとって知らない世界が増えました。情報技術が進歩しニュースのみならず個人的な溜め息や独り言までもが瞬時に世界を駆け巡ります。ところがこれらの情報も分断されています。閉じた関係性の中にいてコミュニケーションを繰り返し、自分の周りにある言説だけが真実であるように錯覚していませんか。自分が知りたいことだけ知っていればいいと、一方的な視点だけで情報を入手してはいませんか。情報技術の進歩に合わせて、私たちの知性は進歩したでしょうか。

　英語を勉強すると知識は2倍に広がります。日本語だけでなく英語でも情報を得たり発信できることは、私たちがぜひ身に着けたい素養です。しかしあなたが身に着けているその知識は、現実感を伴っていますか。「外国で戦争が起きました」「あなたにお勧めの商品はこれです」「死者・行方不明者合わせて100人です」……世界を知るとは、世界で起きていることを知るだけではなく、世界のどこかで誰かの血が流れたこと、誰かが言ったことは本当に真実なのかと疑いを持つこと、100人が亡くなったのではない一人ひとりが亡くなったのだと、他者の痛みを自分の痛みとして少しでも感じられることが現実感であり、本当に世界を知ることです。

　この10余年で、私たちは数々の自然災害や公害、感染症に打ちのめされました。地震や台風で

尊い命が多く失われました。理不尽な原発事故に住処を追われた人もいます。感染症で職や日常が失われた禍難も少なくありません。私たちの知らない世界（目を背けたままでいられない現実）に気付くことはできたでしょうか。自分の食事や買い物ですら指先ひとつで他人を走らせる人々が多く現れましたが、汗をかいているうえに涙まで流さなければならない人々のなんと多い社会だったことか。教室の外に出て実際に街を歩いてみることで、それらを知ることができると考えています。

0.2　ある日の英語部で

いまの高校生は平成生まれ、そして時代は令和に変わりました。30年間続いた平成を振り返ってみると湾岸戦争、ユーゴスラビア内戦、アメリカ同時多発テロ、イラク戦争、アラブの春、シリア内戦、コンゴ紛争……世界の各地で戦争が起こりました。しかし私たちは、平成が経験した世界の戦争にどれだけ関心を持つことができたでしょうか。

よく「激動の昭和」と言われます。ある日の英語部で生徒に聞いてみました。「○○の平成」、君たちなら何と称するかと。

「災害の平成」——阪神・淡路大震災や東日本大震災、九州や西日本の豪雨。

「半端ない平成」——日本は世界のトップアスリートたちに負けず活躍できる実力をつけてきました。

「ITの平成」——情報技術やICTが未来を変えるという話は今や教育現場で耳にしない日はありません。

高校生ならではの感性で面白い回答がたくさん得られましたが、私が個人的に印象的だったのが「平和ボケの平成」でした。「平和」ではなく「平和ボケ」。遠い国の戦争を知らないはずはないのに目を背け耳を塞いでいることもできなくはない私たちの狭さを指摘する回答でした。

時を経て、とある日の教室の話。多くの高校で修学旅行へ出かける前に事前学習が実施されています。私の勤務する高校ではこれまで九州や沖縄を訪れてきました。知覧（鹿児島）の特攻の話や長崎の原爆、沖縄戦など平和学習はその大きな柱のひとつです。事前学習の教室では問いかけが行われます。「8月6日の広島、9日の長崎は知っているでしょう。それでは6月23日は何の日か知っていますか」「……（沈黙）」「沖縄戦が終結したとされる、『慰霊の日』はぜひ知っておいて下さい」。教室での話は多方面に広がることもあります。「3月11日の福島も、今なお日本人に重大な課題を突き付けていますね」など。そしてあるとき「5月29日のこと」で生徒らの反応が明らかに薄いことが気になりました。「3月10日のこと」は辛うじて知っている生徒がいるものの、地元神奈川の横浜大空襲についてほとんどの生徒が知らなかったのです。世界には私たちの知らないことがたくさんある。そんなきっかけから、その年の英語部フィールドワークは横浜大空襲に決まりました。

0.3　街を歩いた高校生の感想

京浜急行黄金町駅をスタート、罹災者を慰霊したお寺である普門院を参拝し、日ノ出町、桜木町、山下公園を経由し元町や中華街まで歩きました。部員らは出掛ける前に資料を回し読みしたり、空

襲に壊滅した横浜の街の写真を携えて歩いたりしました。以下はかつて焼け野原だった街を歩いた
部員らの感想です。

- みなとみらいの高層ビルや中華街などは、無数の焼死した人々や瓦礫の上に建っている。
現在では考えられない光景だった。
- 現在の横浜があることは、ほんとうにすごいことなのだと分かった。現代の日本を生きて
いる私たち全員が、70余年前にこんな悲惨なこともあったのだということを、頭の片隅に
置いて生活した方がいい。
- 自分は横浜大空襲のことは知らなかった。もっと多くの人に横浜大空襲を知ってもらった
ほうがいい。平和の素晴らしさを実感してもらいたい。
- 空襲による被害が酷く、焼死体もそこらじゅうにあり、当時の地獄のような光景を想像し
ながら歩いた。横浜の見方が少し変わった。
- 今日は広島に原子爆弾が落とされた日。空襲に焼けた横浜の街の写真を見て、広島や長崎
の写真も同じようだったと思い出していた。焼け野原が現在の街へ変わってゆく様子に、
これは語り継がなければならないなと思った。
- 横浜の復興を成し遂げた人間は素晴らしい。でも地獄の光景を作り出したのも人間だ。人
間の素晴らしさと愚かさについて考えさせられた。

「戦争は嫌だ」と叫ぶことは常識的ですが「戦争だけは嫌だ」と、戦争を特殊なものとしてとら
えたときに生まれる我々の意識は、むしろ日常に対する我々の感覚を鈍化させます。その私たちの
鈍感さはもしかしたら、太平洋戦争前夜よりも深刻かもしれません。平成の世を「平和ボケ」と指
摘した英語部員らは、このことに改めて気付いたようでした。現実から目を背けてはならない、目
を見開こう。

0.4　歴史を学んで、街を歩く

歴史を事前学習して街を歩いた高校生は、かつて人々が経験した痛みを長い時を経て少しだけ追
体験できたようです。戦争と平和など、ともすれば学習目標のキャッチフレーズだけで終わってし
まいそうな言葉に少しは現実感も持たせることができました。私は、高校生がある感想を持ったこ
とは、歴史を勉強したことが前提になっていると考えています。かつて焼け野原だった同じ場所に
いま自分が立っている、高層ビルや中華街が無数の焼死した人々や瓦礫の上に建っていると、昔と
いまをつなげられたことに歴史を学ぶ意味があるのです。

自分の立っている足元が過去とつながっていることと同様、そこは世界にもつながっています。
自分たちの住む地域はどんな歴史を積み重ねてきたのか、そしてその歴史は世界とどのようにつな
がってきたのか。歴史のなかにいまを位置づけることで、未来に向けていま地域がどうあるべきな
のかに気付くでしょう。歴史を学ぶことは、単に年号を覚えることではありません。

1. 戦争をどのように語り継ぐか

1.1 他者の痛み、自分の痛み

テレビのニュースで震災や水害の被災地の映像を見て、私たちは現地の人々の痛みをどれだけ感じられたでしょうか。そして目で見たことや話に聞いたことだけが事実ではありません。映像では伝えきれない、あらゆるものが朽ちてゆく腐臭や砂塵がざらつく不快な肌感覚、避難生活が強いる寒さや空腹などの感覚を共感することなど、テレビを見ているだけでは到底できなかったはずです。

新型コロナウイルスの感染拡大で、修学旅行の延期や中止を決める学校が相次ぎました。平和学習の一環として広島や長崎、沖縄を訪れてきた学校も多かったはずですが、戦後 70 余年が経ち、高齢化する戦争体験者「語り部」たちの貴重な証言を聞く経験を逸するなど、平和について考える機会は感染症の脅威によってあっけなく奪われてしまいました。また、それぞれの平和祈念資料館への来館者が減少することは、その経営にも直結します。

戦争の記憶をつなぐ全国各地の平和祈念資料館の閉鎖も相次いでいます。高齢化で語り部が引退していることのみならず、多くの施設が維持・管理に課題を抱えています。施設の老朽化にかかる修繕費が企画展や広報の費用を圧迫したり、運営のための予算や人員が足りず限界を迎えており、貴重な資料の散逸も懸念されています。

空調の効いた部屋で美味しいものを腹いっぱい食べながら被災地のニュース映像を見ていても、それでは被災地への祈りどころではありません。戦争の記憶を前の世代から学び次の世代へと伝えてゆく歴史の継承は、いつの時代を生きる人にとっても果たすべき責任であるはずですが、それは事情によっては断念を余儀なくされることもあります。

知識として知るだけではなく、他者の痛みを自分の痛みとして共感することはできるでしょうか。語り継ぐことは余裕があるときだけの教養ではなく、いつの時代も途切れさせてはならない人々の責任なのです。

1.2 願うものではない、つくるもの

今も世界から戦争がなくならないものの、私たちの日常生活には 70 余年間ずっと「戦後」が続いています。一方、「戦後」の日常が続いているからこそ「戦争」をいつでも日常に感じなければなりません。私たちの空に爆弾は落ちてきませんが、いざ爆弾が落ちてきてはじめて戦争について考えるようでは遅いのです。70 余年前の少年たちは何を思い戦場に立ったのでしょうか。少女たちは過酷な労働や生死の瀬戸際に何を見つめたのでしょうか。戦争が始まる前には、誰にも今と変わらぬ暮らしがありましたが、人々は否応なしに戦争に巻き込まれ、そして戦争は確かにそこにあった人々の日常を根こそぎ奪い去りました。戦争について考えることは、放たれる爆弾よりもむしろ人々の日常を見つめることに意味があります。日常を学び、日常を奪う戦争の理不尽さを感じることが、世代を超えて戦争の記憶をつなぐ責任を私たちに果たさせる動機になるでしょう。70 余年前の人々が大事にしていたことを、今を生きる私たちが一緒に大事にしてゆくことが、つなが

る経験になります。私たちは戦争や災害から学んだことをいかにつないでゆくかに責任を負っています。世界のどこかで常に起きている諸問題は、無関心が助長させるものです。平和は願うものではなく、自らつくるものだということを忘れてはなりません。

1.3　想像力で補わなければならない、戦争のリアル

　世界に例をみないほど大規模な公害問題となった水俣病を描いた石牟礼道子『苦海浄土』という本があります。被害者である漁民たちの運動や患者たちの苦悩は、現代の私たちも読むべき重いメッセージです。石牟礼が育った風景は同じく彼女の著書『椿の海の記』に映し出されています。経済成長に汚染される以前の美しい水俣の海は次のように描写されています。

　　　「春の花々があらかた散り敷いてしまうと、大地の深い匂いがむせてくる。海の香りとそれ
　　はせめぎあい、不知火海沿岸は朝あけの靄が立つ。朝陽が、そのような靄をこうこうと染め
　　あげながらのぼり出すと、光の奥からやさしい海があらわれる。」[1]

　九州本土と天草諸島に囲まれ、波穏やかな不知火は「魚湧く海」と呼ばれるほど恵まれた豊穣の海でした。石牟礼がしるした豊かな恵みに感謝する気持ちや、神々しいほどの自然美を誇らしく思っているような描写を、文章を読んで映像化することはできましたか。

　誰もがその掌中にカメラ機能が搭載された携帯電話を得てからは、描写する／映像化する行為に言葉を用いなくなってきました。美しい景色を見たときの感動を誰かに伝えたいときはスマホでパシャ。「これマジすごくね？」「うわ、ヤバ。」

　時に歴史の記憶を言葉で語られても、語られる側は現実感や感動がわかず、語る側には歯痒さやもどかしさが感じられることが多くなっているようです。

　膨大な量の記録映像を丹念に研究し、「あの戦争」について考察してきた水島久光はその著書のなかで、次のようなエピソードを紹介しています。『ETV2000「伝えたし、されど……〜ヒロシマの語り部たち〜」』からの引用です。

　　　「なんか、わかりにくかったね。難しかった」（どんなところがわかりにくかった？）
　　　「えーやっぱね。てか、死体の話とかいろいろ出てたけど、想像がつかなかった」[2]

　水島は「言葉の一方向性」を指摘し、男子生徒の声を掘り下げ、その心情にも寄り添うべきであるとの提言をしています。それももちろんですが、私には戦争のリアリティを再現する（追体験する）には言葉を映像化するリテラシーが必要なのだということや、歴史を語り継ぐためには、想像力が欠かせないのだと考えさせられました。戦争の遺構や平和祈念資料館などを実際に訪れ、その地を自分の足で踏み、空気を肌で感じ、本物に触れることで言葉を超える五感で感じられるものから、歴史に想いを馳せる経験は必要です。

2. 空襲に至る経緯

2.1 ドゥーリトル空襲

　1942（昭和17）年4月18日、日本本土が初めて空襲を受けます。日本軍によるハワイ真珠湾攻撃への報復だったと言われています。航空母艦を発進したB25爆撃機16機のうち13機が京浜地区を爆撃、東京では39名が死亡、横浜でも中区堀ノ内で1名が死亡しました。「鉄桶の防空陣」を自負し「一機たりとも本土に侵入させぬ」と豪語していた日本にとって、「帝都」上空を侵害されたこの空襲は衝撃を与えました。これによって本土空襲はいつでも現実のものとなるという焦燥は、陸軍をミッドウェー攻略作戦、キスカ島、アッツ島上陸作戦へと踏み切らせてゆきます。これがやがて戦況を一気に悪化させることになるのです。また市井では町会や隣組が民防空の最前線として役割を強化されてゆく契機にもなりました。内務省は『時局防空必携』を改訂し、空襲の予想される全国47都市、県内では横浜、川崎、横須賀等の家庭に配布されました。「火災になっても隣組長は警察消防官吏や警防団の指図があるまで、防空従事者を指揮して飽くまで消火や延焼防止に当たる」とされるこのマニュアルはすべての市民をたとえ火の雨の下でも「防空の砦」とさせました。

2.2 軍事目標だけを狙う「精密爆撃」

　1944（昭和19）年11月に本格的な日本空襲が始まった当時、アメリカ軍がとっていた方針は軍需産業施設など軍事目標だけを狙って爆弾を落とす「精密爆撃」という方法で、それをB29爆撃機で高高度から行っていました。迎え撃つ日本軍は少なからずアメリカ軍を苦しめていました。日本の陸軍および海軍は対空砲の他に戦闘機による邀撃を行っていました。陸軍の屠龍や飛燕、鍾馗などの戦闘機が上空を守り、海軍のゼロ戦や紫電改は軍港や航空機工場などを護衛しました。日本軍の抵抗を攻略しつつ高高度から爆撃することは至難の業だったようです。日本の上空にはジェット気流が吹き荒れ、厚い雲に視界を阻まれることが多くありました。そこは世界でも有数のジェット気流が吹く場所です。「夏に航空路の行く手に積乱雲が発生したり、冬のジェット気流で機体が激しく揺れたりした場合、国土交通省の東京航空交通管制部の管制官に連絡すると、横田基地の米軍管制官と調整してくれて、悪天候回避のために横田空域内を通る許可がだいたい得られます。」[3]日本上空に天候が不安定で嵐が吹き荒れていることは昔も今も、パイロットを悩ませるようです。
　マリアナ諸島からB29が初めて本土空襲をした1944年11月24日。111機のB29が出撃しました。作戦名は「サン・アントニオ1号作戦」。第1目標は東京都武蔵野市にあった中島飛行機武蔵製作所、第2目標は東京市街地と沿岸地域でした。「怖さ知らずの馬鹿」と称された1号機ドーントレス・ドッティには第73爆撃団司令部を開設したエメット・オドンネル准将が直々に乗り込んで自ら操縦桿を握りました。東京上空の荒天と、パイロットを悩ませるジェット気流のため、出撃したB29の111機のうち武蔵製作所に達したのはわずか24機、投下した爆弾も目標から大きく外れるなどしたため命中率は2%程度であったと言われています。この作戦では、東京都中野区や江戸川区、神奈川県の横須賀市が爆撃され、65人が亡くなりました。

2.3　市民を巻き込んではならないという国際ルール

当時、空襲については国際的ルールが決められていました。1922 年オランダのハーグでアメリカ、イギリス、フランス、イタリア、オランダ、日本の 6 ヵ国が集まり戦争のルールについての会議が開かれ「空からの攻撃は軍事目標に限る」「市民への攻撃は行ってはならない」というハーグ空戦法規が合意されていました。当時、B29 による日本本土空襲を指揮していたのはヘイウッド・ハンセル将軍。ハンセル将軍の下でアメリカ軍はこの国際ルールを守り続けていましたが、日本本土空襲で成果が上げられないなか、市街地を含む広範囲に爆弾を投下し、より効果的に戦果を上げられる「絨毯爆撃」を採用すべきという声が次第に高まっていました。

2.4　B29 開発とダグウェイ実験場

高高度から軍事目標を狙って爆弾を落とす「精密爆撃」は思うように成果が上げられず、アメリカ軍は業を煮やしていました。そして 1944 年 12 月、ワシントンの陸軍航空軍司令部はハンセル将軍に日本本土空襲の方針転換し「絨毯爆撃」をするよう指令を出します。アメリカ軍が誇る B29 で目立った戦果を上げられないことに強い危機感と苛立ちを抱いていた上層部の威信でした。

日本を攻撃した B29 は 1939 年から開発が始まります。「スーパーフォートレス（超空の要塞）」と恐れられた新型爆撃機は全長 30.2 メートル、両翼の全幅 43.1 メートル。開戦当初、アメリカ軍の主力であった B17「フライングフォートレス」の全長 20.6 メートル、全福 31.4 メートルに比べ圧倒的な大きさでした。機体中央に設けられた爆弾層には、最大 9 トンの爆弾や焼夷弾を搭載し、攻撃力も格段に大きくなっていました。B29 の開発に投入された費用は 30 億ドル。マンハッタン計画における原子爆弾の開発費用は 20 億ドルと言われていますから、この爆撃機の開発にアメリカがいかに執念を燃やしたかがうかがえます。

アメリカは B29、780 機をもって 1 か月に 5 回の割合で日本の戦略拠点を爆撃すれば、日本は 6 ヵ月で破壊し尽くせると計算したそうです。

またアメリカ軍は、どのように焼夷弾を投下すればより広い面積を効率よく燃やすことができるかを試行錯誤して、爆弾の投下方法やばら撒き方をマサチューセッツ工科大学の数学科に計算させました。ユタ州のダグウェイ実験場に日本家屋を再現した「日本村」を建設し火災実験を繰り返しました。実験で燃やされた家屋には日系移民に作らせた畳まで敷いてあり、屋内には卓袱台、座布団が置かれ、狭い露地まで再現されているという念の入れようでした。

さらに空襲に用いられた M69 型焼夷弾は、アメリカ石油会社大手スタンダード社がカーチス・ルメイの依頼を受けて開発しました。ゼリー状にしたガソリンが充填されたナパーム弾は、非常な高温かつ長時間にわたって燃焼し、地上で火を噴きながら暴れ回る設計になっていました。この M69 焼夷弾を 38 発束ねたクラスターが E46 収束焼夷弾です。これが B29 の弾倉から投下されると、上空 700 メートルくらいで親爆弾のクラスターが分解、子爆弾が雨あられと空一面に降り注ぎます。先端の尖った形状の子爆弾は家屋の屋根を突き破り、床の畳を貫通し、地面に突き刺さり、あるいは人に突き刺さってから爆発しました。妹尾河童『少年 H』や野坂昭如『火垂るの墓』の神戸空

襲のシーンにこの描写が詳細に描かれています。また目の前で人が亡くなる様子は高木敏子『ガラスのうさぎ』の機銃掃射のシーンが思い出されます。読んだことがある方は胸が疼くのではないでしょうか。

2.5　空襲の国際ルールを最初に破ったドイツと日本

　精密爆撃から絨毯爆撃への方針転換は、無辜の市民の日常を理不尽に奪う戦争をより悲惨なものにしました。皮肉なことに「空からの攻撃は軍事目標に限る」という国際ルールを最初に破ったのはドイツと日本だったと言われています。

　1937年4月ドイツ軍によるゲルニカ爆撃ではスペイン北部にある小都市を3時間で壊滅させ2,000人を超える死傷者を出しました。1938年12月から1943年8月にかけて日本軍は国民政府の臨時首都である重慶を5年間にわたり218回執拗に爆撃、焼夷弾も使った攻撃でのべ1万人以上が犠牲になりました。これは都市に継続的な無差別爆撃を行った世界史上初の例です。日本軍は夜間など迎撃を受けにくい時間帯を選んで空襲を行いました。精密爆撃とは程遠い、無差別な攻撃であったようです。これはアメリカ軍が日本本土に無差別な爆撃を行うようになった方針転換を当然視させる背景にもなりました。

2.6　新指揮官カーチス・ルメイ

　ハンセルによる爆撃指揮が成果を上げられずにいる一方、1944年12月に第20爆撃集団司令官カーチス・ルメイ准将が頭角をあらわしていました。ルメイは焼夷弾を使用した大都市焼夷弾無差別爆撃の実験として、日本軍占領下の中国漢口市を攻撃します。成都基地を出撃したB29は500トンもの焼夷弾を漢口に投下し、市街は3日間にわたって燃え続け、市域の50%を壊滅させ市民約20,000人が死亡しました（漢口大空襲）。この爆撃により、市街地への無差別爆撃の有効性が証明されて、上官ヘンリー・アーノルドは指揮官をハンセルからルメイに交代させます。

　1945年1月からは東京だけでなく、名古屋や神戸など大都市で焼夷弾を使った空襲が始まりました。新指揮官ルメイは1945年2月にイギリス軍が敢行したドレスデン爆撃を手本にしていたようです。「手加減することなど必要ない。戦争とはもとより破壊的で、非人間的かつ無慈悲なものなんだ」[4]と、日本を徹底的に焼き尽くすことに攻撃性を剥き出しにします。焼夷弾空襲は3月10日の東京大空襲を契機に本格化、4月からは小型の戦闘機も攻撃に参加するようになり、空襲の規模が拡大しました。5月中旬になるとB29の出撃も増加、大都市はほぼ焼夷弾空襲により焼き尽くされました。さらに空襲は中小都市へと拡大してゆきます。鹿児島、大牟田、浜松、四日市を皮切りに、7月は人口10万以下の都市も主要な目標とされました。

　2時間の空爆で市街地が完全に焼き尽くされた都市もあります。8月の富山空襲では市域の99.5%が破壊されました。「B29爆撃機173機から投下された焼夷弾は1465トン。これを焼失面積当たりに換算してみると、3月10日の東京大空襲のじつに10倍に当たる。100メートル四方にどれくらいの焼夷弾が落ちてきたのか、平均数を試算してみた。4ポンド（1.8キロ）エレクトロン焼夷弾1300本、6ポンド（2.7キロ）油脂焼夷弾46本、100ポンド（45.4キロ）油脂焼夷弾12本。こ

れはあくまでも平均の数だ。これより少ない地点もあっただろうが、これより多い地点もあった
はずだ。燃えるものがなくなっても焼夷弾だけが燃えつづける地獄絵だったことが容易に想像でき
る。」[5]　広島、長崎へ原子爆弾が投下されたあとも「フィナーレ爆撃」と銘打って、日本にとどめ
を刺しました。

<h2 style="text-align:center">第 3 章　横浜大空襲について</h2>

3.1　昭和 20 年 5 月 29 日

　午前 8 時 12 分、空襲警報が発令。9 時 20 分、ラジオは叫びました。「京浜西南方および西北方
に侵入中の B29 及び P51 編隊は、入り乱れて攻撃しつつあるをもって、特に十分なる警戒を要す。」
東神奈川方面に最初の焼夷弾が投下され横浜大空襲の朝が始まりました。マリアナ基地を飛び立っ
た B29、517 機と硫黄島から飛び立った P51 戦闘機 101 機の編隊が横浜の初夏の青空いっぱいに
広がり 1 時間の集中爆撃で 2,500 余トン、数十万発にのぼる焼夷弾を投下し街を焼き尽くしました。
推定される死者は 8,000 人以上と言われています。
　横浜大空襲に先立つ 3 月 10 日の東京大空襲では、アメリカ軍は精密な焼夷目標を設定し爆撃を
行いました。第 1 目標・深川、第 2 目標・本所、第 3 目標・浅草、第 4 目標・日本橋。折しも風速
12 メートルにも及ぶ春の嵐が深夜の東京を焼き尽くしたのです。この爆撃作戦は横浜でも採用さ
れました。第 1 目標・東神奈川駅、第 2 目標・平沼橋、第 3 目標・港橋、第 4 目標・吉野橋、第 5
目標・大鳥国民学校。その結果、神奈川区反町、保土ヶ谷区星川町、中区黄金町、南区真金町など
では特に被害が甚大だったと言われています。京浜急行黄金町駅周辺一帯では、湘南電車の上下線
に停車中の電車の乗客らが空襲警報発令とともに狂乱となり多数の焼死体が累々と折り重なったと
いう記録も残されています。

3.2　記録に綴られた「横浜大空襲」

　その京浜急行横浜駅から下り電車に乗ると、次の戸部駅に着く手前に保線用の資材置き場が見え
ます。これはかつての平沼駅跡です。現在ではきれいに補修され、また駅跡の高架を平沼商店街か
ら仰いでもその橋桁は工事用の仮囲いで覆われていますから、駅の名残りを見出すのは難しいかも
しれません。1999 年に撤去されるまで、ここにはうす黒く古びたプラットホームのようなコンク
リートの遺構と、錆びた鉄骨の裸のアーチが残されていました。老朽化が進んでいましたので安全
面から撤去されたことは致し方ありませんが、平沼の廃駅には迫力がありました。広島の原爆ドー
ムは頂上の円蓋鉄骨が印象的であるのと同様にそれにはインパクトがありました。大学へ通学する
のに京浜急行に乗っていた私にとって、毎日車窓から見える鉄骨のアーチは、横浜大空襲を語るシ
ンボルのようにも思えました。
　横浜大空襲の痕を現在に残し、未来へと語り継ぐ遺構は時が経つとともに消えてゆきつつありま
すが、私たちは戦争の記憶を忘れてはなりません。現在も私たちに馴染みがある横浜市内各所の地

名。街路は端正に舗装され、ビルや家々が稠密に建ち並び、車や人や電車が行き交うあわただしい風景を思い浮かべられると思います。当然、70余年前に戦争があったときにも、そこには確かに人々の日常があったのです。記録に綴られた横浜大空襲について、まずは本を読んでみましょう。そして当時に想いを馳せてみて下さい。

◆東野伝吉『昭和二十年五月二十九日』
　「ミンナ赤門ノ防空壕ヘ逃ゲマシタ。壕ノナカニイタ者ハ助カリマシタガ、境内ヤ道路ニイタ人ハ、ズイブン死ニマシタ。東小学校ヘ逃ゲタ人モ多ク、関東学院ヘ行ク上リ坂（霞ヶ丘）ノトコロニナンカ、死人ガイッパイ転ガッテイマシタ。オ寺モ墓地モ仁王様モ、ミンナ焼ケマシタ。焼ケ死ンダ者ハ、小サクナッチャウンデス。男モ女モ区別ツカナクテ、子供ノカラダミタイニ小サクナッチャイマシタ。」[6]

普門院

黄金町駅での多数の犠牲者を弔うためにかつてガード下に祀られていた黄金地蔵尊が普門院にあり、今なお防空頭巾を被っています。割れた石碑は空襲で焼けたもの。石が割れるほどの熱の中で、多くの人が苦しみながら亡くなったのでしょう。

赤門

東福寺の山門は「赤門」と言われ親しまれてきました。明治期の文士にもゆかりがあり、大佛次郎や獅子文六、吉川英治などが近隣に住んでいました。この寺に避難した人たちも、焼夷弾の直撃を受けたり火にあおられたりして多くの被害を出しました。

関東学院

三春台に立つ関東学院にも焼夷弾が降り注ぎ、さらに猛火に追われて高台に逃げてきた人々に対し、P51戦闘機から容赦ない機銃掃射が浴びせられ多くの犠牲者が出ました。隣の太田小学校の焼け跡には焼夷弾の筒500本が突き刺さっていたそうです。

◆郷静子『れくいえむ』
　「青木橋は東神奈川と横浜の中間にあり、横浜駅を通る多くの列車や電車の線路を跨いで架けられた高い陸橋である。眼下に見渡すそこが、あの横浜の街なのであろうか！思いがけない近さに小高い丘があった。高島町も平沼町も戸部町も一とびに、御所山から野毛山に続く丘陵がすぐそこに連なって見えたのである。その間の平地にあったおびただしい家々、おびただしい人々の生命、わずか半日で失われたそれぞれの暮しを思い、節子は絶句した。岡本の腕にすがって橋の上に立ちつくす節子の頬を、やがて滂沱として涙があふれ落ちた。」[7]

青木橋

　交通の要衝、東海道の神奈川宿界隈は神奈川の中心地でした。青木橋は鉄道開通時に設けられ八ツ山橋（東京都）と並ぶ、日本最初の跨線橋です。付近の東神奈川駅〜青木橋は「第1着弾目標」とされ、焼夷弾の雨が降り注ぎました。

◆横浜の空襲を記録する会『横浜の空襲と戦災』

　「工場そばの川ぞいに、今の資生堂石鹸の工場前を尾張屋橋をこえて向かい側へ出ようと橋の上にあがったところ、すごい熱風にさえぎられて進めず、あたりを見れば浜松町一帯、久保山の方は一面の火の海、洪福寺から宮田町、浅間町一帯も火の海で、尾張屋橋の下の両側だけが残っており、また橋の下に降り二人でしばらく途方にくれていたが、早くしないと火に囲まれ逃げ場を失うと考え、鉄道線路に気がつき、川ぞいに橋の下を通って線路に出たところが線路の両側が一面の火の海で、熱くて防空頭巾を用水の水にとっぷりとつけてそのままかぶり、まくら木の燃える線路上を保土ヶ谷方面に向って歩き出したが（一緒の同僚が保土ヶ谷に自宅あり焼け残った様子なので）、少しの間に水でぬらした頭巾が乾いて熱くなり、何度も水でぬらしながら同僚の焼け残った自宅に着き、さらに同僚とわかれ、焼け残った保土ヶ谷から久保山に通りかかると、どこからか担架で運ばれる血まみれの若い女性に出会い、何か叫びながら行きましたがどうなったでしょうか。」[8]

平沼町

　5月29日の「大空襲」に先立つ4月4日、平沼町一帯は局地的に爆弾による大被害を受けました。横浜駅の代替として平沼駅が置かれ隆盛した街。平沼町は商業、西平沼町は工業地帯として発展しました。街の一隅に戦災慰霊碑が立っています。

◆伊豆利彦『戦時下に生きる』

　「久保山の坂の頂上から、境之谷、藤棚方面を見ると、右側は一部を残して焼けているが、左手は焼けてなかった。だが手前の久保山の墓地へ通ずる両側は全部駄目だった。浜松町へ駆け下り、さらに尾張屋橋に立って見渡すと、古河電線工場を通して神奈川方面が見えるくらい、すっかり焼け野原になっていた。平沼の円筒型のガスタンクがよく爆発しなかったものだ。そのままの姿で二つ並んでいる。」[9]

久保山

　明治時代に世界を魅了した「横浜真葛焼」。宮川香山の窯がありました。初代作の大花瓶はパリ万博で絶賛されました。3代目のとき横浜大空襲により壊滅的な被害を受け閉鎖。4代目による復興もむなしく今では「幻のやきもの」と言われています。

◆今井清一『大空襲5月29日』

　「横浜駅のすぐ横にあった神奈川郵便局（現横浜中央郵便局）では、警戒警報がくだると、かつてない険悪な情勢だと判断して外務員の出発を一時見合わせた。…大編隊は轟々たる爆音と共に郵便局舎上空に飛来し焼夷弾の雨を降らす。三階方面でズシンという凄まじい爆発音と振動が響いたので、三階を見上げると、保険課室の鉄製窓枠が吹き飛び、厚いコンクリートの壁が大破し、付近はたちまち火炎に包まれた。」[10]

横浜中央郵便局

　横浜駅東口の広場にはかつて防空壕がありました。大空襲のときには火炎と熱風に人々が逃げまどった場所です。当時の神奈川郵便局には国民学校高等科の生徒も勤労動員で働いていました。建物を焼夷弾が直撃しましたが、必死の働きで消火しました。

◆赤塚行雄『昭和二十年の青空』

　「山手にあったフェリスも、共立も、紅蘭も焼けなかったが、ミッション・スクールの女学校の中で、捜真だけが被弾して全焼してしまったと、私は長いこと思い込んでいた。後で聞いてみれば、フェリスも共立も校舎の一部を焼いており、紅蘭も壊滅、灰燼に帰している。なぜ、そう思い込んでしまったのだろう。これは中丸の近くに住む者しか知らないことだが、捜真の礼拝堂の向こうの、やや高くなった所に大きな穴を掘り、ここに高射砲が据えてあった。…この高射砲陣地のおかげで捜真付近が特別に狙われたのだと思い込んだのである。空襲のたびに、この陣地からの砲火を期待していたが、一向に役立たなかった。」[11]

反町

　激しい焼夷弾の嵐を浴び、東横線反町駅のガード下や神奈川小学校付近、松本町から栗田谷にかけて多くの死者が出ました。収容された遺体はトラックや大八車に積まれて三ツ沢墓地に葬られました。三ツ沢墓地には慰霊碑があります。

◆加藤修弘『あの日、火の雨の下にいた』

　「黄金町駅の前を通った時、ふと改札口を見て、思わず息をのんだ。階段の下から上までびっしりと幾重にも折り重なった、おびただしい数の焼死体だった。四つんばいになった形のまま、或いは踊っているように手をふりあげたまま、どの顔もクワッと大きく口をあけていた。一番多かったのは人の下敷きになり、折り重なってただ黒い塊としか見えない人達だった。五十数段の階段に、何故こんなにたくさんの人が集まってしまったのか、私にはわからない。火は煙突のようにこの階段を、瞬時に吹き上げて行ったのだろうか。」[12]

黄金町駅

大空襲で集中的に被害を出した場所の 1 つです。コンクリート造りの頑丈な駅舎に多くの人々が逃げ込んできました。そこに大火災が襲い、煙突のようになったホーム階段は死体の山で埋め尽くされこの狭い場所で 600 人が亡くなりました。

◆長嶋公栄『昭和イセザキストリート』

　「藍は百合と別れてから、行くあてのないまま米軍に封鎖されている伊勢佐木町界隈を歩き回った。そしていつのまにか、足は自然に野毛町へと向かっていた。二度と出向くまいと心に誓っていた場所なのに、気付くと闇市に立っていた。冷静に考えれば決して近づけない所なのに、その心情は理屈では説明できないものがあった。」[13]

野毛

焼け野原の野毛に開かれたマーケットは大繁華街となりました。戦後、伊勢佐木長者町が接収されると野毛一帯が栄えます。昭和 21 年にマックアーサー劇場が、翌 22 年には横浜国際劇場が開業するなど、早くから庶民の娯楽も活気づきました。

3.3　英語部の踏査ルート

（1）京浜急行黄金町駅

　空襲の日には高架のガードとコンクリートの駅舎に守られたかに見えた黄金町駅に多くの人々が集まり、さらに動かなくなった湘南電車から降ろされた乗客もそれに加わりました。容赦ない戦闘機の機銃掃射が浴びせられ、それを逃れようと階段に人が塊となったところへ合流火災の猛烈な火焰が襲いかかりました。煙突のようになった構内には、折り重なるように積み重った焼死者の山が累々と積み上げられました。

（2）京浜急行日ノ出町駅

　日ノ出町の駅周辺では 600 人以上が亡くなったと言われています。付近を流れる大岡川は横浜開港期から運河として栄えた一帯です。石材や木材などの建築資材や石炭や食料品など多彩な貨物が行き来し舟運の問屋が軒を並べたかつての川には、火焰の熱さに耐えかねて、川に飛び込んだとみられる水死体の屍が多く浮かびました。数々の遺体は付近に掘られた巨大な穴に埋められました。

（3）桜木町

1872（明治5）年の鉄道開通以来、かつての「横浜駅」として賑わった桜木町駅周辺。いまも駅前広場には「鉄道の父」エドモンド・モレルのレリーフがあり横浜事始めの往時を偲ばせます。大岡川が桜木町方面へと流れる本流と磯子方面へと流れる派流に分かれるあたりに軍需工場があったために攻撃の目標とされ、桜木町駅周辺は見渡す限り一面の焼け野原となり、広大な焼け跡は遺体の火葬場とされました。

（4）馬車道

1858年に横浜が開港すると関内地区に設けられた外国人居留地には多くの外国人が居を構え、商館を開き、彼らの日本での生活が根付き始めました。やがて外国人の商業活動を活発にする目的で、1867年ごろ道幅60フィートの馬車道が整備されました。現在の「馬車道」は唯一、その名を固有名詞として残す街路です。欧米の文化がいち早く花開いたこの街も横浜大空襲で壊滅的な打撃を受けました。

（5）ホテルニューグランド

1945年8月30日、ダグラス・マッカーサーは厚木基地に降り立つとまっすぐ横浜に向かいホテルニューグランドに入りました。昭和12年のかつて彼は新婚の夫人を伴いニューグランドに宿泊したことがあり、お気に入りのホテルだったようです。スパゲティナポリタンやプリンアラモードが発祥の横浜を代表するホテル。戦争が終わった後、進駐軍が使用することを想定し空襲の標的からピンポイントで外されていたと言われています。

（6）元町・中華街

関東大震災、日中戦争、横浜大空襲と数々の歴史を目撃してきたこの街。大空襲で中華街は一面火の海となりました。8月15日、終戦とともにすぐ復興が始まりました。路上のトタンバラックでは、進駐軍の配給物資の小麦粉や砂糖、油でドーナツが揚げられ、それを目当てに人々が集まって行列ができました。華僑は自治組織を作り、対外窓口となり配給の取りまとめを行うほか、いち早く1946年に関帝廟と横浜中華学校を再建しました。

4.　勝者も敗者もない

4.1　ロバート・S・マクナマラの回顧

　ケネディ、ジョンソン両大統領時代に国防長官を務めたロバート・S・マクナマラ（1916−2009）は、ベトナム戦争の象徴的な人物です。彼はエロール・モリス監督の長編ドキュメンタリー映画「フォグ・オブ・ウォー」のインタビューでアメリカ現代史の負の連鎖について語っています。「自分は生涯を通じて戦争の一部だった」と第二次世界大戦、キューバ危機、ベトナム戦争を懐述します。横浜大空襲の当時はマリアナ諸島を拠点とする第 20 航空団に所属していた彼は、司令官カーチス・ルメイの命の下、日本本土への長距離爆撃の効率化を研究していました。この流れのなか、高度 7,000 メートルから爆弾を軍事目標めがけて投下していた精密爆撃が、ドイツのドレスデンに対するイギリス空軍の無差別爆撃を参考に、B29 による 1,500 メートル低空からの絨毯爆撃に変更されていったことも注意が引かれます。3 月 10 日の東京大空襲以後、大都市はもとより地方の中小都市のみならず、日本のほぼすべての都市が無差別絨毯爆撃に焼かれました。そしてルメイの指揮下で広島と長崎に原子爆弾が投下されたことは、誰もが知っているとおりです。

　映画のなかでマクナマラは次のように語ります。

　　… do you mean to say that instead of killing 100,000, burning to death 100,000 Japanese civilians in that one night, we should have burned to death a lesser number or none? And then had our soldiers cross the beaches in Tokyo and been slaughtered in tens of thousands?

　　（彼（＝ルメイ）はこう言うだろう　「君（＝マクナマラ）は 10 万人を問題にするが——敵を殺さなかったらどうなる　日本上陸の際に何万もの米兵が死ぬかもしれん」）

　　… 58% of Yokohama. Yokohama is roughly the size of Cleveland. 58% of Cleveland was destroyed. Tokyo is roughly the size of New York … of Chattanooga, which was Toyama … of Los Angeles, which was Nagoya.

　　（クリーブランドと同じ規模の横浜は 58% が破壊された。ニューヨークと同じ規模の東京は……、チャタヌーガと同じ規模の富山は…、ロサンゼルスと同じ規模の名古屋は……）

　　… Killing 50 to 90 percent of the people in 67 Japanese cities... and then bombing them with two nuclear bombs is not proportional.

　　（67 の都市の 50~90% の人々を殺し　なおかつ 2 発もの原爆まで投下するのは　達成すべき目的に比べて——　釣り合いが取れているとは言えないだろう）

4.2　連合軍の茅ヶ崎海岸上陸作戦

ルメイが言及した「日本上陸」は早い段階から検討され、1945 年 2 月のヤルタ会談前にはダウ

ンフォール構想がすでに完成されていました。作戦の予定日も1946年3月1日と決定されていたそうですから、終戦が長引くことがあれば上陸作戦は現実のものになっていたでしょう。関東地方を殲滅する作戦はコロネット作戦というコードネームがつけられていました。馬のひづめを表す「コロネット」の名を冠するこの作戦では千葉県の九十九里海岸と神奈川県の茅ヶ崎海岸の2ヵ所を起点に空前の数から成る大部隊を上陸させ、アルファベットのU字型に首都東京を挟撃することになっていました。ヨーロッパ戦線で1944年6月6日に敢行された史上最大の作戦、オーバーロード作戦（ノルマンディ上陸）で「ブラッディ・オハマ（血まみれのオハマビーチ）」と言われた凄惨な光景が神奈川にも繰り広げられていたかもしれなかったのです。旧日本海軍辻堂演習場であったこの上陸予定地は、戦後アメリカ軍によって「チガサキビーチ」として接収されます。東京ドーム22個分とも言われる広大な敷地では上陸演習が繰り返し行われ、烏帽子岩が演習射撃の標的となり大きく変形、多くの弾痕を今に残しているのはこの時からです。茅ヶ崎での軍事演習は後の朝鮮戦争における仁川上陸作戦へとつながってゆきました。

4.3 戦争はまた次の戦争へとつながる

　アメリカは太平洋戦争で日本を破壊した後も戦争の連鎖を続けてゆきます。やがて日本は直接ではないものアメリカ軍の出撃拠点や後方支援、戦闘の合間の休息地として朝鮮戦争やベトナム戦争に関わり、戦争による特需が日本の経済復興のきっかけとなったことも事実です。「横浜は我国第一の施設を有する貿易港であり、本邦最大の京浜工業地帯の一環を形成すると共に、現在米軍兵站司令部の所在地である為、連日平均五、六億円の巨額に達する特需の発注が行われておるとまでいわれた」[14] そうです。特需の発注と対アメリカ輸出をバネとして工業生産が急増し、数々の企業が資金の蓄積をできたことで後の高度経済成長につながったのです。京浜工業地帯と米軍基地が集中する神奈川県下では特にその影響が顕著でした。

　1951年9月8日、サンフランシスコ講和条約が締結され、日本の「占領」は解消されましたが、同時に日米安全保障条約も結ばれ、米軍の「駐留」が始まります。以後長きにわたって日本とアメリカは「同盟国」として歴史が連綿と続きます。ベトナム戦争が激化の一途を辿る際にリンドン・ジョンソン大統領は、時の佐藤栄作首相に「旗幟を鮮明にせよ（show the flag）」と迫ります。1945年に終わった日本の戦争は、20余年あまりの時間と、2,000キロの距離を経て日本の基地からベトナムへと次の戦争に繋がってゆきました。

　ベトナム戦争の際には戦線で故障したで戦車を相模総合補給廠で修理し、横浜ノース・ドックから積み出す作業が行われていました。1972年に「村雨橋事件」が起こったのもこの時です。

　アメリカの統治下にあった沖縄のみならず、神奈川をはじめ日本各地の基地がベトナムへの出撃拠点になってゆきました。1968年1月には、原子力空母エンタープライズが佐世保に寄港、「入港を許すな」という抗議活動が行われるなどベトナム戦火の拡大の一方で国内でも緊張感が高まりました。戦況が泥沼化するにつれて、ベトナムではナパーム弾やパイナップル弾、枯葉剤を使うなど非人道的な行為が繰り返されます。アメリカ軍がベトナム戦争で投下した爆弾の総量は1400万トン、これは第二次世界大戦で使用された爆弾のおよそ3倍と言われています。悪名高いローリングサンダー作戦の期間だけでも、朝鮮戦争中に投下されたのと同量の爆弾の雨が降らされました。さ

らに7500万リットルのダイオキシンを含む枯葉剤がばら撒かれ、長きにわたり人々を苦しめたのです。この戦争によって「ベトナムは石器時代に戻ってしまった」と形容する人もいます。従軍者と民間人、南北合わせて600万人が亡くなりました。日本はベトナムへの出撃基地となり、戦争特需によって産業も潤ったのも事実ではありますから、図らずして日本もベトナム戦争に加担してしまったことも、知らないことは恥ずかしいことです。

　戦争の悲しみをひとことで言い当てた堀田善衞の名言があります。「何万人ではない。一人ひとりが死んだのだ。」戦争を単なる歴史上の出来事だけでとらえることは、森を見て木を見ず、と言えると思います。亡くなった人、一人ひとりに日常があり、人生があり、生きた証があったのです。

　太平洋戦争中、「人の命は一銭五厘」と言われました。1銭5厘とは召集令状のハガキ代を指します。「兵隊の代わりなどハガキ一枚で済む」という意味です。ひとたび戦争が始まると、信じられないような狂気が当然となり、人々から日常を奪ってゆきます。また、その戦争は次の戦争へと連鎖してゆくことを止められないこともまた人間の弱さに他なりません。

　「戦争を生きのびた者のひとりとして、ほんとうの戦争について語ることは、とりもなおさず、まずしい人、罪のない人にとって、戦争はどういう悲劇をもたらすかを語ることでもあります。そして、戦争から生まれ出るのは新たな戦争でしかなく、戦争から平和が生まれることなどけっしてありえないのだと気づいてもらうことです。」[15]

　敵か味方か、勝者か敗者か、正義か不正義か。戦争の発想になっているのは二元論のようですが、戦争に勝者も敗者もありません。勝っても負けても大勢の人が亡くなるということだけが事実です。

4.4　私たちと基地

　日本でオリンピックが開催された1964（昭和39）年には町田米軍機墜落事故や大和米軍機墜落事故が相次いだことは今なお忘れられません。またベトナム戦争が終結して間もない1977（昭和52）年9月27日には、痛ましい横浜市緑区米軍機墜落事件が起こりました。終戦直後、アメリカ軍による占領を統括する第8軍司令部の拠点が置かれた神奈川は、横浜の市街地の大半が接収されたほか、相模原や横須賀などの「軍都」も基地の街となりました。横須賀海軍基地、厚木海軍航空基地、キャンプ座間、池子住宅地区及び海軍補助施設など数々のアメリカ軍関連の施設を抱えています。

　厚木基地の運用もいっそう広がっています。オスプレイが恒常的に飛来、移駐した艦載機も頻繁に滞在し並航するなど危険な事態も見られました。基地所属機の事故も多発、トランプ大統領の訪日時には前例のない輸送拠点となり、インド海軍機もやってくるなど不条理ともいえる事態が続いています。世界でもまれな人口密集地にある基地には、裁判の判決がその騒音を「違法状態」とした地域に何十万人もの人々が暮らし、軍機の飛行ルートに学校や病院がふつうに所在しています。朝鮮戦争やベトナム戦争の例を見るまでもなく、今もなお世界各地で起こっている戦争と私たちの住む街にある基地は深く関係しているのです。

4.5　踏査してみて考えたことを発信してみよう

　横浜大空襲フィールドワークに出かけた英
語部は、大空襲について調べたこと、実際に
歩いてみたルートのこと、踏査してみて考え
たことなどをまとめ、その年の文化祭で展示
発表をしました。多くの高校生が修学旅行展
や平和学習展など、研究の成果を機会をとら
えて発信し続けています。英語部の展示を訪
れた方から数々の感想も寄せていただくこと

文化祭での発表

ができました。「横浜大空襲のとき、私は東京の大田区に住んでいました。赤く燃え上がった空は
何ともいえない記憶です。」「戦争はほんとうにイヤですね。学校で普通に勉強できることの幸せを
あらためて感じます。」「私たちが住み、学び、働く街で、昔こんなことがあったのですね。語り継
ぐべきです。」など、どれもたいへん貴重な声でした。

　バーチャルでなく自分の足で歩いてみることで、街の空気を感じながら、いま自分が踏みしめて
いる足元はかつては焼け野原の瓦礫であったこと、そしてその当時も確かに誰かがその大地を踏み
しめていたことを感じることができました。そうすることで、戦争は単なる昔に起こったことだけ
ではないこと、今も世界のどこかで起こっているらしいことという非現実的な感覚から、もう少し
身近なこととして感じられるようになりました。他者の「痛み」にも少し共感を持てるようになっ
たことで、明日からどのように行動してみようか、現実感を持って自分のこととして感じてみよう
とする姿勢も持つことができるようになりました。高校生が投票権を持つようになったいま、知ら
ないままではならないことがたくさんあります。
　戦争によって（アメリカ軍の空襲によって）焼け野原となった日本は、戦後奇しくも「アメリカ
に追いつけ追い越せ」を標榜することによって復興と経済成長を実現させてきました。戦争からの
復興は経済を豊かにさせましたが、いまではそれだけで人間は幸福になれるなんて信じる人は誰も
いなくなったでしょう。成長よりも成熟の後に創り出す価値を考えなければなりません。
　第二次世界大戦に続く冷戦も勝ち抜き、「戦争の世紀」である 20 世紀以降世界の覇権を握り続け
てきたアメリカも、深刻な分断の病理を抱えています。戦争はまた次の戦争へとつながるという、
歴史の教訓を私たちは忘れてはなりません。戦争は人間の心が起こすものです。エドワード・ロー
レンツは「ブラジルのチョウの羽ばたきがテキサスに竜巻を起こすだろうか？」という問いに挑み
ました。ある人の感情や行動が良くも悪くも他の人に影響しそれがまたさらに他の人にと広がり…
と、負の感情は負の連鎖を生みます。
　東西冷戦の真っただ中にあって 1990 年のドイツ統一後、大統領に就任したリヒャルト・フォン・
ワイツゼッカーはこう述べました。「過去に目を閉ざす者は、現在にも目を閉ざそうとする。」現代
の空に爆弾は落ちてきませんが、私たちがいつ爆弾を落としあるいは落とされる人にならないとは
誰にも言えません。
　戦争の話から翻って、私たちの神奈川。前述のとおり県内に多くの主要な基地を抱えています。

県内のアメリカ軍基地や施設は、占領時代はもちろん戦後も長きにわたって神奈川の政治・経済・社会・文化に大きな影響を及ぼし続けてきました。厚木飛行場の「黒いジェット機事件」や相模補給廠の戦車の群れによって、あるいは空母ミッドウェイによって、県下の人々は自分たちが東西対立という歴史の舞台の中にいることを体験し、平和の持つ意味を考えてきたのです。平和な世界の実現を他人任せにせず、自分に課せられた問題として、未来を生きる高校生のみなさんには是非考えてほしいです。

註
1）石牟礼道子『椿の海の記』河出文庫　p.9
2）水島久光『戦争をいかに語り継ぐか―「映像」と「証言」から考える戦後史』NHK ブックス　p.36
3）吉田敏浩『横田空域』角川新書　p.48
4）Ｅ・バートレット・カー『東京大空襲』光人社 NF 文庫　pp.128-129
5）松本泉『日本大空爆』さくら舎　p.198
6）東野伝吉『昭和二十年五月二十九日』講談社現代新書　p.69
7）郷静子『れくいえむ』文春文庫　p.87
8）横浜の空襲を記録する会『横浜の空襲と戦災　1・体験記編』　p.92
9）伊豆利彦『戦時下に生きる』有隣新書　p.148
10）今井清一『大空襲5月29日』有隣新書　pp.148-149
11）赤塚行雄『昭和二十年の青空』有隣堂　p.158
12）加藤修弘『あの日、火の雨の下にいた』社会評論社　p.226
13）長嶋公栄『昭和イセザキストリート』文芸社　pp.150-151
14）服部一馬・斉藤秀夫『占領の傷跡』有隣新書　p.159
15）アレン・ネルソン『ネルソンさん、あなたは人を殺しましたか?』講談社文庫　p.149

相模湾の本土決戦準備——もし終戦が遅れていたら

藤田賀久

1.　はじめに——湘南で考える戦争と平和

　湘南の海を訪れると、いつも愛らしい江の島が出迎えてくれます。夏の海岸にはサザンオールスターズが流れ、たくさんの人が海水浴を楽しみます。日本サーフィン発祥の地、あるいはサーフィンの聖地といわれているように、サーファーは1年を通して波を求めて沖に出ています。

　湘南のサーフィンの始まりは1961年でした。当時高校生だった佐賀亜光さんが、鵠沼海岸でサーフィンをしているアメリカ人を見かけて片言の英語で話しかけ、意気投合してボードの乗り方を教えてもらったことがはじまりです。彼は厚木基地に勤務するアメリカ海軍軍人で、小田急線で海に来ていました。しかし、帰りはサーフボードを電車に持ち込むことを断られたので、佐賀さんは自宅で預かってあげました。

　この日米の若者の交流は、平和の価値を伝えています。なぜなら、彼らが出会うわずか15年前、まさに彼らが出会った湘南の海岸は、日米の若者が殺し合う戦場になろうとしていたからです。

もし終戦が遅れていたら

　1945年8月15日、玉音放送が終戦を告げました。この瞬間まで、湘南には多数の日本兵が集結していました。相模湾からアメリカを主力とする連合国軍が上陸すると想定し、これに対抗する陣地を構築していたからです。

　日本軍の予想通り、連合国軍は「ダウンフォール作戦」と総称される日本侵攻作戦を練り上げていました。そのハイライトは、1946年3月発動予定の「コロネット作戦」でした。この狙いは、湘南海岸と千葉県の九十九里浜から同時に大軍を上陸させ、首都東京を挟撃して、日本の戦争意思を完全に挫くことにありました。

　日本軍は連合国軍の侵攻計画を見抜いていました。そこで、敵が上陸侵攻してくると思われる地点に、陣地や砲台、特攻隊基地などを設置しました。また、子供を含むすべての国民に対して、一丸となって敵に立ち向かう覚悟を叩き込みました。

　想像することも辛いですが、もしも戦争が継続していたならば、湘南の海岸は多くの遺体が散乱する地獄と化していたでしょう。鎌倉の多くの社寺、藤沢市の遊行寺や白旗神社など、世代を超えて何百年も大切に引き継がれてた文化遺産は灰燼に帰し、この地に住み、働き、学ぶ人達の生命は無残に絶たれ、家や財産、そして街そのものもすべて破壊され尽くされていたはずです。

今も残る決死の覚悟の痕

　終戦によって本土決戦は未然に防ぐことができました。しかし、当時の人々が抱いた悲壮な覚悟は忘却すべきではありません。終戦から70年以上が過ぎ、当時を知る方々と接する機会もすっかり少なくなりました。本土決戦に備えて相模湾周辺に設けられた多数の軍事施設も、ほとんどが風化し、あるいは都市化によって姿を消しました。

　過去の経験を後世に伝える取り組みは、各自治体や地域の教育者や研究者、そして市民団体などが精力的にされてきました。そのおかげで、県内各地の図書館では、当時の経験談を綴じた冊子などを手に取ることができます。しかし、本土決戦に備えた軍事施設などは、遺跡や遺産として保存されておらず、地図やガイドにも掲載されていません。それでも相模湾周辺を歩くと、ひっそりと残る当時の姿を見ることができます。

　本稿は、かつて本土決戦に向き合った神奈川を振り返ります。そして、今も相模湾に残る当時の名残を紹介し、私たちの故郷から戦争と平和を考えます。

2. 戦争を終わらせる難しさ

　「日本はもっと早く敗北を認めるべきだった、そうすれば原爆投下もなく、より多くの人が救われた」という意見をよく耳にします。まったく同感ですが、戦争終結の決断は、指導者にとっては非常に困難な問題でした。これは古今東西の歴史に共通しています。

　戦争では多くの命が奪われます。「勝つと信じて戦地に散った人達のためにも勝利しなくてはならない」「途中で敗北を認めると戦死者は無駄死となる」……戦争指導者はこのように考えます。すると、戦況が悪化し、犠牲者が増えるほど、敗北を受け入れることが難しくなるというジレンマに陥ります。

　日本の終戦も、非常に苦しんだ末の決断でした。その苦しみは、例えば半藤一利『日本のもっとも長い日』にも描かれています。終戦の決定を覆すためにクーデターを起こして徹底抗戦を貫こうとする陸軍若手将校もいたほどです（宮城事件など）。

神奈川県内の徹底抗戦論

　徹底抗戦の声は県内にもありました。たとえば横浜高等工業学校（横浜国立大学工学部の前身）の卒業生だった佐々木武雄（1905-1986年）陸軍大尉です。彼は東京防衛軍の横浜警備隊隊長であり、本土決戦では首都防衛の一端を担うことになっていました。

　8月15日未明、佐々木大尉は、母校の生徒数人と、首相官邸を襲撃しました。彼らに言わせれば、終戦を決断した鈴木貫太郎首相は、命を惜しみ敗北を受け入れて日本を滅亡に導く元凶でした。そこで終戦を阻止しようと首相官邸に踏み込みました。しかし首相は不在であったため、さらに首相の私邸にまで押しかけてこれを焼き払っています。

　厚木航空隊事件もよく知られています。厚木飛行場（現在の綾瀬市と大和市）は首都東京の空を

守る海軍航空隊の基地（1942年設立）であり、ここには第302航空隊（302空）と呼ばれる戦闘機部隊がありました。

8月15日、玉音放送に接した302空司令の小園安名大佐（1902-1960年）は、降伏を拒否し、断固として戦争を継続すべきとの決起宣言を印刷して基地の内外に配布しました。そこには次のように書かれていました。

> 日本ハ神国ナリ。絶対不敗デアル。必勝ノ信念ヲ堅持シテ、草ノ葉ヲ嚙ンデモヤルトイフ意気込ミデ行ケバ此ノ戦ヒハ勝ツ。醜敵ニ蹂躙サレル事ハ絶対ニ無イ。神々ノゴ加護ハ必ズアル。（「小園司令の決起宣言速記録」岡本喬『海軍厚木航空基地』同成社、1987年）

今の私たちには狂気とすら感じる激しい文面です。しかし、戦地に散った多くの将兵や、降伏後のことを案じると、敵に降ることは許せなかったのです。

この徹底抗戦の動きは、小園司令がマラリアに倒れたことで終結しました。賛同者の多くも投降しました。自決者もいたようです。こうして一段落したのは8月25日のことであり、そのわずか5日後にマッカーサー元帥（Douglas MacArthur, 1880-1964）が厚木飛行場に到着しています。

県内には他にも徹底抗戦派がいました。例えば相模湾から上陸してくる連合国軍を迎え撃つ任務を帯びていた第53軍（1945年4月編成、司令官赤柴八重蔵中将）の戦車部隊の中に、赤柴司令官（1892-1977年）に「必要とあらば皇居にも突入すべき」と直訴して徹底抗戦を主張する者が出てきたのです。しかし赤柴司令官は強く説得し、暴発を抑えました（大西比呂志「第五三軍と茅ヶ崎」『茅ヶ崎市史研究16』1992年3月）。

私達は8月15日の終戦を自明のことと捉えています。しかし、終戦に至るまでのプロセスは、薄氷の上を歩くような危うい綱渡りの連続だったのです。

3.　ダウンフォール作戦──連合国軍の日本本土侵攻計画

厚木飛行場に降り立ったマッカーサーは、「メルボルンから東京までは遠い道だったがどうやらこれで行き着いたようだ。これが映画で言う結末だ」という有名な言葉を残しています。彼は、日本国民が日々の食糧に窮しており、戦争継続の力がないことを見抜いていました。さらには、終戦の詔勅が出た以上、日本人は逆らわないとも考えていました。

厚木飛行場から車に乗ったマッカーサーは、長後街道を通って横浜に向かいました。その途中で飲んだ井戸水は「マッカーサー井戸」（横浜市泉区中田北）と呼ばれ、今では解説板が貼られています。横浜ではホテルグランドに三泊し、その部屋は「マッカーサーズスイート」と呼ばれて今も当時の姿を留めています。高額ですが宿泊可能です。

マッカーサーを厚木飛行場にて出迎えたひとりにアイケルバーガー陸軍中将（Robert L. Eichelberger, 1886-1961）がいました。彼は1944年9月に新設されたアメリカ陸軍第8軍初代司令官として、フィリピンのルソン島やレイテ島などで日本軍との死闘を制してきました。

アイケルバーガーは日本に来たとき、次のように思ったそうです。

　　もし原子爆弾が投下されていなかったら、私は兵とともに関東平野を横切って進撃してい
　たであろう。(Robert L. Eichelberger, *Our Jungle Road to Tokyo*, Zenger, 1983.)

　彼は、広島と長崎への原爆投下が、日本に降伏を強いる決定打だったと信じていました。原爆投
下と日本の降伏の因果関係については今も論争が続いていますが、これだけはいえます。もし日本
が降伏しなかったら、アイケルバーガー率いる第8軍は、相模湾から湘南海岸に上陸侵攻してきた
はずです。彼は次のようにも述べています。

　　われわれの任務は百五十万の日本軍を日本本土で撃破し、東京─横浜地域を占領することで
　あった。欧州から転じてきたコートニィ・ホッジス将軍の第一軍が東京湾の東側を攻撃し、
　この危険で困難な仕事を援助するはずであった。(*Ibid.*)

　ヨーロッパ戦線で活躍したホッジス陸軍大将 (Courtney H. Hodges, 1887-1966) は、ナチス・ド
イツ降伏後、対日戦争に合流することになっていました。そして、コロネット作戦では千葉県の
九十九里浜から大軍を率いて上陸する予定でした。

コロネット作戦

　ここで改めて連合国軍の日本侵攻計画「ダウンフォール作戦」を見ておきます。これにはいくつ
かの段階があり、その最初は1945年10月頃に日本占領下の上海と高知へ上陸するパステル作戦で
した。これによって、日本軍の注意を惹きつけ、次のオリンピック作戦への道を拓くことが狙いで
した。オリンピック作戦 (11月) では、九州南部を占領し、日本陸海軍の飛行場を奪取すること
が計画されていました。
　そしていよいよコロネット作戦に向けた動きです。まずは1946年2月、オリンピック作戦で獲
得した九州南部の飛行場から爆撃機を関東地方に向けて発進させて、鉄道網や道路網、橋梁などを
破壊し、関東に援軍や物資、食料が輸送されるのを阻止します。こうして関東を孤立させ、2月末
には日本軍が相模湾に敷設した機雷 (水中に設置して近づく艦船を爆破する水中兵器) を除去する
予定でした。掃海後は、軍艦や空母を相模湾に侵入させ、艦砲射撃や空母艦載機で日本の沿岸部を
叩き、日本軍の戦闘力を徹底的に削ぎます。
　そして3月1日、いよいよ陸上部隊の日本上陸が始まります。投入予定の兵力は膨大でした。3
月1日、湘南海岸には兵士29万2090人 (戦闘部隊20万3434人、補給や輸送など直接戦闘に携わら
ない戦務担当8万8656人)、車輌3万6802輌 (このうち、地上戦闘用の車輌は2万3141輌) を上陸
させる予定でした。
　同時に九十九里浜からも上陸侵攻が予定されていました。その兵力は22万6959人 (戦闘要員15
万3782人)、車輌3万780輌 (地上戦闘1万6786輌) が見積もられていました。つまり3月1日は、
湘南海岸と九十九里浜から、合わせて約52万人の兵士が同時に攻撃する予定だったのです。
　驚くべきことに、上記の兵員数は3月1日の投入計画に過ぎません。この後も連合国軍は次々と

兵士を追加する予定で、上陸作戦開始から60日の間に、湘南海岸と九十九里浜から計106万9959人、車輌19万5482輌の兵力投入が予定されていました。

　湘南から上陸した連合国軍は、相模川に沿って北上し、厚木を越え、相模原に到達した時点で3部隊に分かれます。すなわち横浜方面へ侵攻して三浦半島を陸地から制圧する部隊、日野まで北上してから東京に向かう部隊、さらに北上を続けて熊谷や古川を制圧し、東北から関東に向かってやってきた日本軍を制圧する部隊に分かれて、それぞれが任務を遂行することになっていたのでした。

コラム：　日本侵攻作戦に向かうアメリカ人兵士の声

　今の私たちには、日本が勝つ可能性など皆無であり、本土決戦などは無謀な人命軽視としか思えません。そもそも戦争末期の日本は戦える状態ではありませんでした。戦争後半には制海権を奪われて資源の輸送が途絶え、空襲で工場など生産設備も徹底的に破壊されました。1945年3月から始まった沖縄戦では非戦闘員を含む膨大な犠牲を出しています。いかなる観点から見ても本土決戦は無謀だったと言わざるを得ません。

　一方のアメリカは、日本の弱体化を知りつつも、決して容易に屈服させることが出来るとは考えていませんでした。むしろ、本土決戦で予想される犠牲者数の多さにたじろいでいたとすらいえるのです。

　現場のアメリカ兵士達が戦地から家族や恋人に送った手紙を見ると、やはり本土侵攻を恐れていたことが分かります。フィリピンや硫黄島、そして沖縄戦などで、降伏せずに死を選ぶ日本兵と戦ってきた彼らは、本土決戦が行われるならば、最後にアメリカが勝つと信じていても、その日を待たずに自分は戦死するだろうと恐れていたのです。

　本土決戦が始まっていたならば、アメリカ側の犠牲者数は50万人とも100万人とも言われました。この数字はあまりにも誇大ですが、多くの退役軍人が戦後も語り継ぎました。

　1995年、ワシントンD.C.のスミソニアン航空宇宙博物館の企画展示を巡るいわゆる原爆論争がありました。この時、日本に降伏を決断させたのは原爆であり、これによって本土決戦がなくなり、アメリカ兵に加えて日本人の命も助かったとする言説がアメリカで再登場しました。私もこの論争が展開されるワシントンD.C.やニューヨークで、数人の退役軍人から「原爆が私の命を助けてくれた」と言われたのを覚えています。

　原爆投下40年目にあたる1985年には、長崎に原爆を投下したB29爆撃機「ボックスカー」の搭乗員レイ・ギャラガー（Ray Gallagher）が日本のテレビ取材を受けました。ギャラガーは、戦争が人々を殺し、家庭を壊したが、原爆が戦争を終焉させ、多くのアメリカ兵を家に帰したとして、次のように述べました。

　今の時代には分かってはもらえないだろうな、「家に帰れる」という言葉がどんな意味だったか。でも、もし君が兵隊だったとしたら、普通の市民だったのに戦争に行ったとしたら。われわれの場合がそうだったら、そんなとき真っ先に考えるのは、「いつになったら家に帰れるだろうか」ってことだった。
　　　　（マーティン・ハーウィット『拒絶された原爆展－歴史のなかの「エノラ・ゲイ」』みすず書房、1997年）

　原爆投下によって戦争が終結し、本土決戦が未然に回避され、愛する家族や恋人が待つ故郷に帰れたという声は、日本と戦った多くのアメリカ兵が共有していました。「アメリカは原爆投下を肯定するために本土決戦の被害を多く見積もった」という批判もあります。しかし、アメリカ兵も本土決戦を非常に恐れていたことは、もっと知られるべきでしょう。

---

4. 本土決戦への覚悟──連合国軍を迎え撃つ日本

本土決戦に追い込まれた日本

　本土決戦とは日本本土で敵を迎え撃つことです。また、決戦という言葉には、戦争の趨勢を一気に決めるという意味が込められています。本土決戦を日本が覚悟するに至った背景を改めて考えてみます。

　そもそも明治以降、日本が戦った対外戦争は、すべて日本領土外のことでした。日露戦争（1904－05 年）では、敗北すればロシアが日本に攻めてくるという恐怖がありましたが、結果として日本本土は無傷でした。

　太平洋戦争の発火点はハワイ・オアフ島の真珠湾に対する攻撃であり、ほぼ同時に日本軍はマレー半島、香港、フィリピン、そしてインドネシアにも攻撃しましたが、やはりいずれも日本から遠く離れています。これより前にも日本軍は中国と泥沼の戦いを続けていましたが、やはり戦場は大陸でした。

　それにしても日本は、実に遠いところで戦いを重ねました。例えばガタルガナル島で知られるソロモン諸島、日本軍が玉砕したアッツ島がある北太平洋アリューシャン列島、ミャンマーからインドの山岳地帯に入っていったインパール作戦など、いずれも日本から何千キロも離れています。

　しかし戦況悪化に伴い戦場は日本に近づいてきました。サイパン島、グアム島、テニアン島が奪取されると、この地から飛び立った爆撃機が日本上空に達し、各都市を爆撃しました。また、硫黄島や沖縄といった日本の国土もついに戦場となりました。沖縄戦では人々の日常生活の場が地獄と化し、戦艦大和も沖縄到達前に撃沈され、九州南部の知覧や鹿屋などから飛び立った特攻機も戦局の挽回には至らず、ついに 6 月末日に沖縄が陥落しました。

　熾烈な沖縄戦の一方で、連合国軍は日本本土の空襲を繰り返しました。日本の生産力は破壊され、制空権・制海権は奪われ、石油など戦争遂行に不可欠な資源を運ぶ輸送船は次々と沈められ、日本は食糧難と資源・物資不足に苦しみました。

　このように、いわば丸裸となった日本本土に、圧倒的な戦力を誇る連合国軍が上陸してくることになったのです。戦闘機も軍艦も失った日本ができることは、敵の到来を待ち、日本で迎え撃つことのみでした。それが本土決戦でした。

本土決戦の覚悟

　沖縄戦の最中の 3 月 20 日、日本軍はいよいよ本土決戦を覚悟しました。敵の侵攻点は関東と南九州であると予想し、迎撃準備を入念に行い、敵が上陸する前に「各種特攻攻撃」で可能な限り洋上か水際で撃破するとの方針を固めたのです（「帝国陸海軍作戦計画ニ基ク帝国海軍当面作戦要綱」）。

　また、4 月 8 日、本土決戦に挑む軍人に対して精神的な心構えを説いた「決戦訓」が阿南惟幾陸軍大臣名で示達されました。そこには、次のような文言が並んでいます。

皇軍将兵は皇土を死守すべし。皇土は、天皇在しまし、神霊鎮まり給ふの地なり。誓って外夷の侵襲を撃攘し、斃るるも尚魂魄を留めて之を守護すべし（第2条）。

　皇軍将兵は体当り精神に徹すべし。悠久の大義に生くるは皇国武人の伝統なり。挙軍体当り精神に徹し、必死敢闘、皇土を侵犯する者悉く之を殺戮し、一人の生還無からしむべし。（第4条）。

　まさに、将兵ひとりひとりに決死の覚悟を求めたのでした。「魂魄」の「魂」は死後天に上るたましい、「魄」はこの地に留まるたましいを指します。死んでもたましいは戦い続けろという命令です。
　しかし、繰り返しますが、日本の天然資源は尽きており、武器や弾薬も底を突きました。それでも戦えるのでしょうか。「兵備ニ関スル観念及之カ対策」（4月19日）には次のような文言があります。やや長いですが原文を記しておきます。

　今次作戦ニ於テハ国力総力ヲ挙ゲテ敵撃滅ノ一途ニ邁進スヘキモノニシテ　之カ為ニハ敵ノ一人ヲ斃スニ我カ十人ヲ犠牲トスルモ敢テ辞セス……

　膨大ナル兵員ヲ直ニ保存シ特ニ之ニ一々装備ノ完璧ヲ要求スルカ如キハ国家ノ現状ヨリ不可能ノコトナルヲ以テ之ノ事情ヲ明識シ装備ト兵員トノ関係トニ創意工夫ヲ加ヘ・・一銃ヲ以テ克ク十人戦フノ観念ヲ以テスルノ要アリ

　再言ス一人一銃ノ装備ヲ基礎トシテ兵備ヲ要求スルモ国家ノ現状ハ之ヲ許サス　国土ノ決戦ハ限リアル兵器ヲ十倍、二十倍ニ活用シ特攻精神ニ徹セル人力国力ノ利点ヲ敵ニ強要シテ敵ヲ殲滅シ勝ヲ制スヘキナリ（「兵備ニ関スル観念及之カ対策　第一総司令部作戦準備ノ基礎トシテ留意スヘキ要綱　四月一九日」『本土決戦準備1　関東の防衛』）

　ここで述べられていることは明白です。日本はもはや兵士1人に銃1丁を与えることができないので、10人で1丁の銃を使う「創意工夫」を求めているのです。また、敵1人を倒すのに10人が犠牲になってもやむを得ない、いや、むしろ10人が犠牲になろうとも敵1人を殺せとも言っています。
　4月20日には「国土決戦教令」が下されました。これは本土決戦に向き合うための心構えと戦い方を伝えているのですが、その第2章には次のような指示が下されています。

　第十一　決戦間傷病者は後送せざるを本旨とす。負傷者に対する最大の戦友道は速かに敵を撃滅するに在るを銘肝し敵撃滅の一途に邁進するを要す。戦友の看護付添は之を認めず。戦闘間衛生部員は第一線に進出して治療に任ずべし。

第十二　戦闘中の部隊の後退は之を許さず。斥候、伝令、挺進攻撃部隊の目的達成後の原隊復帰のみ後方に向ふ後進を許す。（「国土決戦教令」『本土決戦準備1　関東の防衛』）

つまり兵士は、相模湾や九十九里浜から敵が上陸してきたときには、これに向かって突進することだけが求められました。負傷者が出ても「後送せざるを本旨とす」、すなわち治療目的で戦線を離れることは許されませんでした。突進して戦死することだけが求められていたのです。

敵に決戦を強要する──日本に有利な本土決戦？

国土決戦教令をよく読むと、本土決戦に対する軍指導者の捉え方に微妙な変化が見られます。例えば、さきほどの決戦訓では、本土決戦とはあくまでも日本を守り抜く戦いであり、そこには日本が追い込まれたという認識がうかがえます。

しかし、国土決戦教令は、「国土作戦の目的は来寇する敵に決戦を強要して絶対必勝し皇土の悠久を確保するに在り」とあります。すなわち決戦を強要するのは日本であり、敵は決戦を強要される対象となっているのです。

さらには、（日本は）「有形無形の最大戦力を傾倒し猛烈果敢なる攻勢より敵上陸軍を殲滅すべし」（第一章第一）とあります。つまり日本は、いつの間にか「攻勢」側に立っているのです。自分から積極的に攻撃するというニュアンスです。

追い込まれたはずの日本が、なぜ攻勢側に立って「敵に決戦を強要」するなどと言えるのでしょうか。この点は6月8日の御前会議における陸軍参謀次長の発言にも明確です。少し長いですが引用しておきます。

　　　本土ニ於ケル作戦ハ従来各方面ニ於ケル孤島等ノ作戦トソノ本質ニ於テ趣ヲ異ニシ今後愈々長遠トナル海路ニ背後連絡船ヲ保持シテ来攻スル敵ニ対シ其ノ上陸点方面ニ我カ主力軍ヲ機動集中シ大ナル縦長兵力ヲ以テ連続不断ノ攻勢ヲ強行シ得マスコト共ニ所謂地ノ利ヲ得且忠誠燃ユル全国民ノ協力ヲモ期待シ得ル次第デアリマシテ此等ニ本土決戦必成ノ根基ヲ見出シ得ルト信シマス（6月8日、御前会議における参謀次長河辺虎四郎の上奏文『日本本土決戦』36ページ）。

この言葉が示すところは明快です。すなわち、これまでの戦闘で日本が劣勢だったのは、戦場が日本から遠く離れた太平洋の孤島などであったからであり、兵士や武器、そして食糧の輸送なども長距離輸送を強いられたからというのです。たしかにこれは日本にとって非常に不利な条件でした。しかし、本土決戦では日本本土が戦場です。日本本土で戦うのですから、輸送や補給、そして船舶不足といった問題を考える必要がありません。自分の国土ですから、軍隊を自由に動かせることができ、さらには日本国民の協力も得られます。だから有利だと言っているのです。

この考えが正しいならば、連合国軍は、日本まで長い距離を移動して来たことで劣勢に立たされることになります。河辺参謀次長も「従来ノ離島及遠洋ノ作戦ニ於キマスルノト凡ソ彼我ノ立場ヲ反対ニスル」と明言しています。つまり本土決戦は日本軍に有利で敵には不利な戦いであり、日本

は追い込まれて戦うのではなく、むしろ地の利を生かして積極的に攻勢に立つのだという認識が見えるのです。

本土決戦が日本に有利だとする考えは、当時の軍民も少なからず共有していたようです。たとえば藤沢市の秋本善幸氏（大正7年生まれ）の証言があります。秋本氏は、漬物やキムチを製造販売する秋本食品株式会社（本社綾瀬市）の前身である秋本食糧工業社の二代目社長でした。戦争が始まると漬物を神奈川県下の陸海軍部隊に納入し、1941年4月には神奈川県下に四工場を設けています。

本土決戦準備が始まると、湘南地域を守る第53軍に所属する護東部隊（第140師団）403連隊が、藤沢市内にある秋本家を司令部に使用しました。そして、片瀬や腰越など、藤沢市や鎌倉市の海岸近くで塹壕を掘るなど敵の上陸に備えていました。

秋本氏は当時を回想して次のように語っています。

　　うちにいた部隊の人にこんなことを言ったことがあるんです。「皆さんご苦労なことですけどね、ここまで空襲激しくなって、それに本土決戦だって言うんだけど、家の中に閉じこもってて勝てんのかい」って。そしたら軍隊が言うには、「そりゃ、おめえ勝てるよ。向こうはやって来んだ。こっちは門先で防ぐんだ。余力十分残してんだ。日本は神国だ」って。軍隊はそういうひとつに教育されているから。私まで信じちゃう。
「漬物製造と軍隊　秋本善幸氏（大正7年生まれ　藤沢市天神町）」『市民が語る十五年戦争』藤沢市教育委員会博物館建設準備担当、2000年、68–72ページ。

第53軍と赤柴司令官

相模湾から上陸してくる敵に向かうのは第53軍の役割でした。4月15日に編成され、軍司令官は赤柴八重蔵中将、軍司令部は相武台の陸軍士官学校（現キャンプ座間）に置かれました。

赤柴司令官は、アメリカ軍の本土侵攻の主力は相模湾正面だと予想していました。その理由は、地形上、最も侵攻が容易であり、首都東京に迫るのに最短距離であること、しかも地形も複雑でないことを挙げています。そのため、「敵は必ずわが正面に来攻すべし」「昭和の多々良浜辺はここにあり」「敵情判断、微温的なるは絶対不可なり」と部下に繰り返しました。

「昭和の多々良浜」とは、明治25（1892）年に作られた軍歌「元寇」に由来します。日本を2度にわたって襲撃した元寇を、鎌倉幕府は国を挙げて守り抜いています。その戦場が多々良浜（現在の福岡県）です。軍歌「元寇」は「多々良浜辺の戎夷　そは何蒙古勢　傲慢無礼者」と、来襲する敵を倒して国を守ったことを讃えています。赤柴司令官は、相模湾から上陸してくる連合国軍を元寇にたとえ、鎌倉武士が多々良浜で勝利して国を守ったように、来るべき本土決戦では湘南の海で敵を撃破して国を守ろうと決意したのです。

赤柴司令官率いる第53軍は、富士川以東から多摩川まで（三浦半島、横浜市、川崎市は除く）の非常に広いエリアを担っていました。しかし、伊豆半島はその地形から、敵が大部隊で上陸することは考えられないし、駿河湾から上陸する可能性も少ないと判断し、大磯の湘南平から鎌倉山付近までのエリアを集中的に守ることにしました。この間には、藤沢市や茅ヶ崎市、そして平塚市を結

ぶ広い砂浜があるので、ここに敵が上陸してくるだろうと考えたのです。

　敵を迎撃するにはどうしても身を隠す陣地が必要です。赤柴司令官は特に茅ヶ崎海岸を中心に、水際（汀線）陣地の研究と構築を命じています。もっとも、陣地構築に必要な鉄材もコンクリートも不足していました。

　では赤柴司令官は、水際ではどのような戦いになると予想していたのでしょうか。彼の言葉が残っています。

　　汀線が陣地に適するとは思わぬが、敵の艦砲射撃の間は隠れており、射撃が止めば出て行けばよい。我も全滅するが、敵に大打撃を与えるためにはどうしても汀線にでなければならぬ。これによって敵の第一回上陸に鉄槌的打撃を与えうる自信はあるが、第二回上陸以後には自信がなかった。しかし、軍司令官以下が浜辺で戦死するのだから、あとは上の方でなんとかやってくれるという気持ちであった。（『本土決戦準備1　関東の防衛』）

5.　本土決戦と市民の覚悟

戦時下の生活

　市民は戦争にどのように向き合ったのでしょうか。神奈川県内に限らず日本ではどこでも食糧不足が深刻でしたが、精神論と創意工夫で乗り越えることが叫ばれました。その一例として、大政翼賛会神奈川支部が作成した「決戦生活実践促進要綱」（1943年9月）を見てみましょう。

　ここには、戦争を勝ち抜くためには「国民は総てを君国の為に捧ぐること」、「苦難来たらば愈々必勝の信念を堅持」すること、「進んで犠牲を払ふことに務むること」、「困苦欠乏に耐ゆること」などが心構えとして挙げられ、困苦欠乏に耐えるために細かい生活上の指示が並んでいます。たとえば「食生活」では、白米ではなく玄米が推奨されています。玄米だと栄養が高い上に米を2〜3割節約できるとのことです。また野草も工夫して食べるべきとあります。

　少ない食事で満足するための方法も記されています。例えば、「完全に咀嚼して其の食物の栄養を百パーセントに摂取すること」、「実と皮の間に栄養価」があるとして果物の皮も食べることなどです。さらには、そもそも「日本人は元来過食の習慣あり」として、食事量を減らす方が身体も心も健康になるとも述べられています。

国民義勇隊の「国民抗戦必携」

　人々が求められたのは粗食に耐えることだけではありません。大本営陸軍部は全国民を対象に国民義勇隊を編成しました。これは、老若男女を問わずすべての日本人を本土決戦要員とするものです（国民義勇隊は後に国民義勇戦闘隊に改変）。

　4月25日には小冊子「国民抗戦必携」が各所に配布されました。これは、本土決戦の心得と戦闘マニュアルであり、その内容は『朝日新聞』（6月10日〜13日）に4回に分けて掲載されていま

す。以下、その内容を簡単に紹介します。

「刺違へる気魄が必要－対戦車攻撃の種類と方法」（6月10日）というタイトルの記事を少し読んでみます。「勝利は必勝の信念の堅持によって獲得される、しかして必勝の信念は千磨訓練によつて養われる、敵は近い、さあ訓練だ」と士気を鼓舞する書き出しがあり、続いて「必勝の信念」と訓練の大切さを説き、連合国軍の戦車に爆弾をぶつける手段を詳細に解説しています。そして、「一発必中のためには敵戦車と刺し違える烈々たる覚悟が必要であり、不断の訓練が絶対の要請である」とあります。

しかし、戦車の周りには必ず兵士が数人随伴しています。そこで「国民抗戦必携」は、まずは戦車と兵士を分離させ（これを「歩戦分離」と呼んでいます）、戦車に近づいて「手投爆雷」「火炎瓶」「刺突爆雷」（先に爆弾が付けられている棒。突いた瞬間に爆発する）、「フトン爆弾」（爆薬を袋に詰めたものであり、座布団に似ている）などを投げつけるべきと指示しています。とくにフトン爆弾は、安全栓を抜いて点火具を起動させると10秒後に爆発するため、この間に戦車に向けて高所から叩き付けなければならないとの注意も添えられています。

6月11日付『朝日新聞』には、「鉈（なた）、鳶口（とびぐち）も白兵々器――狙撃は三百メートル以内で」という見出しで、敵兵が目の前に現れた時の対処方法として、「狙撃」「手榴弾」「白兵戦闘と格闘」など敵を倒す方法が述べられています。例えば「狙撃」では「一発の弾なりとも無駄弾であってはならない、一発よく五人を斃し十人を屠る心構へが必要だ」として、射撃姿勢や弾込め方法などの解説があります。

「白兵戦闘と格闘」に関しては次のような解説があります。長いですが原文を読んでください。

　　銃、剣はもちろん刀、槍、竹槍から鎌、ナタ、玄能、出刃包丁、鳶口に至るまでこれを白兵戦闘兵器としてもちいる、刀や槍を用ふる場合は斬撃や横払ひよりも背の高い敵兵の腹部目がけてぐさりと突き刺した方が効果がある。ナタ、玄能、出刃包丁、鳶口、鎌等を用ひるときは後ろから奇襲すると最も効果がある、正面から立ち向かつた場合は半身に構へて、敵の突き出す剣を拂ひ、瞬間胸元に飛び込んで刺殺する、なほ鎌の柄は三尺位が手頃である。

　　格闘になつたら「みずおち」を突くか、睾丸を蹴る、あるひは唐手、柔道の手を用ひて刺殺する、一人一殺でもよい。とにかくあらゆる手を用ひてなんとしてゞも敵を殺さなければならない。事実は最早「肉を斬らして骨を断つ」ではなく「骨を斬るが」自分も「骨を断たれる」ところまでいたっている。しかし断じて屈せざる気魂のあるところ戦は必ず勝つ。

（『朝日新聞』1945年6月11日）

日本は上記のような戦闘マニュアルを子供に至るまで熟読させ、戦闘訓練を繰り返させて、完全武装した連合国軍の兵士や戦車に対して突撃させることになっていました。その予定地こそが、私達の愛する湘南だったのです。

6.　本土決戦の覚悟と相模湾──フィールドワーク

　相模湾から押し寄せてくる連合軍に対して、日本はまず海上で抵抗し、できる限り敵の上陸を阻止する予定でした。そのため、相模湾に面した場所には軍事施設が多く設けられました。

　ここでは、今も残る本土決戦の備えの痕跡を紹介します。他にもまだ多くの痕跡が残っていますので、ぜひ地元のお年寄りに尋ねたり図書館やウェブでリサーチを試みてください。

湘南海岸

　第53軍の赤柴司令官は、連合国軍は鎌倉山から湘南平に至る海岸に上陸すると想定しました。江の島がある鵠沼海岸、辻堂海岸、サザンビーチ茅ヶ崎、平塚海岸、大磯海岸などが該当します。標高181メートルの湘南平（平塚市及び大磯町）からは湘南海岸が一望できます。山頂には高射砲が据えられた痕も残っています。

　なお、戦後は湘南海岸の一部がアメリカ軍に占領され、在日米海軍辻堂演習場（藤沢市と茅ヶ崎市）とされました。ここでは朝鮮戦争時の仁川上陸作戦の上陸演習が行われたり、烏帽子岩を目標として射撃演習が行われたりもしました。

湘南平から見た湘南海岸。ここに50万人の連合国軍兵士が上陸してくる予定だった。

江の島。南東部の駐車場から岩肌を見ると砲口が見える。

江の島

　相模湾から迫る連合国軍に対して、江の島（藤沢市）は海に張り出した砲台の役割を担っていました。今も西側の稚児ヶ淵近くや、東南部の斜面の崖には、刳り抜かれた穴が残っています。これらは砲台が設置される予定でした。

　また、江の島に防空壕が作られたことは、当時の新聞記事にも書かれています。

> 「防空壕を造る　天下の名勝江の島桟橋の架け替へ工事を機会に地元片瀬町では町長林吉次郎氏、水野助役を陣頭に包みになる全長三分の二へこの際防空壕を築設することになり、リヤカーで岩山を崩した土砂運搬の勤労奉仕を続けている」
>
> 『横浜貿易新報社』1944年5月3日（現在の「神奈川新聞」）

江の島桟橋の土壇工事にあたっては、「常立寺裏山の岩石を砕いて運搬」したようです。その結果、江の島桟橋とともに「常立寺裏山には大量人員を収容する見事な横穴式防空壕が完成する」と書いています（『横浜貿易新報社』1944年5月24日）。ただし、現在の常立寺（藤沢市片瀬）を訪ねても、戦後に裏山の中腹部が削られて道が造られたため、当時の防空壕は見当たりませんでした。

龍口寺。境内を囲む斜面には陸軍が掘った横穴陣地が残る。冬になって草木が枯れた時に見つけやすい。

龍口寺

江の島の対岸にあり、常立寺に隣接する龍口寺（藤沢市片瀬）は、境内が山に囲まれています。山腹には本土決戦用の地下陣地が設けられました。今も本堂の西側と北側（それぞれ、本堂に向かって左手と裏側）の斜面を見ると、ポッコリと深い穴が空いています。この地下陣地を掘った人のことは「藤沢の『旧陸軍抵抗拠点地下陣地』」（『産経新聞』2014年8月21日）に掲載されています。龍口寺の門前には、元の使者を斬った龍ノ口刑場の解説板が立っています。

腰越の漁港から岩肌を見ると、ぽっかりと穴が開くのが見える。

なお、藤沢市内で同様の地下壕は、新林公園内でも確認することができます。

腰越と稲村ヶ崎

いずれも海に向かって急な崖が張り出しています。この岩肌をよく見ると、海に向かって銃口が開いているのが確認できます。腰越の小動神社（鎌倉市腰越）の境内から海を眺める位置には、幕末のペリー来航を機に番所が置かれ、外国船を見張っていました。この位置は見通しがいいので、太平洋戦争時にも連合国の艦艇を監視したようです。また、腰越漁港側にも岩が刳り抜かれています。

稲村ヶ崎（鎌倉市稲村ガ崎）の岩肌にも海側に長方形の機銃陣地、そして海面近くに大きな洞窟があります。この洞窟はかつて特攻兵器「伏龍」の待機場所だったといわれています。

伏龍とは潜水服を装着して海底に立ち、敵の上陸用舟艇が頭上を通過するときに竹竿の先に付けた爆弾（棒機雷）を船底に突き刺す攻撃でした。実戦には投入されませんでしたが、訓練で多くの犠牲者が出ています。

極楽寺坂（成就院の下あたり）の道の脇に残る壕。

鎌倉各地の本土決戦基地

　鎌倉は海に面しています。また平地が狭く、地形も入り組んでいます。材木座海岸から上陸してきた連合国軍の兵士を奥へと誘い込む作戦だったのでしょうか、至る所に横穴が残っています。例えば光明寺裏の鎌倉第一小学校へと上る道沿いの崖、極楽寺から成就院に下る道沿い、浄智寺の駐車場に残る壕などは、今も簡単に見つけることができます。また、JR 北鎌倉駅の裏にある洞門山トンネルの中間には兵隊が立てるスペースが本土決戦用に設けられました。今ではコンクリートで覆われています。

浄智寺の駐車場に残る壕。

洞門山トンネル内。

　なお、鎌倉の戦争遺跡に関しては、当時を知る市民と鎌倉市中央図書館が協力して調べた大変素晴らしい資料集（鎌倉市中央図書館近代史資料収集室・CPC の会編「鎌倉・太平洋戦争の痕跡」2004年）があります。ウェブ上でも閲覧できます。

三浦半島東側

　三浦半島の東側は、日本海軍の基地が置かれた横須賀が有名です。横須賀鎮守府、横須賀海軍造船所（幕末の 1865 年にヴェルニーの指導で設立された横須賀製鉄所を前身とし、1903 年には横須賀海軍工廠となって多くの日本海軍艦艇を建造）、海軍関係の各種学校（例えば海軍水雷学校、海軍通信学校、海軍航海学校など）が設けられた日本を代表する海軍の一大基地でした。
　また、東京湾の入口として、首都及び軍港を守る軍事施設（東京湾要塞）が明治期に設けられました。なかでも「千代ヶ崎砲台跡」（横須賀市西浦賀）や「城ヶ島砲台跡」（三浦市三崎町）などは有名です。これらは当然、本土決戦にも用いられる予定でした。

三浦半島の水上・水中特攻基地

　相模湾に面する三浦半島の西側は、本土決戦用の軍事施設が多く残ります。地図をよく見ると、小さく入り組んだ湾が西海岸と南端部に認められます。この複雑な地形を生かした水上特攻「震洋」や水中特攻「海龍」の基地が数カ所設けられています。

そのひとつが三浦市の江奈湾に配備（1945年6月10日）された第五十六震洋隊でした。本部は福泉寺（三浦市南下浦町松輪）、岩館康男部隊長はまだ20代前半であり、総員183名、特攻要員の搭乗員53名は16～7歳の少年でした。彼らは福泉寺近くの四件の民家を宿舎としました。民家では、特攻隊員の少年達にできるだけ豪華な食事を提供するため、家の人達は粗食で我慢したそうです。幸いなことに、彼らに実戦の時はやってこず、全員助かりました。ただ8月1日の夜に突撃命令が下り、全員死を覚悟しましたが、敵襲ではなく遠くの夜光虫を敵艦隊と間違えたようです。

第56震洋隊の元搭乗員達は、戦後も福泉寺に集まり、千代田松輪の会という戦友会をつくりました。境内には第56震洋隊の石碑が建立されています。

また、三浦市には、小網代湾にも第27震洋隊が置かれました。1945年7月30日には石井四郎部隊長以下5名が相模湾で戦死しています。小網代の森（三浦市三崎町小網代）を抜けて小網代湾にさしかかると、崖に基地として用いられた洞窟を見つけることができます。

さらに油壺湾（三浦市三崎町）には海龍基地が置かれていました。海龍とは2人乗りの潜航艇です。実戦では2本の魚雷を発射後、自らも敵艦に突入して先頭部分に搭載した炸薬で相手を屠る作戦でした。

海龍も震洋と同様、特攻兵器として開発されましたが、性能面など様々な制限があり、結局は特攻兵器として実戦に投入されずに終戦を迎えています。油壺ボートサービス裏辺りに海龍が収納された横穴が残っています。

三浦半島には他にも海に面した崖の多くに戦時中の穴が空いています。

飛行場跡など

相模湾に面する地には他にも多くの戦争の痕を見つけることが出来ます。例えば藤沢市にはかつて海軍藤沢飛行場がありました（現在の荏原製作所藤沢事業所に滑走路がありました）。今はその姿はありませんが、街中には軍用地を示す石標が多く残っています。

現在の長井海の手公園ソレイユの丘（横須賀市長井）は、海軍長井飛行場の跡地に建てられています。やや南には海軍第二横須賀飛行場（京急三崎口駅付近から黒崎の鼻にかけて）もありました。いずれも戦争末期に本土防衛用として設けられた飛行場であり、今も付近に立つと、道路がまっすぐ一直線に伸びており、かつて滑走路があったことが想像できます。

立石二丁目交差点（藤沢市善行）付近で見つけた海軍の境界標。

おわりに

1945年8月15日正午、玉音放送が流れました。これを聞いた人達の胸中は想像するしかありませんが、日本統治下の朝鮮では、人々は万歳を叫び、隠し持っていた太極旗を振って日帝三五年か

《コラム》水上特攻「震洋」

水上特攻「震洋」とはベニヤ板製のモーターボートで、1型艇（1人乗り、全長5.1メートル、幅1.67メートル）と5型艇（2人乗り、全長6.5メーチル、幅1.86メートル）がありました。エンジンはトヨタ製のエンジンが流用されましたが、深刻なガソリン不足のため燃料にはアルコールが用いられたようです。このボートの先頭に二五〇キロ爆弾を搭載し、迫ってくる敵の船に突入するというものです。

　震洋による特攻は、すでに1944年にはアジア各地で実戦投入されていました。配備場所はフィリピンコレヒドール島、ボルネオ島サンガタン、海南島、台湾（左営、基隆、淡水、澎湖諸島）、香港、済州島など、当時の日本の植民地や占領地でした。特に日本海軍の一大基地であった台湾の左営では、2013年に震洋八幡神社の台座が発見されて話題となりました。

福泉寺。第56震洋隊司令部が置かれた。

福泉寺境内に立てられた第56震洋隊の記念碑。山門を入ってすぐ左手にある。

小網代湾。湾を囲む崖を見ると震洋を隠した穴が多く残っている。

江奈湾周辺に残る震洋を格納した壕。今では道路整備によって地形が変わり、壕も埋められてしまい、かろうじて在りし日の姿が分かるのみ。

らの解放を喜んだといわれています。終戦前に太極旗が見つかれば、日本の警察によって厳格に罰せられていたことでしょう。

　朝鮮と同様に日本統治下にあった台湾でも、多くの若者が日本軍の軍人・軍属として戦地に赴きました。台北や高雄など各都市は激しい空襲に晒されました。玉音放送に触れると、「これから台湾はどうなるのか」という不安が人々を襲ったようです。

　連合国軍の兵士達は、日本の降伏を心から喜びました。特に日本本土に侵攻予定の若い兵士達は、「これで祖国に帰り、愛する家族の元に帰ることが出来る」と胸をなで下ろしたことでしょう。

　では、日本人は玉音放送をどのように受け止めたのでしょうか。突然の敗北に茫然自失となり、日本の行く末を危惧する不安が人々を襲ったでしょう。また、出征した夫の安否が分からず途方に暮れる妻や、息子の戦死の知らせを受け取った母など、大切な家族を失った人々の無念はいかばかりだったでしょうか。

しかし、終戦によって、私たちの住む神奈川の先輩達は、本土決戦という地獄から解放されました。本土決戦が現実のものとなれば、老人や子供に至るまで、相模湾から上陸する敵に立ち向かい、戦車に体当たりしていたであろうことは想像に難くありません。

　今に生きる私達は、こうした悲劇が目前に迫っていたことを忘却すべきではありません。特に湘南の海は2020年オリンピック・パラリンピックのセーリング競技会場となりました。湘南の海が殺戮の場とならなかったこと、かつての敵国を含む多くの国から平和の祭典のために湘南を訪れていただけた幸せを、私達はぜひ今こそ噛みしめたいものです。

【参考文献】
DVD「日本サーフィン伝説　日本のサーフィン史を辿る」2010年
服部卓四郎『大東亜戦争全史4—9』原書房、1996年
神奈川県歴史教育者協議会編『神奈川県の戦争遺跡』大月書店、1996年
平塚市博物館『ガイドブック　平塚の戦争遺跡』2001年
『神奈川県史 各論編1　各論編1——政治・行政——』1983年
増田弘『マッカーサー——フィリピン統治から日本占領へ』中央公論新社、2009年
大西比呂志・栗田尚弥・小風秀雄『相模湾上陸作戦——第二次世界大戦終結への道』有隣堂、1995年
茅ヶ崎市史編集委員会編『茅ヶ崎市史研究　第16号　特集　戦争と茅ヶ崎』1992年3月
第五十六震洋隊有志、第五十六震洋隊隊員有志、上田恵之助監修、木村礼子編『海軍水上特攻隊 震洋——三浦市松輪にあった第五十六震洋隊岩館部隊の記録』元就出版社、2004年。

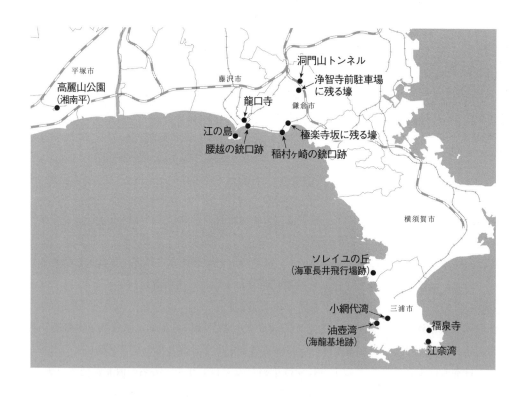

《コラム》

ハマのメリーさん──戦後横浜の「パンパン」と呼ばれた女性たち

徳原拓哉

　曲がった腰に真っ白の肌。濃いアイメイクで、横浜の関内や伊勢佐木町に佇む女性。あなたは「ハマのメリーさん」（以降メリーさん）を知っていますか。

　彼女の生まれは 1921 年。誰もがそれと分かる特徴的な外見は、人々の目を強くひき、80 年代以降には横浜では広く知られる存在となりました。[注1]

　横浜にとどまらず、さらに多くの人達が彼女を知るようになったのは、1993 年に放送がはじまった「私立探偵　濱マイク」によるところが大きいでしょう。本作品には、メリーさんをモチーフにした「濱リリー」という黄金町の「伝説のストリッパー」が登場しています。

　また、1996 年には五大路子主演の演劇「横浜ローザ」が始まっています。横浜夢座における「横浜ローザ」の紹介文は、「かつてひとりの伝説の娼婦がいた。彼女の名前は『ハマのメリー』」という一節から始まっています。さらに 2006 年には、ドキュメント映画「ヨコハマメリー」が公開されました。

　こうした経緯を得て、"娼婦の"メリーさんは全国的に知られるようになりました。そして今、メリーさんを語る人達は、しばしば彼女を「パンパン」だと語っています。その口調は、あたかもそこに疑いを挟む余地がないかのようです。

　ではメリーさんは本当にパンパンだったのでしょうか。そもそも私たちは、パンパンと呼ばれた女性たちのこと、さらにはこの言葉が持っている歴史的な暴力性について、どこまで知っているのでしょうか。パンパンとは、占領下の日本において、進駐軍（主にアメリカ兵）兵士と性的な関係を結んだと人々にみなされた日本人女性を指す蔑称です。彼女達は、時に当局によって取り調べられ、性病検査が強制されたこともありました。

　これらの「パンパン狩り」は、特定の日本人女性たちにある種の烙印を押しました。そして、その烙印によって、彼女達の生の声は掻き消され、あるいは恣意的に解釈されてきました。彼女達が歩んだ軌跡も、歴史に正確に記録されることはなく、その歩みも闇に葬られてきたとさえいえます。

　1945 年 8 月 14 日、日本はポツダム宣言を受諾、翌 15 日には玉音放送が流れました。その翌 16 日、横浜では「婦女子」に対する緊急避難命令が出されました。[注2] 18 日、内務省は進駐軍将兵用の慰安施設を急いで設営すべしとの緊急指令を発布、その数日後に日本各地で施設が姿を現しました。ここには、「保護されるべき一般女性」のために「そうでない」とされた女性たちが差し出されました。[注3]

　換言すれば、慰安施設に送り込まれた女性達は、「保護されるべき」と「そうではない」との境界を示す、「立案者が望むかたちで秩序をつくるための装置」[注4]ともいえる存在でした。一方、被占領地の男性、すなわち日本人男性は、占領軍と関係を持った日本人女性を忌避していました。

　しかし、そもそも「保護されるべき女性」とそうではない女性を明確に分離することは可能だったのでしょうか。これまでの研究は、占領軍側の兵士（すなわちアメリカ人兵士）と被占領側の女性（日本人女性）の関係が決して一様ではなかったことを明らかにしています。両者が交錯する空間、すなわち「コンタク

ト・ゾーン」をつぶさに観察すると、結婚に至る恋愛関係から、性的暴力に至るまで、実に多様な関係を認めることができます。いわば彼らの関係はグラデーションの中にあったといえ、単純な分類では複雑な現実を反映することなどできないのです。[注5]

　占領期を生きた女性たちは、実に様々な関係を占領軍兵士と結びました。しかし、そのひとつひとつを見据え、日本人女性がどのように生き、何を語ったのか、私たちは本当に知っているでしょうか。彼女たちの声は、正確に伝わってきたといえるのでしょうか。

　パンパンと呼ばれた女性たちは、占領下日本において、負の部分を背負わされました。ことばとして語れない部分を持つ人達もいたことでしょう。こうしたことを踏まえると、私たちが特定の女性を「パンパン」と呼び、当然のように語りの一部とすることには慎重になるべきでしょう。当事者の軌跡や心の内を知らずに外からパンパンと定義することは、新たな暴力となる危険を帯びているとさえいえるからです。

　「ハマのメリーさん」を取り巻く歴史は、時代に翻弄され、その中で生きてきた人達の実像と向き合う難しさを教えてくれます。私たちは、ハマのメリーさんを「パンパン」「娼婦」と無批判的に思い込むことから脱し、ここで立ち止まって考えてみる必要があるのではないでしょうか。

注1　「アサヒ芸能」（2006年3月2日）、檀原照和（2009）『消えた横浜娼婦たち：港のマリーの時代を巡って』（データハウス）、檀原照和（2018）『白い孤影 ヨコハマメリー』（ちくま文庫）
注2　同上 .p250.
注3　岩佐純（1996）『兵庫・風雪二十年』兵庫新聞社
注4　松原宏之（2013）『虫喰う近代：一九一〇年代社会衛生運動とアメリカの政治文化』（ナカニシヤ出版）pp.36-37
注5　茶園敏美（2018）、pp.315-40

第4章
現代の神奈川と世界史

《コラム》

村雨橋事件とベトナム戦争

谷口天祥

　横浜駅から京浜急行の上り普通電車に乗ると、神奈川、京急東神奈川、神奈川新町……と「神奈川」の名を冠する駅が続きます。東海道五十三次の宿場町である神奈川宿が県名の由来になったのはご存知のとおりです。横浜市神奈川区内には浦島太郎伝説との縁を語る史跡も残されています。京急東神奈川駅（旧駅名「仲木戸」のほうが馴染みがある方も多いかもしれませんが）近くにある慶運寺には、浦島太郎が竜宮城に行ったときに乙姫様から授かった菩薩像や玉手箱が伝わっていると言われています。

村雨橋

　京急東神奈川から第一京浜国道を越えて海側に5分も歩くと、入江川の派川に村雨橋という橋が架かっています。海岸線を定規で引いたような埋め立て地の港湾に首都高速が走るあたりではよく見かける橋です。地味な佇まいですが、かつて米軍と一般市民が闘った「戦車闘争」がこの橋で起こりました。村雨橋は日米安保の最前線だったのです。

　ベトナム戦争当時、日米安全保障条約を締結していた日本は、兵站基地として米軍を支援していました。たとえば、ベトナムの戦場で破損した戦車を相模原市の相模補給廠で修理しており、再び戦地に送る際には国道16号線を通ってから横浜ノースドックへと輸送していました。

　米軍基地を多く抱える神奈川県では、それまでにもベトナム戦争の動きが多く見られていました。根岸キャンプや相模原の陸軍医療センターには傷病兵が運ばれたり、相模補給廠では修理した戦闘車両の走行試験「タンクテスト」が盛んに行われ、近隣に粉塵や騒音の問題をもたらしていました。ベトナム戦争が激化するにつれ「本土の沖縄化」と言われたように、県広範がベトナム戦争の補給基地のような雰囲気となっていったのです。

　日本が戦争に加担しているのではないか、あるいは安保条約を逸脱しているではないかと憤った市民は「戦車闘争」を闘います。飛鳥田一雄横浜市長は道路交通法に基づく車両制限令を根拠として戦車輸送の市道の通行を認めませんでした。しかし米軍はこれを無視し、8月4日深夜、M48戦車の搬出を強行します。抗議する人々がノースドックに通じる村雨橋で抵抗したため、戦車を搬出するトレーラーは2日間にわたる立ち往生の末、相模原に引き返しました。ところが日本政府は、車両制限令から米軍車両を例外的に除外する決定をして戦車輸送を後押しします。再び1972年11月8日深夜からM48戦車の輸送が実行され、村雨橋で抗議した人々は県機動隊に排除され、遂に戦車は次々とノースドックに運び込まれました。

市民らが平和の願いを懸け最前線での攻防を繰り広げたのがノースドックすぐのところにある村雨橋でした。ノースドックは横浜港の一等地にあり、戦後米軍に接収され、朝鮮戦争の時代には物資や車両を戦地に運搬する米軍の後方支援拠点でした。2018年にオスプレイが横田基地に配備された際には陸揚げ地として利用されました。まさに日米安保の橋頭堡とも言えるでしょう。

　村雨橋の闘争は在日米軍基地が世界の戦場につながっている現実を私たちにあらためて知らしめた事件でした。そしていま沖縄県の辺野古では、人々が日米安保の最前線で闘っています。もし村雨橋事件の当時に竜宮城へ行った浦島太郎が、長い時をへて現代に戻ってきたら、「当時から何も変わっていないではないか」と憤るかもしれません。

研究所の歴史を掘り起こし、世代をこえて継承する

齋藤一晴

〜〜よび周辺には、かつて登戸研究所が存在していました。〜〜、日中戦争からアジア太平洋戦争期において、国内

〜〜、謀略、宣伝などを行い、人々の生活や社会を混乱〜〜おいて中国の経済を混乱させるため、日本軍は大

秘密〜〜
させ損害を〜〜
量の偽札を登〜〜
とを目的に、直径〜〜
船爆弾に搭載するこ〜〜

〜〜米戦争では、アメリカ本土を直接攻撃すること〜〜を開発しています（風船爆弾）。さらに、風〜〜、開発を行いました。

　戦争が長期化すると基〜〜〜〜日本は、安価で短期間のうちに戦局を好転すること
を狙い、秘密戦に傾斜して〜〜登戸研究所の役割は、戦局の悪化とともに大きくなって
いきました。

　1945 年、日本が戦争に敗れ、〜　〜後は冷戦が深まります。こうした中、登戸研究所の関係者は、戦時中に研究した内容を対ソ戦に備えるアメリカに引き渡すことで罪に問われませんでした。こうして、その歴史は闇に葬りさられました。

高校生が歴史にふれるとき

　1993 年 11 月、登戸研究所の第二課の課長を務めた伴繁雄が、『陸軍登戸研究所の真実』（芙蓉書房出版）の草稿を残して亡くなりました。その「まえがき」には、以下のように書かれています。

　　「私はすでに 87 歳の馬齢を重ね、思考力の衰えは否めないが、記憶を喚び起こし記録として残す
　　気になったのは、かつての研究所の上司や同僚、部下の方がたが次第に少なくなり、いま、幸いに生
　　を得ているものが、戦争の隠された一断面について、それを正しく伝えることを意義ある使命と思っ
　　たからだ」。

　伴繁雄は、かつて高校生のインタビューに「大人には話さないが君たち高校生には話そう」と応じ、それまで誰にも語ることが無かった登戸研究所での経験を伝えています。伴の心を突き動かしたのは、長野県の赤穂高校平和ゼミナールに所属した高校生たちでした。彼らは何度も伴のもとを訪れ、経験を聞き取ることによって戦争への認識を深めていきました。まさに歴史にみずからふれることで、それを継承する意味を知ったのです。そうした光景を目の当たりにした伴もまた、自身にしか話せない歴史があることを悟ったのでした。

また、同時期には、神奈川県川崎市教育委員会が1985年から主催した「平和教育学級」という市民向け講座を通じて市民が登戸研究所の歴史や証言者との交流を生み出し、さらには法政大学第二高等学校平和研究会のメンバーも登戸研究所を部活動の一環として調べ、発表するようになるなど、歴史の掘り起こしや証言の収集が進みました。

こうした活動は、2006年に結成された旧陸軍登戸研究所の保存を求める川崎市民の会による戦争遺跡保存の運動を生み出していく起点となりました。

世代を越えて歴史が引き継がれる場として

2010年4月、かつて生物・化学兵器の研究のために建てられた36号棟と呼ばれる建物を改装して、明治大学平和教育登戸研究所資料館が開館しました。戦争遺跡をそのまま展示スペースとしている戦争資料館は、全国でも大変貴重です。

展示パネルは、構想段階から具体的な内容検討、最終的な展示に至るまで、登戸研究所の歴史を学んだ大学院生や学芸員が一貫してたずさわるなど、若い世代が資料館の開館に大きな役割を果たしました。

写真1　明治大学平和教育登戸研究所資料館の展示パネルの構想・検討段階を写した1枚。
年表と登戸研究所の敷地拡大を示す航空写真。そして各時代の所員や建物を写した写真を組み合わせたパネルを模索した。各展示パネルを検討した模造紙は、現在も資料館に保管されている。

今日、明治大学では、登戸研究所の歴史を学ぶためのカリキュラムを設け、授業を開講することで若い世代へ歴史を継承しようと試みています。また、戦争遺跡は大学の敷地内にあるため、その保存および活用は、大学の社会的責任を示すものとして、これからも社会のなかで問われていくことになるでしょう。

写真2　写真1で検討した内容が展示パネルになり現在も第一展示室に展示されている。

戦争を経験した世代が少なくなった今日、その歴史を語るのは戦争遺跡であり、歴史の真実を戦争体験世代と非体験世代との対話から明らかにしようとした部活動の取り組みです。そして、戦争遺跡の保存を地道に求めてきた活動の記録です。

登戸研究所の歴史と明治大学平和教育登戸研究所資料館は、歴史というものは、継承しようと努めない限り次世代へと伝わらないという警鐘を常に鳴らしています。継承の担い手は誰なのか。登戸研究所の遺跡は今日も私たちに問いかけています。

明治大学平和教育登戸研究所資料館
神奈川県川崎市多摩区東三田1-1-1　明治大学生田キャンパス内　https://www.meiji.ac.jp/noborito/index.html

《コラム》

三浦半島からビキニが見える

小川輝光

　2019 年の冬、第五福竜丸元乗務員の大石又七さんに、神奈川県の三浦三崎港でお会いしました。第五福竜丸は、1954 年 3 月 1 日のマーシャル諸島のビキニ環礁で行われた水爆実験で被爆し（ビキニ事件）、乗組員久保山愛吉さんの死は、原水爆禁止運動のきっかけとなったことで知られています。その体験者である大石さんには、私の勤務校で毎年講演を依頼し、生徒たちは第五福竜丸展示館を訪問してきました。お会いした時、大石さんは三浦市の施設で療養しつつも、訪日していたローマ法王に手紙を出されるなどエネルギッシュに活動されていました。

　実は、大石さんと三崎の関係は、深いです。有数のマグロ水揚げ漁港である三崎港では、全国から乗組員が集まり、多くの遠洋漁業船が所属していました。そして人々と船は、焼津港など他港に転じていく、そんな日本の遠洋漁業の結節点でもありました。被爆時に焼津港所属だった第五福竜丸も、前年までは三崎港所属船の一つでした。

　第五福竜丸の名前は教科書に載るほど有名ですが、三浦三崎港では他にも被爆船があったと推測されます。実際に、ビキニ事件当時の三崎港では約 150 隻の船が 200 トン近いマグロの廃棄を命じられました。当時汚染された海に飛び込み、仲間にペニシリンを届けた青年は、27 歳で急性骨髄性白血病により亡くなっています。しかし、事故当時にすべての船と乗組員の被爆状態の調査は行われておらず、補償もありませんでした。現在でもマグロ漁を観光や経済のシンボルにしている三浦市の中で、口を閉ざしがちな元乗組員の人たちに取材した貴重な証言は、三浦市の記録や『神奈川新聞』の記事などで読めます。これらは、ビキニ事件と第五福竜丸の影に埋もれてしまった事実といえるでしょう。

　もう一つ見過ごされてしまうのが、実験地マーシャル諸島のその後です。ビキニの近くロンゲラップ島では、実験当時多くの島民が被爆しました。その後、他の島へ避難していた島民たちは帰還を希望していました。しかし、ロンゲラップ島はとても人が住めない汚染度だったのです。にもかかわらず、アメリカ政府は 3 年後に帰還を認めます。これは、残留放射能の人間への被害を調べる人体実験だったといわれています。健康被害に苦しむロンゲラップ島の人々は、1985 年に再び他島へ自主避難し、今日も帰還ができていません。このようなようすは、葉山町在住の写真家・島田興生さんが書いた絵本『ふるさとへ帰りたい』でよく分かります。

　いま、私が勤める学校では、生徒たちが「マーシャルと神奈川の未来をつなぐプロジェクト」に取り組んでいます。島田さんの絵本を読んだことをきっかけに出会った、核実験の記憶をマーシャル・コミュニティとして、どう継承していくか検討している中原聖乃さんの仲介で、マーシャルにあるコープ・スクールの生徒の皆さんと、手紙の交換やオンラインでの意見交換などの交流会をはじめました。

　生徒の感想です。

　「私にとって、世界とつながることは、様々な人種の人と関わりお互いの国のことについて知るこ

とだと思います。しかし、今の私は他国のことについて全く知らないのでもっと知って自分の世界を広げたいです！マーシャル諸島のことを学び、交流する中で私たちの思っている《当たり前》や《幸せ》がマーシャルの人々にとっての《当たり前》や《幸せ》ではなかったと言うことに驚きました。そのことから、考え方やとらえ方の視点を変えて意見を言えるようになりました。また、お互い被爆国なので水爆や原爆の恐ろしさを共有し、多くの人に伝えていく必要があると思います。このマーシャルプロジェクトの経験を将来につなげていきたいと思っています。」

　出来れば今後、地域に埋もれた歴史を掘り起こし、核実験とそれに伴う人間や自然、社会の犠牲についてどう記憶を形成していけばよいか、両国の若者と考えていきたいと思っています。

　＊2021年3月7日、大石又七さんは永眠されました。生前のご恩に感謝するとともに、哀悼の意を表します。

The Marshall Islands Journal　2021年1月1日　マーシャル共和国で唯一発行されている新聞（週刊）

【参考文献】
ビキニ事件取材班「ビキニ被ばく60年第1部証言者たち」『神奈川新聞』2014年3月2日－7日付
下田興生・羽生田有紀『ふるさとへ帰りたい』子どもの未来社、2014年
三浦市編『ビキニ事件三浦の記録』三浦市、1996年

《コラム》

米軍基地と神奈川

藤田賀久

　在日米軍基地と聞くと、多くの人は沖縄を連想するでしょう。日本全国にある米軍専用施設面積の実に約 7 割が沖縄にあり、その過重な基地負担がメディアで頻繁に報じられているからです。

　一方で、神奈川県も国内有数の「基地県」であり、12 の米軍基地・施設が存在します。面積でみると、日本全国にある米軍施設の 5.6% が県内にあります。これは沖縄県（70.3%）、青森県（9.03%）に次ぐ全国第 3 位の広さです（2020 年現在）。

　神奈川県に米軍関連施設が多い理由のひとつは、ここがかつて日本軍の「軍都」であったことが挙げられます。戦後、日本軍の基地や施設は連合国軍（実質的には米軍）に接収されました。ここに、現在に至る在日米軍基地や施設の起点があります。

　たとえば、横須賀の米海軍施設は、かつては横須賀鎮守府を中心とする日本海軍の一大拠点でした。また、米海軍の飛行機が飛来する厚木飛行場（大和市・綾瀬市）は、やはり日本海軍の航空基地（1942 年設立）でした。米陸軍キャンプ座間（座間市・相模原市）は、1937 年に東京市ヶ谷から移転した陸軍士官学校の跡地を利用しています。米陸軍相模総合補給廠（相模原市）もかつては相模陸軍造兵廠（1938 年）でした。

　終戦後、日本は占領下に置かれます。その第一歩も神奈川県でした（沖縄を除く）。マッカーサーが厚木飛行場に降り立ち、米陸軍と海兵隊はそれぞれ横須賀港と横浜港から日本に上陸しました。そして米第 8 軍は横浜に司令部を設置して軍政を始めました。そのため、旧日本軍の施設だけではなく、市内のオフィスビル、港湾、宅地なども接収されました。

　占領期の横浜は米軍将兵が集まり、PX（軍の商業施設）、レストラン、バー、遊戯施設なども設けられました。ジャズやロックなどアメリカの文化も入ってきました。空襲で家を焼かれ、食糧難に苦しむ日本人は、突然現れた豊かなアメリカをどのように見たのでしょうか。

　横浜以外にも多くの場所や建物が接収されました。藤沢市と茅ヶ崎市にまたがる湘南海岸もその一例です。戦時中は日本海軍の演習場であり、占領下では米軍が上陸作戦や砲撃の演習を行いました。烏帽子岩が射撃目標とされたこともあったようです（返還は 1959 年）。1951 年当時、県下の米軍基地や施設は 162 カ所を数え、その総面積は茅ヶ崎市の面積に匹敵しました。

　1951 年 9 月、日本は 52 カ国とサンフランシスコ平和条約を締結しました。翌年 4 月に発効すると、日本は主権を回復し、占領は終わりました（沖縄や小笠原諸島は除く）。したがって、本来ならば米軍は日本から撤退し、接収地や建物も返還しなければなりません。しかし日米両国は安全保障条約（いわゆる旧安保）を結ぶことで、米軍の日本駐留を引き続き可能とし、接収地や施設は改めて日本政府が提供する形をとりました。

　やがて冷戦が激化し、朝鮮戦争（1950–1953 年）やヴェトナム戦争（1965–1975 年）が勃発すると、日本国内の米軍基地は最前線となりました。そのため、戦争に巻き込まれる恐れや戦争に反対する市民が

激しい反基地運動を展開しました。

　基地周辺の安全も懸念されました。例えば厚木飛行場周辺では、米軍機の着陸失敗や住宅地への墜落が相次ぎました。1964 年 9 月には、基地に隣接する大和市内の鉄工所に米戦闘機が墜落して市民 8 人が死傷しています。

　また、横須賀港を拠点とする空母ミッドウェーの艦載機が、1982 年から厚木飛行場で夜間発着訓練（NLP）を始めると、激しい騒音が周辺住民の生活を脅かしました（2018 年に空母艦載機は岩国基地へ移駐）。2005 年に原子力空母ジョージワシントンが横須賀港配備となると、原子力への不安が地域を覆いました。放射性物質モニリングは今も続いています。

　一方で、米軍施設の返還もありました。最近では、2014 年に深谷通信所（横浜市泉区）、2015 年に上瀬谷通信施設（横浜市旭区・瀬谷区）が全面返還されました。いずれも終戦までは旧日本海軍の通信基地として使われていたところです。特に後者は横浜市瀬谷区の 15％の面積を占めており、その広大な跡地を生かして 2027 年には国際園芸博覧会が予定されています。

　在日米軍基地や施設の歴史や存在を問うことは、戦前から戦後、そして現在に至る日本の軌跡を振り返ることであり、アメリカの世界戦略を知ることであります。将来の日本のあり方を考えるために、これらは避けることのできない問いです。

【参考文献】
栗田尚弥『米軍基地と神奈川（有隣新書 69）』有隣堂、2011 年
「在日米軍施設・区域（専用施設）都道府県別面積、2021 年 1 月 1 日現在」（防衛省ウェブサイト）
横浜市史資料室『市史通信』第 11 号（平成 23 年 7 月 31 日）、第 12 号（平成 23 年 11 月 30 日）、第 14 号（平成 24 年 7 月 41 日）

神奈川県内の米軍基地及び施設　（神奈川県ウェブサイト「県内米軍基地の現状」より作成）

第5章
神奈川の中にある世界、
神奈川から見える世界

《コラム》

神奈川で多文化共生を考える

谷口天祥

　学生のみなさんは、好むと好まざるとに関わらず学校で英語を勉強している（させられている？）と思います。英語は、母国語が異なる人同士が意思疎通をするためにも大切です。実は世界の英語話者のうち約 8 割が、私たち日本人のように英語を母国語とせず外国語や第二言語として使用するノンネイティブであると言われています。日本で英語を学ぶとアメリカ英語を耳にする機会が多いですから（もっともアメリカ英語といっても、東部や中西部、南部でもかなりアクセントに違いがありますが）、イギリスやオーストラリアなどアメリカ以外の英語圏の国々で話されている英語、さらにはノンネイティブの話す英語に聞き取りづらさを感じたことがある経験をした人も多いのではないでしょうか。教科書で学ぶアメリカ英語が学びのはじまりであることに全く異論はありませんが、「英語」という世界のなかに多くの多様性があることはおわかりいただけるでしょう。

　神奈川県においても、いろんな英語を聞くことができます（また英語のみならず世界中のいろんな言葉が話されています）。世界じゅうの人々が繋がりあう現代社会において、話者ひとりひとりが異なる背景を持っています。アクセントや語彙、口語表現に多様性があふれているのが「生の英語」です。聞き手・読み手の立場でそのような違いに気付くことは、話し手・書き手が背負っている自分とは異なる文化や歴史、言語に想いを馳せることに他なりません。

　令和元（2019）年時点で神奈川県には 228,275 人の外国籍県民が暮らしています。平成 2（1990）年の出入国管理および難民認定法改正以降、その登録者数はおよそ 3 倍に増加しました。県内の外国人登録者が県民全体に占める比率は約 2.5% ですが、地域によってはその比率が 6% を超えている自治体や、住民の半数近くが外国籍という公営住宅もあります。不便や問題を抱えている家庭の相談に応じられる体制や、情報提供などの支援が比較的進んでいるコミュニティーもある一方で、必要とする情報やサービスにアクセスできず、取り残されている外国人住民の方も依然多いのが現状です。近年は、地震や台風など甚大な自然災害による被害が相次ぎました。日本語を母語とする私たちが日々の情報を得ることは、水道の蛇口をひねれば水が飲めることとさして変わりないでしょう。しかし言語の壁に苦しむ人々も少なくありません。

　为了预防台风和区域性暴雨引起的灾害　**请事先确认**好以下几点：**锁紧窗户**和防雨窗　　放置在**阳**台的花盆等事先搬到屋内　　确定晒衣架是否固定牢靠

　台風の集中豪雨に備えるよう注意を促す案内文です。母国語ではない言語で情報を取ることは大変ですね。

　神奈川県には多様な国・地域につながる人々が住んでいます。古くから日本に暮らし世代を重ねるコリアンや 19 世紀以降に渡来し現在もっとも外国籍居住者として人口が多い中国籍の人々。特に神奈川県に

は 1980 年代以降はインドシナ 3 国（ベトナム・ラオス・カンボジア）からの難民を受け入れ、生活を支援する「大和定住促進センター」が 1998 年まであったこともあり、インドシナの人々の人口は全国でも最多水準です。1980 年代後半から 90 年代には国際結婚が増加しました。特にフィリピン出身の人々は女性の比率が多いのが特徴です。

　1990 年に前述の入管法が改正され日系 3 世までに就労の制限のない在留資格が認められるようになると、中南米（ブラジル、ペルー、ボリビア、アルゼンチン、ドミニカ共和国等）の人々も急増しました。2018 年に外国人労働者受け入れが拡大されるとネパール出身の人々も見られるようになります。神奈川県の国際色がこれほど豊かになったことにはこのような歴史があります。

　人々の定住化が進むなかで、神奈川で生まれ、県内の小中学校・高校・専門学校・大学などで学ぶ外国につながりを持つ子どもたちも増えています。私たちの身の回りには多様な背景やニーズを持った人々がいるのです。まず取り組まれるべきは日本語教育でしょう。行政と企業が連携し学習機会や支援を提供しなければならないことも然ることながら、私たち市民が草の根で隣人への理解や支援の必要性を感じなければなりません。外国人労働者を多く受け入れたドイツでは、言葉や文化の違いへの理解不足や就労環境の悪さを放置したため社会の分断を招き、特にトルコ人コミュニティーが孤立した歴史の教訓もあります。

　横浜市のいちょう小学校や潮田小学校、吉田中学校の取り組みは新聞や書籍でもよく紹介され広く知られており、学ぶところが多いようです。また横浜市中区と鶴見区には外国につながりを持つ小中学生のための日本語支援拠点施設「ひまわり」が設置され、子どもたちを支えています。学校は安心して通えるところだと感じてもらえることが大切です。英語をはじめ外国語を勉強するときにあなたが感じている苦労や、勉強を続けるにつれて言語を少しずつ使えるようになったときの喜びを思い出してみましょう。

　外国語を学ぶ者としてぜひ覚えておきたい中国のことわざがあります。

　　学一门语言　就是多一个观察世界的窗户
　　（言語を学ぶことは世界を見るための窓をもう一つ手に入れることである）

無言のお墓から世界史を読む──横浜にある 4 つの外国人墓地

鈴木　晶

　幕末に日本が開国すると、下田、箱館、長崎、神戸、新潟が開港していきます。横浜は 1859 年の日米修好通商条約に基づいて開港しましたが、外国人の墓はそれ以前から造られていました。また外国人と同じ墓地を共有することが避けられたため、早い段階から外国人墓地が形成されることとなりました。明治期には中国人人口の増加で中華義荘が、さらに最初の横浜外国人墓地が手狭となったことなどから根岸外国人墓地も造られました。第二次世界大戦後には英連邦戦死者墓地が造られ、横浜には国際都市らしく 4 つの外国人墓地があります。それぞれには時代を反映した特色があり、当時の人々が何を習慣として、何を大事にして、どのように行動していたのかを想像することができるかもしれません。ではそれぞれの墓地について見ていきましょう。

1. 横浜外国人墓地／山手外国人墓地（横浜市中区山手町）

ペリー艦隊の乗組員がきっかけ

　観光客もよく訪れる有名な山手の外国人墓地は、正式には「横浜外国人墓地」といいます。ただしここでは、他の外国人墓地も紹介するため、地元などでも使用される山手外国人墓地と呼ぶことにします。

　1853 年、マシュー・C・ペリーが黒船で江戸幕府に開国を迫って、琉球などをめぐったのち、翌 1854 年に 2 度目の来航をしました。このとき、艦隊のミシシッピー号の乗組員ロバート・ウィリアムズ（二等水兵／24 歳）がマストから墜落して亡くなりました。これに際してペリーは、ウィリアムズの埋葬場所のみならずアメリカ人のための墓地を幕府に求めました。それには海が見える場所などの条件があったようです。これに対して幕府は、横浜村にあった増徳院の敷地を提供することにしました。ウィリアムズはそこに埋葬され、それが外国人墓地の端緒となりました。この

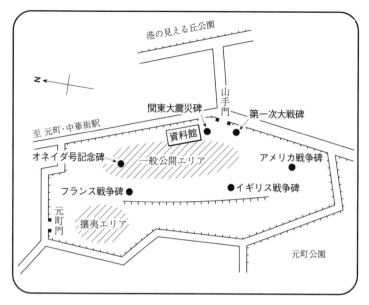

港の見える丘公園

N

山手門
関東大震災碑　第一次大戦碑
至 元町・中華街駅
資料館
オネイダ号記念碑　一般公開エリア　アメリカ戦争碑
フランス戦争碑　　イギリス戦争碑
元町門
攘夷エリア
元町公園

時に締結された日米和親条約によって静岡県下田の玉泉寺にはアメリカ人墓地が作られることになり、ウィリアムズの遺体は3カ月後に移されました（玉泉寺にはペリー艦隊で死亡した水兵らアメリカ人5名などが埋葬されています）。

1858年の日米修好友好条約によって、翌年、横浜が開港すると攘夷事件が相次ぎます。攘夷派の武士によってロシア使節ムラビヨフの艦隊乗組士官モフェトとソコロフの二人が殺害されました。このほか、フランス人士官カミュ、オランダ人船員フォス、デッケルらが襲撃されました。彼らは増徳院の隣接地、現在の22区／元町門の近くに埋葬されました。この場所は諸外国に貸与された最初の墓区となりました。その後さらに来日外国人の往来が盛んになると、日本で亡くなる外国人も増えていきました。そのため1861年には増徳院の日本人墓地を移動させることになり、本格的に外国人墓地が形成されていきます。1864年には幕府と各国領事間（アメリカ・イギリス・フランス・オランダ）で「横浜居留地覚書」が締結されて、増徳院上の高台に区域が拡張されます。さらに1866年には大火があり居留地再建の観点から「横浜居留地改造及競馬場墓地等約書」（慶応約書）が締結されたことで、ほぼ現在の墓域が形成されました。

明治政府が1868年にスタートした翌年、外務省は山手外国人墓地について無償貸与を続けるものの、維持・修理費用を各国領事団で負担するように伝えました。各国領事団は1870年に管理委員会を結成し、外国人墓地の管理・運営を行うようにしました（1900年に財団法人横浜外国人墓地として法人化、2013年には公益財団法人化して現在に至っています）。1871年には急増していた中国人の墓地が中区大芝台へ移されました。また、敷地を提供した増徳院は関東大震災後に南区平楽へ移転しました。そのことで横浜外国人墓地は22区5600坪（約18,500㎡）の墓域に拡がりました。埋葬記録は関東大震災で大半が焼失しながら、40数カ国の5000柱あまり、墓石数は3000基程度だということです。

まず山手の丘を登って現地を歩いてみよう

さて、では現地を見てみましょう。正門（山手門）は、第一次世界大戦（1914～18年）の戦没者慰霊のために造られたものです。入口左の横浜から出征した戦没者のモニュメントと合わせて、この戦争が横浜在住の人々にも大きなインパクトを与えたことが伝わってきます。

そのモニュメントには戦没者の名前、所属、階級、死因、死亡日、死亡場所が刻まれています。内訳は、イギリス人62人、フランス15人、アメリカ7人の計84人です。激戦地として有名なガ

リポリ半島や北フランスのソンミの戦い、パレスチナでの犠牲者や、ドイツ海軍潜水艦「U-20」に攻撃されて沈没し1198名の犠牲者を出したルシタニア号事件（15年）の犠牲者も刻まれています。この出来事は、孤立主義を取っていたアメリカが2年後に参戦したことに大きな影響を与えました。しかしアメリカの参戦は、多くの兵器をイギリス、フランスへ提供していたため、両国の敗北による負債を恐れたためともいわれます。軍需産業を柱としたパックス・アメリカーナのスタート地点といえます。

外国人墓地正門

正門の除幕式（22年）には、イギリス皇太子・エドワード8世が列席しました。摂政時代の昭和天皇がイギリス訪問をした返礼として来日していたからです。その正門右手には、これも立派な関東大震災犠牲者のモニュメントがあります。これが碑なのか、墓なのかはわかりません。しかしその大きさ、存在感はやはり当時の人々の悲しみを表しているように見えます。そのすぐ横に建つのは1994年に造られた横浜外国人墓地資料館です。墓地の歴史や、埋葬者の業績を紹介する資料が展示され

関東大震災犠牲者碑

ており、見ごたえ充分です（入場無料）。時間をかけて見学したい場所です。

外国人墓地内は通常は非公開ですが、墓地の維持・管理への理解を拡げるために、ルートを限って原則3〜12月の毎週末・祭日の12時から16時まで公開をしています（訪問する時は事前にホームページで確認することをおすすめします）。募金に協力することもこの外国人墓地のためには大事なことですね。沿道からでも歴史好きが関心を持つお墓をいくつか見ることができます。

第一次世界大戦犠牲者碑

山手外国人墓地は幕末からの横浜に関わった外国人だけではなく、震災や大戦など世界の歴史を知ることのできる場所です。関心のある人は公開日を確認して、資料館とともに訪問してはどうでしょうか。みなとみらい線元町・中華街駅が最寄り駅です。また、このあと紹介する根岸外国人墓地のある山手駅へは、JR根岸線利用のほか、直通の市営バス（20系統）で10分程度です。

この地で眠っている人たちはどのような人たちか

この墓地ではどのような人物が葬られているのでしょうか。こうした分類から、横浜がどのような人々が行き交い、どのように街が形成されていったのか読み取ってみてはどうでしょうか。

①攘夷事件での犠牲者

　ローマン・モフェトなどロシア水兵、ヴェッセル・フォスなどオランダ船員（本町事件）、チャールズ・リチャードソンなどイギリス人（生麦事件）、アンリ・カミュ（フランス人士官／井土ヶ谷事件）、ジョージ・ボールドウィンなどイギリス人士官（鎌倉事件）

②宣教師

ジェームス・バラ、ネイサン・ブラウン、メアリー・キダー（フェリス女学院）、ルイーズ・ピアソンなど横浜共立学園関係者、アルバート・ベンネット（関東学院）、アーヴィン・コレル（美会神学校、のちの青山学院）

③技術者

エドモンド・モレル、ヘンリー・ホートン、ジョン・イングランドなど鉄道技師

④外交官

ジョン・ラウダー（イギリス領事）、アーサー・ウィルム（ロシア横浜総領事）、ガスターブ・リィター・フォン・クライトナー（オーストリア・ハンガリー総領事）

⑤貿易商・商人

ヘンリ・ショーネ（生糸、ダイナマイト）、マリウス・ヘフト（船具、弾薬、ゲーテ座創立、ビール製造）、ジーン・ヘメルト（鉄砲類、酒類）

⑥新聞社関連

ラファエル・ショイヤー（『ジャパン・エクスプレス』）、ジョン・ブルーク（『ジャパン・デイリー・ヘラルド』）、ジョン・ブラック（『ジャパン・ヘラルド』『ジャパン・ガゼット』）、ヘンリー・テナント（『ジャパン・ガゼット』主筆）

⑦その他

ウィリアム・コープランド（ビール）、快楽亭ブラック（落語）、エリザ・シドモア（文筆家、シドモア桜）、チャールズ・ワーグマン（『ジャパン・パンチ』創刊）、チャールズ・バーナード（日本茶輸出、茶園経営）、エドモンド・バスチャン（富岡製糸場設計）

⑧モニュメント

ドイツ兵碑、第一次世界大戦アメリカ兵碑・墓、下関戦争記念碑（イギリス兵）・墓、フランス兵碑、ロシア兵碑、オランダ兵碑、オネイダ号（南北戦争でも使用）沈没乗船者記念碑

ネーザン・ブラウン墓　　青山学院関係者の墓　　　　オネイダ号記念碑　　エドモンド・モレル墓

2. 中華義荘／中国人墓地（横浜市南区大芝台）

中華街の形成とどのような関係が？

横浜開港後、中国人は当初外国人商人の通訳や買弁（仲介する商人）として、また自らビジネスを行うために来日しました。またそうした人々の生活を支えるために「三刀業」（理髪、服の仕立て、

調理）を生業とする人も多く来日して、横浜の中国人人口は急増しました。墓地も不足してきたため、外国人墓地から分離して、国有地を貸与されて中国人専用の墓地が 1873 年、中区大芝台に造られました。日本の中国人墓地としては他に函館、京都、神戸、長崎が知られています。

　当初の墓地の役割は、「落葉帰根」（落ち葉が根元に戻るように人も年老いたら故郷に戻る、という意味）という言葉があるように、大陸へ戻るまで棺桶に灰を入れて遺体を保管するという仮葬所でした。関東大震災までは３年に一度は棺船が来ていたといいますが、本土での政変などの混乱もあって横浜で葬られることが多くなったといいます。大正期からは「落地生根」（異国の地で円満な人生を過ごし、その地の土に帰するという意味）へと中国人の生活スタイルが変わっていきました。

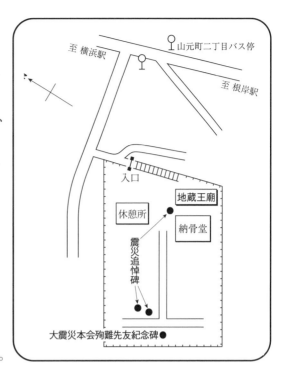

中国各地からやって来た人々

　敷地内には 1892 年、地蔵王廟（お堂）が建立されました。中庭を建物が取り囲む廟建築で、中国南方に多く見られる様式です。主要な建材は広州から運搬され、屋根瓦には横浜で作られていたジェラール瓦が使われていたそうです。建物と、本尊の地蔵王菩薩坐像及び厨子は、横浜市

地蔵王廟

中華義荘入口

指定有形文化財に指定（1990 年）されています。横浜に現存する煉瓦造建築としては最古のものです。

関東大震災犠牲者墓（出身地別）

横浜大空襲犠牲者（5月29日）

　関東大震災時に中華街では人口の３割が犠牲（横浜市全体の犠牲者率は４％程度）となりました。義荘内には震災追悼の石碑がいくつかあり（「横濱震災復華僑山荘記念碑」「大震災殉難者之墓」「大震災殉難之墓……聘珍楼敬上」）、特に中央一番奥の場所には出身地別のモニュメントが並んでいます（「大震災本会殉難先友紀念碑」など）。また墓石にも関東大震災や横浜大空襲で犠牲となった人が見受けられます。横浜の中国人社会から

は、そうした「中国」と一言でくくるだけではわからない歴史を学ぶことができます。たとえば、様々な出身地とそのグループの存在、日清戦争後に留学生が急増したこと、また日中戦争時では母国と戦争をしている敵国で商売をする難しさがありました。戦後になって中国内の対立から起きた「学校事件」（1952年）、そして近年急増しているニューカマーの存在など、近現代の中国史と日中関係も学ぶことができるのです。

　現在、義荘は財団法人中華会館が所有し、中華会館公益部門が管理しています。近年、義荘では代替わりが進んでおり、墓石のリニューアルも進んでいます。休憩所施設も老朽化のため2021年に建て替えられ、「横浜華僑歴史資料室」がオープンする予定です。

3. 横浜市根岸外国人墓地（横浜市中区仲尾台）

山手駅前ながら根岸外国人墓地

　JR根岸線山手駅のすぐ近くにあるため、山手外国人墓地と混同されることも多いですが、正式には「根岸外国人墓地」です。1880年に造られていましたが、1902年から使用されたとされ（横浜市による説明板）、第二次世界大戦後も1950年代にはお墓が造られていますが、近年は新しいお墓が増えていることはないようです。横浜外国人墓地の収容能力のみならず、感染病対策で作られていた避病院（隔離病院）での死亡者を葬る役割も担っていました。ここには、関東大震災で被災した外国人の追悼碑や横浜港のドイツ軍艦爆発事件（42年11月）の犠牲者をしのぶ慰霊碑などがあります。第二次世界大戦後には連合国軍に接収されていました。墓籍数は、管理する横浜市衛生局の記録では1202基とのことですが、放置状態のお墓も多く、墓標は約150基程度しかないそうです。

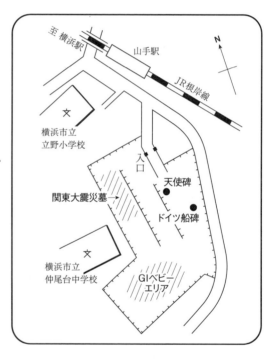

左：横浜市建立の関東大震災外国人碑　右：大震災での犠牲者墓

関東大震災、そして戦時中のドイツ船爆発事故

関東大震災については、横浜市が1926年に外国人追悼碑を震災復興交付金で建てました。アメリカ米領事のキリヤソフ夫妻など、墓石が残り名前がわかっているだけで十数人が葬られています。

またここには横浜港でのドイツ軍艦爆発事故（1942年11月30日）の追悼碑があります。これは当時日本の友好国だったドイツ軍艦が大爆発事故を起こした犠牲者を追悼したものです。インドネシアから航空用ガソリンを横浜に輸送して新港埠頭に停泊していた「ウッカーマルク」が油槽清掃中に爆

ドイツ船爆発事故碑

発を起こしたのです。近くに停泊していたドイツ海軍の仮装巡洋艦「トール」、同船に拿捕されたオーストラリア船籍の客船「ナンキン」（拿捕後「ロイテン」に）、海軍徴用船「第三雲海丸」（中村汽船所有）と合わせて4隻が損害を受け、横浜港内の設備もダメージを受けました。この事故ではドイツ海軍61人、中国人労働者36人、日本人労働者や住人など5人の合計102名が犠牲になりました（ドイツ海軍将兵は横浜外国人墓地に埋葬され、石碑が建てられました）。原因は「ウッカーマルク」油槽清掃作業員の喫煙説が有力ですが、戦時下の事故とあって多くの事実は伏せられたままでした。90年代になって地元神奈川新聞の石川美邦記者が真相究明に取り組み、1994年には追悼碑が建てられました。毎年11月には、地元住民、奉仕活動に長年携わる横浜山手ライオンズクラブ、児童生徒らと墓前祭を行っています。在日ドイツ大使館からも武官が出席しています。

GIベビーと地元中学生による掘り起し

墓地のすぐ上には横浜市立仲尾台中学校があります。同校に社会科教員として勤めていた田村泰治氏が、1984年から歴史研究部員と荒れていた墓地の清掃活動、調査・研究に取り組み、どのような方々が埋葬されているか調べました。足元の歴史を地道に調べて横浜の歴史の知られざる一面を明らかにしたのです。それは墓域の隅にある、いくつもの木製の小さな白い十字架についてでした。ほとんどが敗戦から数年のもので、調査ではアメリカ人と日本女性の間に生まれた嬰児の墓で、約900体もあったそうです。作家の山崎洋子さんによれば、当初は横浜外国人墓地に、外国人との間に生まれたと思われる嬰児の遺体がこっそりと置かれるようになり、当時の墓地管理人の安藤寅三さんは墓地にその遺体を埋葬したものの、限界があったということで根岸外国人墓地に埋葬するようにしたそうです。いつからか「GIベビー」（GIとはアメリカ兵の通称）と呼ばれるよう

になった嬰児のために1988年、山手ライオンズクラブが創立30周年記念として、慰霊碑を建立しました（山崎洋子『天使はブルースを歌う』）。その後、2015年には横浜市が墓地案内板から「GIベビー」についての記述を削除して書き換えていたことがわかりました。墓地管理者である横浜市は「（GIベビーを）埋葬したと証明する記録がない」ことを根拠にしていますが、経緯を聞いていた地域住民からは暗い歴史でも向き合うべき、と反発があるそうです（神奈川新聞2015年8月12日付）。「負の歴史」こそ隠さず、改めて記録やオーラルヒストリーから事実を究明する機会にするべきではないでしょ

GIベビー碑

うか。根岸外国人墓地は、横浜の苦難が刻まれた裏面史を学ぶには欠かせない大事な墓地といえます。またそれは繁栄ある所に暴力的な行為が現れやすい象徴ともいえるでしょう。

　入口の事務所開所時間は9時から16時まで、土曜日・日曜日・祝日・年末年始はクローズしています。

4. 英連邦戦死者墓地（横浜市保土ヶ谷区狩場町）

第二次世界大戦で日本と戦ったのはどこの国？

　第二次世界大戦で日本が戦ったのはアメリカ、イギリスというイメージが強いですが、イギリス軍はいわゆるイギリス連邦軍としてオランダ、オーストラリア、カナダ、ニュージーランド、インドなどの国・地域の兵士で構成されていました。日本がインド軍やオーストラリア軍などと戦闘したという認識はあまりないかもしれません。両国は英連邦軍であるだけでなく、日本が資源獲得のために侵略しよう

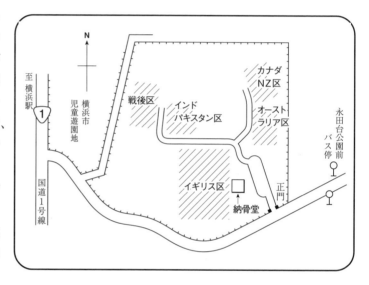

とした場所であることにも着目すべきでしょう。インドへはインパール作戦だけでなくコルカタやコロンボへの空爆、オーストラリアへはダーウィン空爆がありました。こうした国々の兵士を捕虜として、また残念ながら国際法を遵守せずに虐待行為などもあったことを知ることも大事です。そのきっかけとして英連邦戦死者墓地から学ぶことのできることは大きいといえます。

どうしてこの地に墓地が造られた？

　第二次世界大戦中に日本軍はアジア各地で約14万人の連合国軍の兵士を捕虜にしました。そしてタイとビルマ（ミャンマー）を結ぶ泰緬鉄道の工事をはじめ、道路や飛行場での建設作業に従事させました。国際法を適用せず、過酷な作業によって捕虜は飢餓、病気、虐待に苦しみ、3万数千人もの人々が亡くなったといいます。約3万6千人は日本へ連行され、出征して男性労働力が不足していた鉱山、造船所や工場などの労働に従事させられました。横浜でも京浜工業地帯の工場や造船所で国際法が禁じる強制的労働がありました。

　この墓地は、第二次世界大戦後の1946年にオーストラリアの戦争墓地グループによって児童遊園地の場所に建設されました。この遊園地は「学制頒布五十周年記念事業」として1929年に完成した

ものですが、戦時中は軍事錬成場として使われました。1955年には正式に日本政府が英連邦と「日本国における英連邦戦死者墓地に関する協定」を結びました。これにより敷地は、無償かつ自動更新（30年期限）で使用することになりました。これには戦争の賠償的意味合いもあったといわれます。

広い敷地は5つのセクションにわけられている

　広さ3haの敷地の墓地には1873名の犠牲者が、主に4つのセクションに眠っています。墓地に入って最初に広がる一番広い墓域がイギリス区です。1036人が眠っています。過酷な労働が原因とみられる病死、事故死や、空襲、艦砲射撃での犠牲者もいます。またここに面する「横浜火葬記念館」（納骨堂）にも、英連邦、アメリカ、オランダの335人の兵士、船員、航空隊員の遺灰を含む骨つぼが収容され、名前が刻まれています。原爆投下の犠牲者も葬られているそうです。

　イギリス区から右手に進むとオーストラリア区（278人）、その先はカナダ（137人）・ニュージーランド（13人）区です。またイギリス区の右階段上にはインド・パキスタン区（40人）、さらに上には朝鮮戦争の犠牲者などが眠る戦後区もあります。それぞれの墓には名前、年齢や階級、遺族のメッセージが刻まれ、深い悲しみが伝わってきます。イスラーム教徒やユダヤ教徒の墓もあります。敷地内には、花や芝生の手入れなど細やかな整備をしている方が居住しています。エリザベス女王、ダイアナ妃、ブレア首相など、イギリスの要人は来日時に必ずこの地を訪問しています。

インド・パキスタン地区

お墓に解説がつくことも

一番多いキリスト教式の墓

ユダヤ教徒の墓

ヒンドゥー教徒の墓

なぜイギリスは世界中に墓地を造ったのか？

　なぜこれほどの大規模な墓地が日本にあるのでしょうか？イギリスは第一次世界大戦中の1917年、帝国軍用墓地委員会/Imperial War Grave Commission（1960年から英連邦軍用墓地委員会/Commonwealth War Graves　Commission/CWGC）を組織して、戦争犠牲者を本国に送還せず、現地で戦死者の遺体を階級差なく葬る方針を決めました。それだけ戦場での犠牲者が増えたことがわかります。アメリカは今も戦死者の遺体は本国に戻されますし、戦時中の日本兵は階級によって墓石の大きさが違うのが一般的であるなど、それぞれの国のちがいが見えてきます。

CWGC は墓地管理や記録を目的に、政府間組織としてイギリス、インド、オーストラリア、カナダ、ニュージーランド、南アフリカの 6 カ国で構成されています。第一次、第二次世界大戦の犠牲者のために墓は世界では全部で約 2500 カ所に造られ（個人墓を含めた管理墓地は 52 カ国・地域の 23000 カ所）、170 万人が追悼されています。詳細は CWGC のホームページで検索可能で、犠牲者名簿もメールオーダーで取り寄せられます。戦史研究や捕虜問題の研究にも有用です。筆者はバングラデシュ東方のモエナマティ（マイナマティ）英連邦墓地を訪問した時、敵国である日本人の墓があるのを見て名簿をメールオーダーした経験があります。クレジット決済で 2 週間後に届きました。

追悼のためや、和解のためのセレモニーが開催されている

英連邦墓地ではセレモニーが行われています。4 月 25 日の ANZAC Day（第一次世界大戦中の 1915 年 4 月 25 日にオーストラリアとニュージーランド軍がオスマン帝国のガリポリに上陸したことに由来）、11 月 11 日（リメンバランス・デー～第一次世界大戦終結の日）前後の日曜日には英連邦各国大使館主

8 月の追悼セレモニー

カナダ・NZ 地区

催の慰霊祭が行われています。また 8 月の第一土曜日には、日本側からの発案で和解のセレモニーが開催されています。これは 1995 年の戦後 50 年から、泰緬鉄道やシンガポールで日本軍通訳を務めた故永瀬隆氏、国際基督教大学名誉教授故斎藤和明氏、青山学院大学名誉教授雨宮剛氏を中心に始められたものです。永瀬氏は虐待の当事者ではなく、終戦直後はイギリス軍の墓地捜索隊の通訳となりましたが、虐待の時に通訳をしたことで贖罪意識を持ち、1964 年から毎年タイを訪問して連合国軍兵士やアジア人労働者への慰霊活動、学校設立の活動を続けてきました。その一環として、この墓地での追悼式典を始めたのです。永瀬氏を取り上げた映画として、イギリス人捕虜エリック・ローマクス氏との交流を描いた『レイルウェイ 運命の旅路』（2013 年 / 英豪制作、原作はローマクス氏の『泰緬鉄道 癒される時を求めて』）、『クワイ河に虹をかけた男』（2016 年）があります。セレモニーでは英連邦各国の駐日武官も列席して、毎年多くの人々が参加しています。

深められている研究で戦争捕虜一人一人の生命が見えてくる

この墓地の研究を始めとして戦争捕虜（POW/Prisoner of War）について研究を続けているのが POW 研究会です。2002 年以来、捕虜・民間人抑留者や戦犯裁判の調査、元捕虜や遺族との交流などに取り組んでいます。ホームページでは日本各地の捕虜収容所で亡くなって、この英連邦戦死者墓地に眠る兵士などの名前、階級、部隊、死亡日、年齢、死因などの名簿のほか、多くの研究成果

が掲載されています。またオーストラリアの元捕虜の人々の団体のホームページも紹介されており、今も戦争の傷と向き合いながら活動を続けている方々の存在を知ることができます。留意したいのは外国での軍人墓地は戦闘での犠牲者を中心に葬られていますが、横浜（日本）の場合、「急性肺炎」「栄養失調」が死因として多くなっています。日本軍は第二次世界大戦中に国際法の捕虜待遇を重視しませんでした。また軍国教育で「敵に捕まるのは恥」と教え込まれていた兵士たちは、捕虜を恥ずかしい人間だと決めつけ、虐待をしたといいます。世界中の軍人墓地で、こうした国際法違反の犠牲者が中心に葬られているところは他にあるのでしょうか。

5. おわりに——無言の墓が世界史と生命の大事さを語ってくれる

　外国人墓地は、函館、神戸、長崎など日本の他都市にも存在します。また第一次世界大戦捕虜の墓地などは各地にありますが、横浜には存在しません。一方、外国人墓地ではありませんが、横浜へは開港後に日本各地から多くの人々が集まって来たため、幕末以降の墓地、墓所がいくつかあるのも特徴的です。市営の久保山墓地（西区）には戊辰戦争での長州藩や土佐藩の戦傷者墓所がありますが、ここに1890年、ムスリム墓地を造る計画が持ち上がったそうですが、結果的には横浜外国人墓地に葬られています。この計画が実現していれば、このタイトルも「5つの外国人墓地」になっていたはずですね。

　外国での日本人墓地はどうなっているでしょうか。たとえば東南アジア各地では、明治期に日本人墓地が形成されていました。シンガポール日本人墓地公園はよく知られています。想像力を発揮して、そうした逆の立場で物事を考えることで気づくこともあるはずです。

　これまで横浜の外国人墓地から知ることのできる歴史を、出来事や人物を通して紹介してきましたが、ほかにも観点はないでしょうか。英連邦戦死者墓地では墓石のサイズがみな同じであることで、各国の政策や死生観を考えることができます。先が折れているようにみえる墓石がありますが、そこにはある意味が込められています。土葬と火葬、宗教による風習の違いもあります。これらの外国人墓地を通して、時代によって変遷してきた日本の墓制や死生観などを知る機会になりますし、日本で現代において変わろうとしている墓制や葬儀のあり方、社会観まで視野が拡がりますね。

　ここでは横浜の4つの外国人墓地を紹介しましたが、いずれも観光地ではなく、遺族の方々が亡くなった方を偲ぶ大切な場所です。マナーを守り見学許可を取って、静寂な中で先人たちから学ばせていただく姿勢を忘れずに訪問していただければと思います。

【参考文献】
斎藤多喜夫『横浜外国人墓地に眠る人々』有隣堂、2012年
石川美邦『横浜港ドイツ軍艦燃ゆ』木馬書館、1995年
山崎洋子『天使はブルースを歌う』毎日新聞社、1999年
笹本妙子『連合軍捕虜の墓碑銘』草の根出版会、2004年
『有鄰』501号、2010年8月10日号

《コラム》

愛川地区のインドシナ難民コミュニティ

鈴木　晶

　「インドシナ」という地域名を聞いたことがあるでしょうか。歴史の教科書には必ず出てきますが、まさにインドと中国（チャイナ）の間にある場所で、現在のベトナム、ラオス、カンボジア、そしてタイとミャンマーの一部を指します。インドと中国の歴史的、文化的影響を大きく受けてきた地域です。

　1975年、冷戦の代理戦争とも言われたベトナム戦争が終結すると、ベトナムは社会主義化が進みました。それまでの支配層や財産を持つ富裕層は迫害から逃れるため、国外脱出をしました。1979年の中越戦争でも同様な脱出があり、陸路で逃れた人たちを「ランドピープル」、小型船で海路で逃れた人々は「ボートピープル」と呼ばれました。この時、合わせて300万人以上が脱出しました。彼らはマレーシアの東岸にも到達したことから、クアラ・トレンガヌにはその時の犠牲者名を刻むモニュメントもあります。しかし同年6月、マレーシアのマハティール首相（当時）は受け入れた難民を追放すると発表して世界を驚かせました。これは難民対策に積極的に取り組まない先進国に対して、直後に開かれた東京サミットで協議を促したもので、翌月には国連主導で「ジュネーブ会議」が開かれて対応が進みました。

マレーシア、クアラ・トレンガヌのモニュメント

　航海中の船舶に救助された人々は人道的配慮として、その船の行先に上陸することになり、日本では1975年に千葉県市原港に上陸したのが最初でした。当時日本は難民条約を批准しておらず（今も日本の人権条約批准数は少なく、人権国とは言えないと指摘されています）、「経済大国といわれるようになった日本がアジアの同胞を救わないのか」という国際的批判を受けて、またアメリカの要請もあって1981年にようやく批准しました。ただ難民対応は待ったなしの状況だったこともあって、国は77年から対策を始め、79年にはアジア福祉教育財団をつくり事業を委託し、難民事業本部が設置されました。そして長崎県大村には難民センター（略称）、さらに兵庫県姫路市（79年）と神奈川県大和市（80年）に難民定住促進センターが開設されたのです。日本は約11,000人を受け入れました。

　神奈川とインドシナ難民は、こうして縁ができたのです。現在の神奈川県の「外国人」人口はベトナム1万6153人（6%）、ラオス1212人、カンボジア1932人です。横浜市栄区と大和市にまたがる最大の団地、いちょう団地では多言語の看板や、スーパーマーケットに入ることで、多文化共生を意識することができます。こうしたいちょう団地や地元小学校の取り組みなどは、書籍や新聞などで取り上げられて

いるので、聞いたことのある
人も多いでしょう。1998 年
にセンターはクローズされて
しまいますが、NGO により
県央部を中心に十数グループ
が定住支援のための日本語教
室や学習室を開いています。

　そして神奈川県西北部の愛
川町には、ベトナム、ラオス、
カンボジアの人々が出身国ご
とにコミュニティ施設を立ち
上げています。それは前述の
ような定住支援の受け皿があ
ることと、東名高速道路や圏
央道のインターチェンジが近いという立地から大型の工場や配送センターといった仕事の場があるからで
す。仏教国だけあってどこも寺院が組み込まれているのが特色です。愛川町の県道 412 号線を車で走っ
ていると、愛川大橋付近で仏教寺院風の建物を見た、という人もいるのではないでしょうか。大和市に近
い藤沢市下土棚の善然寺にはインドシナ 3 国の共同墓地があり、主に難民の方々が眠っています。 伊勢
原にもカンボジアの方々のコミュニティがあります。こうしたことを学ぶには、まずは支援をしている方々
に話を伺ってからが望ましいといえます。かながわ国際交流財団や、支援団体とコンタクトを取ってみて
はどうでしょうか。
　インドシナ難民の一世は日本に来て 40 年経っていることで、日本国籍を取得して日本名を持っている
方もいます。現在はそうした方々の難民二世、三世も増えています。前述の日本語教室とは逆に、母国語
教室の必要性も高まってきています。なぜなら三世には祖父母（一世）の話すことがわからないからです。
横浜の中華街でニューカマーの家族が直面していることが、ここでも起きています。移民の言語を始めと
する文化的問題は世界各地でも起きていることでもあり、参考にすべき取り組みがあります。
　さてここでコミュニティの一つとして、ラオス文化センター（愛川町三増）を紹介します。日本在住の

ラオス文化センター

ラオス本国から派遣されている僧侶

ラオス人の約半数が神奈川県に住んでいることもあって、2003 年に有志の方々で建物を購入して改装しました。語学や伝統舞踊の教室も開催されています。お祭りの時には多くの人々が集まって郷土料理を楽しんでいるそうです。施設内の寺院には母国から派遣されている僧侶がいます。インド発祥の仏教の伝播には大きく三つの流れがありますが、インドシナは王権の主導もあって上座部仏教が広まりました。

　インドシナ難民の方々を知ることは、インドシナでの戦争と冷戦の歴史、難民問題、入管法改正問題と多文化共生などを考えることにつながります。そして難民二世や三世が、日本語を母語にしていく中で、「外国人」とは、そして「日本人」とはなにかを改めて考えることにもなります。

【参考文献】
清水睦美編著『いちょう団地発！ 外国人の子どもたちの挑戦』岩波書店、2009 年
川村千鶴子、近藤敦、中本博皓 編著『移民政策へのアプローチ』明石書店、2009 年
高嶋伸欣ほか『旅行ガイドにないアジアを歩くマレーシア』梨の木舎、2010 年

チュア・ベトナム（愛川町半原）

ワットラカンジャパン（カンボジア／
愛川町中津）

《コラム》

「世界史」する日韓在日の高校生——川崎富川高校生フォーラム・ハナー

風巻　浩

世界史の授業とは

　世界史の授業とはどのような場なのでしょうか。荒井信一が言った「世界史は世界とのつきあい方の学問」を引用する形で、尊敬する世界史教師である鳥山孟郎が以下のように述べています。「世界史の授業とは、研究者や教師各人の世界とのつきあい方が生徒によって問い直される場」である（『授業が変わる世界史教育法』（青木書店）171頁）。この言葉を噛みしめながら授業を創り上げてきました。定年の年に『社会科アクティブ・ラーニングへの挑戦—社会参画をめざす参加型学習—』（明石書店）を上梓しました。

　生徒による世界史の問い直しの経験は沢山ありましたが、その最大の「事件」が2000年に起こりました。この時、僕は当時勤務していた川崎南高校の生徒2人とともに、韓国の高校生たちと会うために初めて韓国にきていました。僕らを招待した富川市の富川高校の高校生たちと一緒に、日本軍慰安婦とされたお婆さん（ハルモニ）たちが暮らす「ナヌムの家」を訪問し、慰安婦問題の説明を受けました。翌日は、ハルモニたちが慰安婦問題への誠実な対応を訴える水曜集会がソウルの日本大使館前で開かれる日でした。歌やダンスがある、中高生も参加するにぎやかな集会でした。そこで生徒の一人が飛び入りでスピーチを始めたのでした。「日本人が慰安婦問題に関心がないのは、日本が加害者である歴史を詳しく教えないからだと思います。こんな日本だけど、日本人は悪い人ばかりではないので、私たちのチング（友だち）になってください！」涙ながらに、このように呼びかけました。

　彼女は、この時の出来事を帰国した後に文章にしました。歴史の事実が「真実になった」と彼女は書き記しました。ナヌムの家をフィールドワークの地に選んだのは、単なる教科書のなかのテストのために覚えなくてはならない事実ではなく（その頃は「慰安婦」の文字が教科書に存在していました）、まさに彼女がいみじくも「真実」と言ったように、自分ごととして歴史に出会うことができるのではないか、という思いからでした。そして逆に、彼女たち日韓の高校生の行動は、僕自身に「世界史とのつきあい方」として韓国の人々との関係構築をせまることになりました。この「事件」をきっかけにして、日韓の高校生たち、そして、韓国を訪れた彼女の発案で神奈川朝鮮高級学校の生徒も参加して、日韓在日のグループである「川崎富川高校生フォーラム・ハナ」（略称「ハナ」）が生まれました。今や20年を過ぎ、うれしいことにハナの韓国側OBと日本側OGが結婚し、可愛いお子さんが誕生するという出来事も起きました。

ハナはどんなことをしてきたか

　ハナの高校生たちは、フォーラム（様々なテーマでの対話の場）やフィールドワーク、そしてホームスティや合宿を通じて、別れの日の空港で抱き合って号泣するほどの感動を得ていきます。彼ら／彼女らのアイデンティティは、日本人、韓国人、在日コリアンを超えて、「東アジア市民」とでも言うような共通の土台を創り上げてきています。LINEなどを通じて、会えない半年も活発に交流しています。

　様々な場所でフィールドワークをし、様々なテーマでフォーラムを開催してきました。韓国では、例え

ば前述のナヌムの家の他、軍事境界線地帯などを訪れ、朝鮮戦争や南北分断についてのフォーラムを何回もおこなってきました。日韓在日の高校生たちで臨　津　江^{イム(リム)ジンガン}を遠く見ながら、フォーク・クルセダーズが紹介した名曲「イムジン河」を歌ったことが懐かしく思いだされます。ちなみに、朝鮮高級学校の生徒たちは北からも南からも軍事境界線を眺めています。「歩いて飛び越えたい」と言ってました。

　日本で、韓国のナヌムの家に匹敵するコンフリクトをもたらす場所は、靖国神社の新遊就館でした。私たちにも納得できない問題のある歴史観での展示ですから、韓国や朝鮮学校の生徒たちからすれば、とうてい納得できないものでした。宮司さんのお話をお聞きすると同時に、キリスト者遺族の会の実行委員長として靖国神社への合祀に反対してきた故西川重則さんにもお話をお聞きし、双方の立場から問題を考えました。富川ハナの生徒の抗議により、植民地朝鮮出身の特攻兵の名前を日本名からハングル併記に変えさせることにもなりました。

「世界史」するハナの高校生

　ハナの高校生たちは、過去を紐解き、日韓在日に関する様々な問題を主体的に考え、意見をたたかわせ、上記のように時に行動していきます。朝鮮民主主義人民共和国への偏見や、在日コリアンへの無関心など、様々なコンフリクトが存在しますが、それを対話的関係で乗り越えていきます。

　『歴史をする』^{（注1）}という本があります。まさに、ハナの高校生たちは「世界史」している、と言えるでしょう。もっと多くの高校生にハナに参加して欲しいと思っています。高校時代、涙を流すほど感動するなんてことは、あまりないのですから。「川崎」と名称にありますが、横浜市在住・在学など他市の参加者も現在は多くなっています。関心のある生徒さんがいましたら、風巻(nextasia@gmail.com)までお伝えください。

注1　リンダ・S・レヴィスティック、キース・C・バートン著、松澤剛、武内流加、吉田新一郎訳『歴史をする──生徒を
　　　いかす教え方・学び方とその評価』(新評論、2021年)

顔と手で「花」を表現した「ハナポーズ」がお決まりになりました。

《コラム》

中華街に学ぶ、分断と対立を乗り越える知恵

谷口天祥

If you leave the pot on the stove, the water boils... Racism is all over the world. This was a global pandemic before corona... I'm a very spiritual person and I don't think that's a coincidence that these two things are happening at the same time."

―コンロにヤカンをかけ続ければ、水はいつか必ず沸騰する。（アメリカだけのことでもない）人種差別は世界中にある。人種差別がコロナウイルスより先の世界的パンデミックだ。BLM とコロナの問題が同時に世界に広がったのは偶然でも何でもない。

　2020 年 5 月にアメリカ・ミネソタ州ミネアポリスで起こったジョージ・フロイド事件の衝撃を受けてブラック・ライブズ・マター（BLM）運動が世界中に広がるなか（BLM は 2012 年に起きたトレイボン・マーティン事件から使われるようになった言葉ですが）、アフリカ系アメリカ人の暮らしを映画で描き続けてきたスパイク・リー監督はこのように語りました。

　BLM（黒人の命も大事だ）、Time's Up（もう終わりにしよう）、Brexit（イギリスの欧州連合離脱）、2020 アメリカ大統領選挙、米中の対立……。新型コロナウイルス感染症が世界を震撼させるなか、私たちは深刻な分断や対立を見せつけられました。長らくの差別や不条理、国内を二分する危機、「新冷戦」とまで称される大国の覇権争いは世界を不安にさせます。SNS が普及し、同じ関心を持つ人々どうしのコミュニティーの中で instagrammable（映える）投稿をし thumb up!（いいね！）とお互いに共感を求め合うつながり方が広がっています。しかし、その一方では、人々の間ではエコーチェンバーやフィルターバブルなどによって情報の分断も進みました。いまこそ人とのつながりについて見直してみる時期かもしれません。

　世界各地で見られる分断や対立は決して遠い国の出来事ではありません。港の街として古くより世界と接し続けてきた私たちの神奈川も深刻な問題をいくつも経験してきました。国籍あるいは民族、障害による隣人との分断も悲しい現実として見られました。コロナウイルスの発生源が中国の武漢ではないかと疑われるや中華街の店舗には心無い誹謗中傷が投げつけられました。川崎のヘイト問題や津久井やまゆり園事件に心を痛めた人も多いはずです。社会的に立場の強い者と弱い者との差が広がり続け、弱い者がさらに弱い者を差別する社会になってはいないでしょうか。弱い者に対する心の余裕が失われ、不安を抱える者どうしが互いに傷つけあう分断の社会になってはいないでしょうか。私たち一人ひとりが、分断や対立を乗り越えることを考えてゆかなければなりません。

　歴史が経験してきた苦難と悲しみを乗り越えるヒントを中華街に見つけました。中華街を J R 石川町駅から訪れるときの玄関口「善隣門」は牌楼のひとつ。年間 2,000 万人以上の観光客を迎える街の牌楼には「中華街」と書かれた扁額が掲げられています。そして裏の扁額には「親仁善隣」としるされています。

中国・春秋時代の古典『春秋左氏伝』の一節「仁に親しみ隣に善くするは、国の宝なり」に由来し、隣国や隣家と仲良くするという意味です。

　大正12（1923）年、関東大震災が発生し中華街は壊滅的な被害を受け、さらに震災で人心が乱れるなか日本人による中国人虐殺という悲劇も起こりました。震災後、中華街の華僑が200人程まで激減した時期もありましたが、開港以来から続く三把刀の技術で日本人から信頼を得て、やがて街には人が戻ります。当時中華街に暮らしていた華僑の職業として洋裁、理髪、料理の3つが代表的でした。どれも刃物を商売道具にすることから、これら3つの職業は「三把刀」と呼ばれました。

　昭和に入り徐々に日中関係が悪化、昭和12（1937）年には日中戦争が勃発します。戦況が悪化するにつれて国内の反中感情も厳しさを増していきましたが、そうした中でも華僑は山下町の戦死者追悼会に代表を送るなど、地元の人々との善隣を保つ努力を続け戦時下の日々を耐えました。

　昭和20（1945）年5月29日の大空襲によって、中華街は焼け野原となりました。8月に終戦を迎えた後はいち早く復興が始まりました。炊き出しやバラックで営業を始めた中華街では戦後の食糧難のなか、日本人も外国人も関係なく人々の胃袋を満たしました。

　1949年に中華人民共和国が建国されて中国が2つに分裂されると、それを受けて中華学校でも昭和27（1952）年に「学校事件」が起きます。共産党系（大陸系）と国民党系（台湾系）が対立し日本の警察が介入する流血事件となりました。中華学校には台湾系が残り、校舎への立ち入りを禁止された大陸系の教師と生徒らは、職場や住居を山手に移して仮設教室で授業を行いました。翌1953年に大陸系が建設した校舎が後の「横浜山手中華学校」となります。台湾系の「横浜中華学院」は現在も中華街にあります。中華街全体も昭和47（1972）年の日中国交正常化以後も、大陸系と台湾系の華僑同士が長らく対立していました。伝統的な文化行事で中華街の融和を図ろうと街の有志らが尽力し、昭和61（1986）年に「春節」の催事が行われるようになったのです。平成元（1989）年には横浜市制100周年、横浜港開港130周年を記念し「横浜博覧会」を開催、バブル景気の波に乗って中華街も発展してゆきました。

　中華街の店舗で構成する横浜中華街発展会協同組合は、苦難の歴史を教訓に「中華街憲章」を制定し、街が発展する指針としています。ここに謳われている七か条には、商売に携わる者でなくとも学ぶことが多いようです。礼節待人（courtesy）、創意工夫（creativity）、温故知新（tradition）、先義後利（customers satisfaction）、老少平安（safety）、桃紅柳緑（amenity）、善隣友好（hospitality）。

　社会が混迷していても、むしろ混迷しているからこそ、隣人とのつながりは「親仁善隣」、相手への思い遣りに俟つものでなくてはならないでしょう。そして苦難や悲しみを乗り越える力は、いつの時代も市井の人々が生み出しているのです。

《コラム》

「難民は日本の宝」──相馬雪香から学ぶ世界の中の日本

藤田賀久

　「いちょう団地」（横浜市、大和市）をはじめ、県内には多くの定住外国人がいます。中には、心ならずも祖国を離れ、やっとのことで日本に辿り着いた人たちもいます。特にインドシナ三国（ベトナム、ラオス、カンボジア）出身者が多いのは、彼らの故郷に戦争や内乱、そして革命が相次ぎ、命が危険に晒されたからです。

　インドシナ難民が続出した 1979 年、相馬雪香（1912−2008 年）は「インドネシア難民の会」を創設しました。動機のひとつにカナダの友人からの手紙がありました。そこには「ヨーロッパでもインドシナ難民を援助しているのに日本は 2 人しか受け入れていない。日本人の心は冷たい。世界で最も恥ずべき国」とあったからです。相馬はすぐに外務省を訪ねて手紙を見せました。しかし、「他人様から、とやかく言われる筋合いはございません」と言われてしまいました。そこで自ら動こうと決意したのです。

　1984 年には「難民を助ける会」（AAR）と名称を変え、対象地域をアフリカにまで広げました。また、地雷廃絶にも取り組みました。インドシナには無数の対人地雷が埋められており、多くの人を傷つけ、農業や経済発展を阻害していたからです。取り組みのひとつに絵本『地雷ではなく花をください』シリーズの刊行があります。当時の事務局長（現会長）柳瀬房子が文章を書き、相馬が英訳しました。絵は AAR 会員の絵本作家葉祥明が「絵の具代」すら受け取らずに描きました。売り上げは地雷除去や難民支援に充てられています。

　相馬は、「憲政の神様」尾崎行雄（相模原市生まれ、1858−1954 年）の三女として生まれました。尾崎は第一次世界大戦後のヨーロッパを視察し、戦争が国や文明を破壊すると痛感して二つの「フセン」（「不戦」と「普選」）の実現を誓います。そのため、時に罵倒され、身に危険が及ぶこともありましたが、決して自らの信念を曲げませんでした。

　尾崎は性別、年齢、階級、貧富の差などで人を判断せず、誰に対しても丁寧語を使いました。また、女性は政治に触れるべきではないとの風潮に反して、いつも相馬を演説会に連れて行き、自分の講演を批評させました。関東大震災（1923 年）の時、朝鮮人が井戸に毒を入れたとの噂が立つと、尾崎は「もし本当に朝鮮人がそういったことをしたとしても、なぜそういう気持ちになったのか、こちらの責任も考えなければならない」と喝破しています。このように、非常にリベラルで、自分の意見に固執せずに相手の気持ちを考える父の姿勢を相馬は常に見ていました。

　1931 年 9 月、尾崎と相馬が訪米中に満州事変が勃発しました。ハル国務長官と会談後、尾崎は「明治天皇以来、営々と築き上げてきた諸外国の日本という国に対する信用が失われる」と嘆いたそうです。相馬は、世界の中で孤立していく日本を感じました。

　戦後、アジアにおける日本の孤立を痛感した相馬は、1978 年に日韓女性親善協会の創設に尽力しました。このとき、韓国側でも国会議員の朴貞子（パク・チョンジャ）が韓日女性親善協会を創設しました。1986 年の合同総会の時です。日本側は親善の証としてチマ・チョゴリを着て参加し、朴に和服一式を送

ろうとしました。すると朴は「これが着られる時が来るまで預かってほしい」と言いました。相馬は、改めて相手の気持ちを考える大切さを痛感しました。

　日英ハーフの母セオドラ英子の薫陶もあり、相馬は英語が堪能でした。相馬の娘原不二子も日英通訳として活躍しています。原の著書に相馬の人柄を示すエピソードがあります。1975年、ある国際会議で、原はサイゴン陥落直前の南ベトナムの国会議員の通訳をしていました。すると、相馬が通訳ブースに飛んできて、「自分の国が死ぬかどうかの瀬戸際にいる人の訴えを通訳しているのに、相手の痛みを感じない通訳なんかやめろ」と烈火のごとく怒ったというのです。

　相馬は「難民は日本の宝」と強く訴えています。なぜなら「厳しい環境で生き抜いた難民の発想や体験は、日本人の考え方を変えてくれる」からだというのです。相手の立場や気持ちを理解し、そこから学ぶ姿勢の大切さを説いた相馬は、一方では日本の内向き志向に警鐘を鳴らしました。自分達が「世界の一部」であること、そしてたとえ相手が間違っていると思っても、「お前が悪い」と指を指すときは三指が自分に向いていることに気づくべきだと、あらゆる場所で繰り返しています。相馬の生き様とその教えは、私達が世界と日本を考えるときの力強い指針でもあります。

【参考文献】
相馬雪香『心に懸ける橋』世論時報社、1987年
鳥飼玖美子『通訳者と戦後日米外交』みすず書房、2007年
原不二子『通訳ブースから見る世界』ジャパンタイムズ、2004年
読売新聞解説部編『ドキュメント　時代を拓いた女性たち』中央公論新社、2002年
AAR Japan 難民を助ける会ウェブサイト　https://www.aarjapan.gr.jp/
尾崎行雄記念財団ウェブサイト　http://www.ozakiyukio.jp/

特 集

ケイ素の
リトル・ビッグヒストリー
——地球史と人類史、そして神奈川の歴史

ケイ素のリトル・ビッグヒストリー
——地球史と人類史、そして神奈川の歴史

市川賢司

I　分離と濃縮の歴史

1.　ありふれた元素であるケイ素

ケイ素は地球の表面に存在する元素の割合を示すクラーク数[注1]で25.8となり、酸素に次いで2番目に多い元素です。地球上の岩石をつくっている鉱物のおよそ90％がケイ素を含んでいて、ケイ素はありふれた元素です。ケイ素は酸素と結びつきやすく、二酸化ケイ素の結晶として石英、珪砂、珪石として産出します。砂（珪砂）は石英の小さな粒のことであり、岩石が砕けてできたものです。クラーク数第1位は酸素ですが、地表付近で一番多いものは実際には二酸化ケイ素ということになります。

地球の主成分であるケイ素ですが、長い間、地表に豊富に存在する二酸化ケイ素がケイ素元素であるとみなされてきました。ケイ素と酸素とを分離するのが難しかったからです。1823年、スウェーデンの化学者イェンス・ベルセリウスが、はじめて二酸化ケイ素から酸素を切り離すことに成功しました。純粋なケイ素の結晶は1854年、フランスの化学者アンリ・ドヴィーユがつくりました。原子番号は14、元素記号はSi、英語名はsilicon（シリコン）です。単体のケイ素は常温では固体で青灰色をしていて金属のような光沢があります。けれども金属ではなくて硬くてもろい非金属の結晶で、多少の電気伝導性をもつ半導体です。

ケイ素は、さまざまな形で私たちの日常生活の中に浸透しています。ケイ素は半導体として集積回路や太陽電池の材料となり、エレクトロニクス産業にとってなくてはならないものです。二酸化ケイ素に炭酸ナトリウムと炭酸カリウムを加え、加熱溶解してから冷やしたものがガラスです。石英の結晶である水晶を薄膜にして電気刺激を与えると正確に振動するため、クオーツ時計に使われています。水晶は圧力を加えると電圧が発生するためにライターや点火装置として使われています。ケイ酸ナトリウムを水中

クラーク数

元素	クラーク数
酸素	49.5
ケイ素	25.8
アルミニウム	7.56
鉄	4.70
カルシウム	3.39
ナトリウム	2.63
カリウム	2.40
マグネシウム	1.93
水素	0.83
チタン	0.46
塩素	0.19
マンガン	0.09
リン	0.08
炭素	0.08

単体ケイ素（結晶美術館ホームページ）

で加熱すると水ガラスとなり地盤改良材として使われます。水ガラスを乾燥させるとケイ酸になり、ほぼ完全に脱水したものが乾燥材シリカゲルです。二酸化ケイ素のうち、石綿（アスベスト）は断熱材として使われていましたが、肺がんの危険性があるため、2006 年に全面製造禁止となりました。ケイ酸カルシウムはセメントの主成分です。粘土はケイ酸塩の一部のケイ素がアルミニウムに置き換わったもので、良質のものは陶土と呼ばれ、陶磁器の材料です。炭化ケイ素は大変に丈夫なために研磨剤や耐熱材として使われます。ケイ素と炭素の化合物をいくつもつなげ、長い鎖（高分子）にしたものがシリコーン（silicone）です。通常は粘性の油となっていて、潤滑剤や塗料の結合剤、化粧品などに利用されます。長い鎖を橋掛けにするとシリコーンゴムとなり、毒性がなく水をはじくため台所や風呂場のシール材、燃えないので消防服の材料となっています。

2.　別々の道を歩んだ兄弟元素

　元素周期表でケイ素のすぐ上には炭素があります。両者とも結合の腕を四本持っていて、ケイ素の結晶は炭素の結晶であるダイヤモンドと全く同じ構造となっています。ケイ素と炭素は共通点がとても多いので、兄弟元素とも呼ばれています。

　しかし兄弟はかなり違った運命を歩んできました。炭素のクラーク数は 0.08 で炭素はケイ素よりも圧倒的に少ない元素です。しかし、炭素は生命の世界における最重要元素となっていて、人体を形作るタンパク質も DNA も炭素が中心となってできています。ヒトの体重の 2 割近くは炭素で構成されていて生物は炭素で出来ていると言っても言い過ぎではありません。

　ケイ素の方が炭素よりも圧倒的に多く存在し、しかも共通点が多いのならば、ケイ素生物が存在してもいいはずです。ケイ素と生物との関係は次のようになります。海のプランクトンとして出現する単細胞生物である放散虫は二酸化ケイ素の骨格を持ち、その堆積物がチャートと呼ばれる岩石です。珪藻はケイ素を外部から取り込み細胞壁に利用しています。珪藻の堆積物は珪藻土と呼ばれ、建材として利用されています。シダ植物やイネ科植物もケイ素を蓄積することができ、強力な茎を持っています。ヒトは体重 70 kg の成人の体内には約 1 g のケイ素が含まれています。

　以上のことから生物界では炭素の役割が圧倒的に大きく、ケイ素の役割は部分的であることがわかります。お互いに結合の腕を四本も持っているのに、自然界にはケイ素と炭素が結びついた化合物は見当たりません。人工的に両者を結合させると、例えばシリコーンゴムになり、優れた材料となるのに自然界ではどうして手を取り合わないのでしょうか。

　似た者同士のケイ素と炭素はなぜ結びつかないのか？　ケイ素生物はなぜ存在しないのか？　こうした疑問に真剣に答えた人を私は知りません。以下は私の推論です。両者は地球上に最も多く存在するクラーク数 49.5 の酸素と結びつく可能性が高かったはずです。その結果、ケイ素は二酸化ケイ素になり石や砂に、炭素は二酸化炭素になりガスになりました。固体と気体にそれぞれなったということ、ケイ素と酸素との結びつきが強力だったという 2 つの理由からケイ素は炭素と出会うことができなくなってしまったのです。植物は光合成によって二酸化炭素を吸収して酸素を吐き出し、動物は呼吸によって酸素を吸って二酸化炭素を吐き出します。しかし二酸化ケイ素は固体なので光合成や呼吸の対象にはなれません。酸素と結びついて固体になったことが、ケイ素生物が誕生

できなかった理由ではないでしょうか。そして両者は別々の道を歩み始め、ケイ素は無機世界の王者となり、炭素は生命世界の覇者となりました。

イントロダクションが長くなりましたが、ケイ素を身近に感じられたでしょうか。いよいよ本論の始まりです。前半では、この宇宙にケイ素が誕生してから私たちの手元に来るまでのケイ素の歴史について述べていきます。私たちがケイ素を利用するまでに長い分離と濃縮の歴史がありました。後半ではケイ素がヒトと出会ってから、ヒトによってどのように姿を変えさせられたのか、そして姿を変えたケイ素がヒトそのものを、そしてヒトの文化や社会にどのような影響を与えていったのか、ケイ素とヒトとの関係史について述べていきます。後半では紙面の都合で石器とガラス、半導体の3点に絞って述べていきます。

3. ケイ素が誕生してから私たちの手元に来るまでの長い分離と濃縮の歴史

① ケイ素誕生以前の宇宙の歴史

今から138億年前、宇宙は一つの小さな点が爆発することで誕生したとされています。これを「ビッグバン」と呼んでいます。宇宙はビッグバンから時間と空間そのものが始まったと考えられています。宇宙開始0.01秒後、温度1000億度ですでに陽子や中性子、電子、光子、クォークなどが存在しましたが、あまりに高密度であったために光さえも動けませんでした。宇宙開始100秒後、ヘリウム原子核が誕生しました。宇宙開始3分後、温度は10億度まで低下し微量ながらリチウム原子核もつくられました。宇宙開始後3分間のプロセスのことを「ビッグバン元素合成」と呼びます。ビッグバンでつくられた元素は水素、ヘリウム、微量のリチウムだけでまだケイ素は誕生していません。

宇宙開始38万年後、温度は3000度まで下がり、水素やヘリウムの原子核に電子が結合し、水素原子とヘリウム原子となりました。初めての原子の誕生です。それまで宇宙は自由に動き回っていた電子の霧に覆われていて、光はまっすぐに進めない状態になっていました。しかし、水素原子とヘリウム原子の誕生により、電子が吸収されたおかげで、光はまっすぐに進めるようになったのです。これを「宇宙の晴れ上がり」といいます。宇宙が透明になったわけです。この出来事は、宇宙が完成したことを意味しています。この段階で宇宙に存在したものは水素、ヘリウム、リチウム、光だけです。ケイ素はまだ存在していません。

② ケイ素の誕生

水素とヘリウムのガスは密度の高いところに周囲のガスを集め、大きなガスのかたまりへと成長していきました。そして宇宙誕生から約3億年後、高密度になったガスの塊の中心で核融合反応がはじまりました。宇宙で最初の星の誕生です。これを

第1世代の星の核融合反応で誕生した諸元素（Wikipedia 核融合反応）

「第1世代の星」と呼びます。第1世代の星は太陽の100倍以上の質量を持つ巨大な星で、温度は10万度と高く、核融合反応が速く進むためにその寿命は数百万年程度であったと考えられています。ちなみに太陽の寿命はおよそ100億年であり、第1世代の星はとても短命でした。この第1世代の星の内部では水素とヘリウムの核融合反応によって炭素や酸素、「ケイ素」など、鉄までの重い元素が次々とつくられていきました。ケイ素は第1世代の巨大な星の中の核融合反応の結果誕生したのです。巨大な星の内部でつくられたケイ素を含む重い元素は、巨大な星の最後である「超新星爆発」によって宇宙空間にまき散らされて、次の新しい星の誕生のためにリサイクルされることになります。この段階で宇宙空間に初めてケイ素が存在することになりました。しかし、この時代に私たちが生きていたとしても、ケイ素の採取はあまりにも希薄であったため、採取は困難といえるでしょう。

③ 天の川銀河、太陽系、地球の誕生

私たちの太陽系が属している銀河のことを「天の川銀河」と呼んでいます。天の川銀河は宇宙誕生から8億年後、今から130億年前に形成されたという説が有力です。天の川銀河は直径約10万光年の銀河でおよそ1000億個の恒星が集まってできています。太陽系は、銀河の中心から約2万8千光年の距離、つまりどちらかと言えば縁の方にあります。太陽系が誕生したのは今から46億年前とされています。太陽系は、そこに漂っていた超新星爆発でまき散らされた物質を材料にして形成されました。こうした宇宙空間に漂っている物質のことを「星間物質」と呼びます。星間物質は質量の99％が水素やヘリウムなどの軽い元

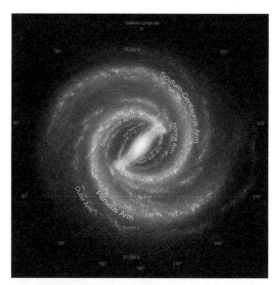

天の川銀河の想像図（Wikipedia 銀河系）

素のガスで、残りの1％がケイ酸塩などの細かいチリで出来ています。第1世代の星の核融合反応と超新星爆発の結果、たった1％ではありますが、チリが形成されたのです。

星間物質が集められて星間雲と呼ばれる構造が出来上がり、重力の作用で集まり、小さくなっていき、中心部で水素をヘリウムにする核融合反応が始まり、太陽が誕生しました。物質の99.8％は太陽の中に取り込まれ、残りの0.2％の物質が太陽の周りに円盤状に広がって回転を始めました。これを原始惑星系円盤と呼びます。この円盤の中では太陽に近い方に、重いケイ酸塩や酸化物や金属などの岩石主体の微粒子が集まり、逆にそこから水蒸気が太陽の熱で飛ばされ、太陽から遠い方では水蒸気が氷となり、氷主体の微粒子層をつくりました。

太陽に近い岩石主体の微粒子の層では1ミクロンの微粒子が重力で引き合いながら吸着と成長を続け、直径1～10kmのおよそ100億個の微惑星を形成しました。これらの微惑星がさらに衝突と合体を繰り返し、原始惑星となりました。その結果、太陽に近い方から水星、金星、地球、火星の

四つの惑星が形成され、これらを岩石惑星と呼んでいます。その他、木星と土星はガス惑星、天王星と海王星は氷惑星となりました。私たちの地球のような岩石惑星が誕生できたのは、原始惑星系円盤の中で太陽が、その熱を利用してチリと氷とを分離してくれたから誕生できたのです。岩石惑星の主要な元素の一つがケイ素でした。

④　マグマオーシャンの地球

　微惑星がさかんに衝突を繰り返して地球が成長している時期のことを「隕石の重爆撃期」と呼びます。衝突の熱で当時の地球の表面は、すべて高温のマグマの海で覆われました。これが「マグマオーシャン」と呼ばれるもので、厚さ（深さ）が1000kmもありました。地球が現在までの大きさまで成長し、隕石の重爆撃期が終了したのは今から40億年前のことでした。

　マグマオーシャンの中では鉄とケイ酸塩の岩石とが分離し、密度が高く重たい鉄は地球の中心まで沈んでいき核を形成し、密度が低く軽いケイ酸塩の岩石は核の上にマントルを形成しました。マグマオーシャンが液体であったためにこのような分離が起こり、密度・重さの違いによって核とマントルが形成されたのです。マントルはケイ酸塩の岩石で構成され、二酸化ケイ素含有率はおよそ40％でした。

⑤　地殻の形成

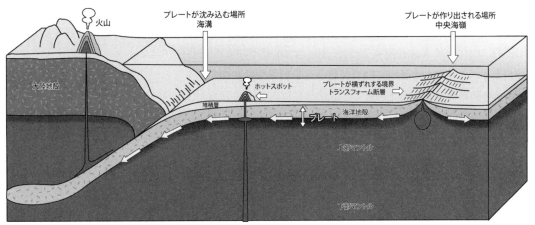

プレートの運動、海洋地殻と大陸地殻（画像提供：海洋研究開発機構）

　地殻とは地球の表面のそれこそ殻に当たる部分で、地殻の体積は地球全体の体積の1.5％です。約40億年前の地球は地表が冷えて最初のプレート運動が始まり、大洋の底にある中央海嶺で玄武岩のマグマが噴出し、水平方向に何千kmも移動し、大陸の縁に達し、斜め下の方向に沈み込み、最後に海溝に没していき、マントル中に戻っていきます。このようにして海底に形成された地殻を海洋地殻と呼び、厚さは6kmとほぼ一定で、玄武岩で構成されています。つまり、海洋地殻はマントルから分化した物質で出来ています。海洋地殻は何億年も海底にあったので、岩石中に水分を含み、地球深部に沈み込むことによって水も地球深部に運ばれることになります。この水によって固体で

あったマントルがとけて、玄武岩質のマグマがつくられます。マグマは地表まで上昇して火山噴火を起こしますが、噴火しなかったマグマは地中で固まって花崗岩となります。この花崗岩が長い間に蓄積していき大陸地殻を形成します。初期の地球にはマントルからつくられた玄武岩でできた海洋地殻しかなく、地球の表面は海がほとんどであったはずです。ところが海洋地殻から大陸地殻がつくられ、大陸が形成されていったのです。現在、地球の表面は7割が海であるのに対して陸地は3割となっています。

　大陸地殻は平均40kmの厚さを持ち、その厚さは海洋地殻の7倍です。また構成されている岩石も海洋地殻と異なっていて、花崗岩や安山岩で構成されています。海洋地殻を構成する玄武岩と大陸地殻を構成する花崗岩や安山岩との違いは含有されるケイ素の違い、この場合は二酸化ケイ素の含有率の違いです。玄武岩質の海洋地殻における二酸化ケイ素の含有率が50％なのに対し、安山岩質の大陸地殻における二酸化ケイ素の含有率は60％になっています。この二酸化ケイ素の含有率の違いによって地殻の密度と重さに違いが出ます。二酸化ケイ素の含有率が少ないと密度は大きく重くなり、二酸化ケイ素の含有率が多いと密度は小さく軽くなります。大陸地殻は海洋地殻よりも密度が小さく軽くなっているので大陸地殻はつねに海洋地殻の上に浮いているわけです。このようにして二酸化ケイ素含有率60％の大陸地殻が形成されました。私たちヒトは大陸地殻の上で生活をしています。自分の足元の地面はケイ素で出来ているといっても言い過ぎではありません。ケイ素が私たちの手元に来るまであと一歩です。

　⑥　砂と砂岩の形成

　地中の奥深くでマグマが固まってできた花崗岩も浸食作用によって地表面に露出してきます。花崗岩の二酸化ケイ素含有率は75％に達し、二酸化ケイ素の結晶化が起きます。花崗岩を近くで観察すると、きらきらと光っている粒状のものが多数含まれていることが分かります。これが二酸化ケイ素の結晶体である石英の粒で、花崗岩には石英が3分の1ほど含まれています。ケイ素を分離するための最終段階が風化作用です。土壌の酸による風化で花崗岩は石英を除くあらゆる鉱物が崩れてぼろぼろになり、粘土に変わります。それに対して石英の粒子はきわめて安定しているのでほぼ永久に変化しません。粘土鉱物の粒子はきわめて小さいため、水や風で運ばれやすく、やがて石英の粒子だけが残ります。これが砂丘や川床や浜辺に堆積し、時間が経つとこうした砂の堆積物が固まり砂岩になります。砂岩の中には石英以外何も含まず、二酸化ケイ素含有率ほぼ100％のものまであります。このようにして私たちヒトはケイ素を入手することができるようになったのです。現在では、膨大な砂が堆積した場所が世界中に存在していてガラスや集積回路の材料になる石英が採取されています。

　⑦　分離と濃縮の歴史……ここまでのまとめ

　石英は地球の表面に豊富に存在し、私たちはそれらを簡単に採取することが出来ます。それは、今まで説明してきたように、この宇宙にケイ素が誕生してから今日まで、分離と濃縮の歴史を歩んできたからです。ほぼ宇宙の全歴史を通じてケイ素を分離し、濃縮する活動が積み重ねられてきた

結果、珪砂からなる砂漠や砂丘や砂浜が形成されてきたのです。まとめてみましょう。

　第1世代の巨大な恒星の中の核融合反応でケイ素が誕生し、超新星爆発でケイ酸塩を含むチリとガスが宇宙空間にばらまかれました。太陽系の形成の際にチリと氷が分離され、岩石惑星である地球が形成されました。マグマオーシャンの中で金属からなる核と岩石からなるマントルが分離しました。マントルから二酸化ケイ素含有率50％の海洋地殻が分離しました。海洋地殻から二酸化ケイ素含有率60％の大陸地殻が分離しました。大陸地殻の地表面に浸食作用で二酸化ケイ素含有率75％の花崗岩が露出しました。花崗岩が風化作用によって石英の粒子と粘土鉱物の粒子が分離しました。石英粒子の堆積によって二酸化ケイ素含有率100％の砂岩が形成されました。表にまとめると次のようになります。

ケイ素の誕生とその後の分離・濃縮の歴史

出来事	分離作業等	結果及び濃縮
第1世代の巨大な恒星の中の核融合反応	ケイ素の誕生	超新星爆発へ
超新星爆発	ケイ素が宇宙にばらまかれる	チリ（ケイ酸塩）とガス
太陽系の形成	チリ（ケイ酸塩）と氷の分離	岩石惑星である地球の形成
マグマオーシャン	核（金属）とマントル（岩石）の分離	マントルの形成 二酸化ケイ素含有率およそ40％
海洋地殻の形成	マントルから海洋地殻が分離	海洋地殻を形成 二酸化ケイ素含有率50％
大陸地殻の形成	海洋地殻から大陸地殻が分離	大陸地殻を形成 二酸化ケイ素含有率60％
花崗岩の形成	地中でマグマが固まることによる花崗岩の形成	花崗岩の形成 二酸化ケイ素含有率75％
花崗岩の風化作用	花崗岩から石英と鉱物を分離	石英の粒子の堆積と砂岩の形成 二酸化ケイ素含有率100％

（筆者作成）

II　ヒトとの出会い、神奈川の石器、ガラスの歴史

1.　石器の歴史

①　ヒトとの出会い

　地表面に豊富に存在する二酸化ケイ素を道具として利用した生物がヒトでした。ヒトは石器を製作し、使用し始めたのです。ヒトはチンパンジーから約700万年前に分かれて、別々の進化の道を歩み始めました。チンパンジーにはできなくて、ヒトにしかできないことが、ヒトがヒトであるた

めの条件になります。ヒトの条件としては直立二足歩行、道具の製作と使用、言語の使用、火の使用などがあり、その条件の一つに石器の製作があります。

使いやすい石器とは硬くて丈夫な鋭い刃があることです。その最適な石は黒曜石と呼ばれる火山ガラスと、前に放散虫のところで触れたチャートあるいはフリントと呼ばれる堆積岩です。両者とも二酸化ケイ素を豊富に含む石です。私たちの先祖は石器を製作して使用することで初めてケイ素と関係したわけですが、その行為そのものがヒトになるための条件だったことになります。私たちはケイ素と関係することでサルからヒトになれたのです。

②　石器製作とヒトの脳の増大との関係

名称	時期	脳容積	石器
サヘラントロプス	700万年前	350cc	未確認
ラミダス猿人	440万年前	350cc	未確認
アウストラロピテクス	420〜200万年前	400〜500cc	アウストラロピテクス・ガルヒがオルドワン石器を使用
ホモ・ハビリス	240〜180万年前	500cc	オルドワン石器
ホモ・エレクトゥス	190〜10万年前	1000cc	アシュール石器、ハンドアックス

（筆者作成）

現在、確認されている最古の石器はケニアのトゥルカナ湖岸のロメクウィという場所で発見された330万年前の石器です。その後、約260万年前〜約250万年前の間に東アフリカ各地でオルドワン石器と呼ばれる簡単な石器が作られるようになりました。アウストラロピテクス・ガルヒやホモ・ハビリスが使っていたと考えられています。

オルドワン石器（Wikipedia　オルドワン石器）

表にあるように、ヒトはその誕生から約450万年間、脳は大きくなっていません。脳はエネルギーを多く消費する臓器で大きな脳を維持するためには栄養が効率よくとれる肉食をする必要がありました。肉食をするには狩猟が必要で、そのためには石器が必要でした。ここで大切なことは脳が大きくなってから石器を使い始めたのではなく、石器を使い始めてから脳が大きくなったということです。石器がヒトを突然、急速に進化させたのです。

アシュール石器（Wikipedia　前期旧石器時代）

約175万年前のエチオピアでアシュール石器が現れます。代表的なアシュール石器が切断などに使われたハンドアックスで、ホモ・エレクトゥスが使用していました。ホモ・エレクトゥスは約190万年前に出現し、約10万年まで生きていたヒトの

中でも非常に繁栄した種でした。長身で体はスリムで足が長く、初めて走り、狩猟を行なったと考えられています。ハンドアックスを使ってほとんどすべての動物の皮を切り裂いて肉を取り出し、骨を割って骨髄を取り出して食べていました。ハンドアックスによって常習的に肉食をすることが出来るようになり、それによってホモ・エレクトゥスは脳を 1000 cc、私たちの脳の3分の2まで大きくすることが出来たのです。このことはハンドアックスが 1000 cc の脳を維持していたことになり、ハンドアックスがホモ・エレクトゥスを生かしていたといっても言い過ぎではありません。もはやホモ・エレクトゥスにとって、ハンドアックスは体の一部になっていたといえます。ホモ・エレクトゥスの姿は炭素を主成分とする生物がケイ素を主成分とする石器を体の一部として取り入れ、共に進化していった先の一個の生命体の姿です。ホモ・エレクトゥスの姿は私たちとほとんど変わらないことが分かります。走ったこととハンドアックスの使用がホモ・エレクトゥ

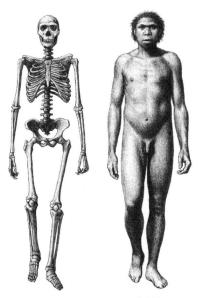

トゥルカナ・ボーイと呼ばれる代表的なホモ・エレクトゥスの化石人骨とその復元図
（Wikipedia Homo erectus）

スにどの様な影響を与えたのか、図にまとめてみました。ホモ・エレクトゥスはアフリカからユーラシア大陸へと拡大し、ホモ・エレクトゥスの一部がアフリカでホモ・ハイデルベルゲンシスへと進化し、ホモ・ハイデルベルゲンシスからネアンデルタール人と私たちホモ・サピエンスへと進化しました。

ホモ・エレクトゥスのまとめ（筆者作成）⇒　現代人とほとんど変わらなくなった

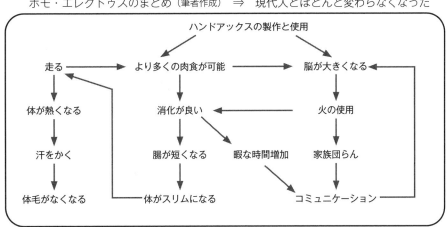

③ 神奈川の遺跡から出土する神津島産黒曜石の石器

黒曜石は酸性の火山岩に伴う天然の火山ガラスで、ニュージーランド・パプアニューギニア・日本・カナダ・カリフォルニア・メキシコ・ペルーなど、環太平洋造山帯にそって分布しています。このほかにはインドネシア・トルコ・エチオピア・チェコなどにも分布しています。日本の代表的な黒曜石原産地は北海島の白滝、伊豆諸島の神津島、長野県の和田峠・霧ケ峰・男女倉・八ヶ岳、

隠岐島、大分県の姫島などです。日本で黒曜石の石器が製作・使用されたのは3.5万年前の旧石器時代から縄文時代を経て、弥生時代に鉄器や青銅器の使用が始まる頃までででした。

　神奈川県では相模野台地に多数の旧石器時代〜縄文時代の遺跡があり、そこから多数の黒曜石の細石刃が出土します。黒曜石の石器の研究者である堤隆氏によると相模野台地で発掘の終了した10遺跡の総数2,830点の黒曜石について、蛍光X線分析による産地同定を実施し、その結果、分析可能であった2,153点の黒曜石の産地を明らかにしています。内訳は男女倉・和田峠・霧ケ峰・立科・八ヶ岳などの信州系の黒曜石が1,094点（51％）、神津島系の黒曜石が609点（28％）、伊豆・箱根系の黒曜石が450点（21％）でした。神奈川県において一番近い黒曜石の産地は箱根ですが、箱

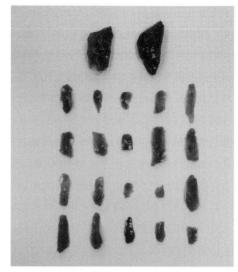

用田鳥居前遺跡（神奈川県藤沢市）から出土した神津島産黒曜石の剥片石器及び細石刃（神奈川県埋蔵文化財センター蔵）2020年8月13日筆者撮影。

根産よりも和田峠や神津島の黒曜石の方が、はるかに質が良いのです。そのため相模野台地では遠く長野県や神津島から黒曜石がもたらされたのです。旧石器時代〜縄文時代にこのような遠距離の交易がおこなわれていたことは驚くべきことです。

　神津島は、伊豆諸島に属し、伊豆半島の下田から54kmの距離に位置しています。島は周囲22km、面積19平方kmのちょうどヒョウタンのような形の島です。その神津島の中心集落である前浜の沖合5.5kmの海上にある、岩礁を中心とした小島群が恩馳島で、この島の崖面、波打ちぎわの砂利中や海底に黒曜石が分布しています。特に海底（水深8m弱）には、拳大の大きさからひとかかえもある大石まで良質の原石が大量に存在しています。神津島本島にも黒曜石原石産地はあるのですが、恩馳島産の黒曜石が最も良質で、遺跡で石器に使用された原石はこの恩馳島産のものです。

　神津島周辺海域は現在、海深200m以上あり、更新世後期の最終氷期最寒冷期（約2〜1.8万年前頃）に海面が約120〜100m低下していたことを考え合わせてみても、神津島と本州が陸続きになることはなかったわけです。神津島産の黒曜石は約3.5万年前頃、東京都武蔵野台地の遺跡から発見されたのが最古の例であり、後期旧石器時代の初期から利用されていたことが分かっています。このことは旧石器時代の日本で外洋を航行した海上交通が行われていたことを意味しています。考古学の定説では、海の利用は新石器時代からと考えられており、この活動は「世界最古の海洋航海者」の活動の一つであるということができるのです。

　神津島産の黒曜石は旧石器時代には武蔵野台地だけでなく、相模野台地、下総台地、箱根・愛鷹山麓周辺など沿岸地域を中心とした半径150kmほどの地域における使用が確認されています。続く縄文時代になると神津島産の黒曜石の利用はさらに本格化し、関東・中部地域の太平洋沿岸部を中心に分布し、一部近畿・東海や東北地方にまで及んでいました。最も神津島産の黒曜石が広域に分布した時期は縄文中期（約5000年前）で半径200km圏という広範囲に伝播し、遠く400km離れた能登半島の遺跡からも発見されています。

2. ガラスの歴史

① ガラスとは何か

　ガラスの原料は二酸化ケイ素と炭酸ナトリウムと炭酸カルシウムの3種類が基本です。具体的には二酸化ケイ素とは珪砂（石英の砂）、炭酸ナトリウムとは初期の時代であれば草木灰、炭酸カルシウムとは石灰のことです。ガラスの主原料は二酸化ケイ素ですが、炭酸ナトリウムは珪砂を溶けやすくするため、炭酸カルシウムはガラスに化学的耐久性を持たせるために加えられます。粉末にした原料を調合し、よく混ぜ合わせたものを高温で溶融して冷やして固めたものがガラスです。

　ガラスの構造には、原子の配列に、結晶に見られるような規則性がありません。炭酸ナトリウムがガラスの中では酸化ナトリウムに、炭酸カルシウムがガラスの中では酸化カルシウムにそれぞれなり、それらが不規則な二酸化ケイ素の網目のなかに浮いている状態になっています。したがってガラスは結晶＝固体ではなく、液体が低温で粘性が増して動けなくなったものです。

　複数の原料を調合し、加熱するなどして化学変化を起こさせて作るガラスは加工ではなく化学処理というレベルになります。したがって遺跡からガラス製品が出土するとその遺跡は文明のレベルにあるという評価が与えられます。ヒトがガラスを作ったことは文明社会の幕開けを示しているのです。

② 最古のガラス

　現存する最古のガラスの証拠として紀元前2050年頃、ウル第三王朝時代のエリドゥ遺跡出土のガラス塊があります。素地は青色で気泡の多い溶解塊です。このことからガラスはメソポタミアが起源ではないかと考えられています。ウル遺跡出土のガラス瓶は紀元前1300年～紀元前1200年頃に製作されたもので、耐火粘土のコア（芯）に溶けたガラスを巻き付けて作るコア・ガラス技法によって作られました。当時のガラス器は不純物が多かったために透明にはなっていません。

ウル遺跡出土のガラス瓶（大英博物館蔵、博物館番号 120659、高さ 11.8cm）

③ 吹きガラス技法

　紀元前1世紀中ごろに、ローマ世界で吹きガラス技法が発明されました。これは鉄パイプの先端に溶解ガラスを巻き取って丸くし、反対側から息を吹き込んで風船のように膨らませてガラス容器を作るという画期的な技法でした。当時のガラス工芸品はローマン・グラスと総称されています。1本の鉄パイプさえあれば簡単にガラス容器を作れるこの技法は1世紀くらいの間にメソポタミア・エジプトに広がり、ローマ帝国没落後は、イスラーム世界がガラスの生産の中心となりました。

中世ヨーロッパ世界ではイスラーム・ガラスの技術を導入してガラスの生産が始まりました。特に重要な展開を見せたのがキリスト教の教会建築の中で使われたステンドグラスとガラス・モザイクです。

④　近代のガラス

　第4回十字軍（1202～1204年）によって東ローマ帝国が一時滅亡すると、帝国内のガラス職人は大部分がイタリアのヴェネツィアに移住し、ヴェネツィア・グラスが展開しました。15～16世紀がヴェネツィア・グラスの最盛期で、ガラス職人たちはムラノ島に集められ、技術が外に漏れないようにしました。この時期のムラノ島における大発明としてガラス鏡の発明があり、ヴェネツィアは鏡の生産を独占することになりました。フランスのブルボン朝のルイ14世はム

ヴェルサイユ宮殿鏡の間（筆者撮影）

ラノ島から職人を引き抜いて1682年に完成したヴェルサイユ宮殿に鏡の間を造らせました。その後、鏡の生産の中心はアルプス以北へと移っていきました。

　近代のガラスにおいて重要であったのが、レンズを使用した望遠鏡と顕微鏡の発明です。望遠鏡は1600年頃発明されたと言われていますが、この望遠鏡で初めて天体観測をしたのがガリレオ・ガリレイです。彼は1609年に自作の望遠鏡で天体観測を行い、天の川が無数の星で出来ていること、木星の4つの衛星や月の凹凸、金星の満ち欠けや太陽の黒点を発見し、それまでカトリック教会が支配していた世界観を大きく揺さぶる業績を残しました。これらの業績によりガリレイは「天文学の父」と呼ばれています。顕微鏡の製作と普及は望遠鏡の十数年後でした。顕微鏡を用いて本格的研究が始まったのは1660年代からでした。オランダのレーウェンフックは生涯にさまざまな形態の400台もの顕微鏡を製作し、多くの微小動物を50年以上にわたって観察しました。世界で初めて顕微鏡で微生物を観察した人物です。水中に住む多数の微生物の存在に注目し、その顕微鏡観察によって、生物の自然発生を否定する根拠を与えた業績は大きいものがあります。彼は単細胞生物の観察を体系的に行ったため、「原生動物学・細菌学の父」と呼ばれています。レンズは石器と同様にヒトの体の一部としてヒトの目を補強し、それによって私たちヒトは宇宙から微生物の世界までの未知の世界を観察できるようになったのです。

⑤　産業革命と板ガラス

　18世紀後半に起こった産業革命期に、ガラスを溶解する技術が一大進歩をとげ、板ガラスが一つの工業分野として独立しました。その後、今日に至るまで板ガラス工業は産業の一つの柱となっ

ています。板ガラスは建物の部材としてなくてはならないものですが、板ガラスが建築資材の主役になった背景として「鉄との結婚」(注4)がありました。鉄は丈夫でしなやかでもあり、あらゆる形に変形させることが出来ます。鉄がささえて板ガラスで覆うことで大規模でありながら室内が明るく快適な建造物を造ることが可能になりました。その代表例が1851年のロンドン万国博覧会の水晶宮（クリスタルパレス）です。水晶宮は鉄とガラスを駆使した長さ約563m、幅約124mの大規模建築でありながら、部材を工場で生産していたため、わずか10か月で完成しました。使われたガラス板は30万枚でした。鉄とガラスの結婚の結果生まれたこの水晶宮はまさに現代建築のはじまりといえます。

レーウェンフックの顕微鏡（レプリカ）
（印西市立印旛医科器械歴史資料館蔵）
管理番号：237　1670〜73年
高さ70mm×間口20mm×奥行き12mm

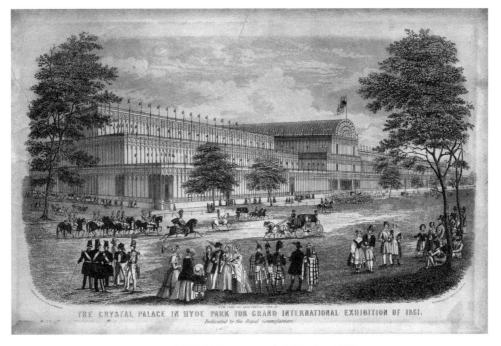

水晶宮（クリスタルパレス）（Wikipedia　水晶宮）

⑥　現代のガラス工業

　20世紀に入るとガラス工業の中心はアメリカとなり、生産技術はさらに進歩して今日に至っています。現在では板ガラスだけでなく、さらにガラス製品の分化が進んできています。1950年代以降になるとガラス繊維産業が本格化し、特に建築用ガラス繊維製品は、省エネルギーに役立つ製品として飛躍的に発展してきています。また、ガラスは建築材料だけでなく、通信用光ファイバーや集積回路用フォトマスクなど、エレクトロニクス産業の重要部材として数多く出現してきています。

次のⅢにつながる話になりますが、エレクトロニクス産業の主役がケイ素からつくられる半導体です。つまり、現代のエレクトロニクス産業は半導体としてのケイ素を主役とし、ガラスを名脇役として発展してきたことになります。主役も脇役もケイ素である産業がエレクトロニクス産業なのです。これまでガラスは食器であり、装飾品であり、建築部材として活躍してきました。もちろんそれは今日でも続いています。現代のガラスはそれに加えて先端技術の重要部材としての能力を備え、半導体としてのケイ素を支える名脇役として、エレクトロニクス産業を支えているのです。

⑦　日本のガラスの歴史

　紀元前300〜250年から紀元200年代までの弥生時代の遺跡から、勾玉（まがたま）、管玉（くだたま）、釧（くしろ）、璧（へき）などが多数発見されていて、これらが日本最古のガラスと考えられています。中国でガラスがつくられたのは戦国時代（紀元前500年〜紀元前200年）であるので、日本最古のガラスは中国から輸入されたものと考えられています。日本でつくられた最古のガラス玉は勾玉で、その鋳型が出土しています。現在知られている最古の鋳型の例は、山口県下七見出土の開放鋳型（弥生中期初頭、前2世紀）です。このことから少なくとも弥生時代中期には日本でガラスの生産が始まっていたと考えられています。

　日本の古代ガラス器としては正倉院の6個のガラス器が有名ですが、これらは大陸から渡来したものです。同じ正倉院にある文書（8世紀前半のもの）には、ガラス玉製造のための原材料・燃料などの記録が残されていて、この時代に大量のガラス玉が日本でつくられていたことが分かっています。

　平安時代（8世紀末〜12世紀末）になると、ガラスの遺物の出土はほとんどなくなり「空白の時代」を迎えます。平安時代の「源氏物語」や「枕草子」などに、ガラスの杯や壺が出てくるので、貴族社会ではガラスが良く使われたものと考えられています。続く鎌倉時代・室町時代も平安時代と同様にガラスにとっては「空白の時代」でした。

　日本に入ってきた最初の西欧ガラスは、1549年にポルトガルの宣教師フランシスコ・ザビエルが持ってきたガラスの鏡や、遠めがねだとされています。鎖国時代になるとオランダからガラス器が入ってきますが、これらはビードロやギヤマンなどと呼ばれ、江戸時代の人々に大いに珍重されました。西欧のガラス製造法も日本に伝わりますが、江戸時代を通じてその製造は後進的なものでした。

　明治政府はガラス工業について、1876年（明治9年）に官営の品川硝子製造所を設立し、ガラス器物と板ガラスの生産を計画しましたが、技術の不足と資金の不足が原因で失敗に終わっています。日本における本格的な板ガラス工業の誕生は、1907年（明治40年）のAGC（旧旭硝子）の設立まで待たなければなりませんでした。

Ⅲ　人類の英知と神奈川──ケイ素の脳がヒトの脳を超えていく

1.　半導体のケイ素との出会い

　第二次世界大戦中、レーダー電波の検知器としてケイ素整流器の研究が盛んに行なわれ、ケイ素結晶が典型的な半導体であることが明らかとなりました。これが半導体のケイ素とヒトとのはじめての出会いであり、今日のエレクトロニクス時代の幕開けでもありました。半導体とは電気を少しだけ通す物質のことでケイ素やゲルマニウムが代表的な元素です。ゲルマニウムは希少な元素で安定供給が難しいので、半導体としては地球上に圧倒的に多く存在するケイ素が使われることになります。

　実際の半導体は、純粋なケイ素だけを使うのではなく、他の元素を不純物としてほんの少しだけ混ぜる「ドーピング」という手法によって電気伝導性を変えることでさまざまな半導体を作っています。ドーピングの際に混ぜる不純物はごく微量であっても大きく電気伝導性が変わるために、半導体を作るためには完全に純粋なケイ素を作ることと、混ぜる不純物の質や量を厳密にする必要があります。ケイ素は酸素やアルミニウム、マグネシウムなどと結びついているため、半導体としてケイ素を利用するためにはまず、ケイ素を純粋にする、つまり精錬を行う必要があります。ケイ素の精錬にはガラスを作る際の化学処理を大きく超える高い技術が必要です。たとえばIC（集積回路）などの半導体に使われるケイ素では「99.999999999％」（イレブン・ナイン）という「超高純度の単結晶構造」が要求されるため、抽出後にもさまざまな製造工程を経て精製しなければなりません。半導体は最先端技術の結晶なのです。

2.　初めて純粋になれたケイ素

　この宇宙に純粋ケイ素が登場したということは、宇宙の歴史において画期的な出来事と言えます。今まで述べてきたように、ケイ素はこの宇宙に誕生してから私たちの手元に来るまで、分離と濃縮の歴史を経験してきました。しかし、その分離と濃縮は、あくまでも二酸化ケイ素としての分離と濃縮の歴史でした。現代になって、ケイ素はヒトの力を借りて、精錬という手法によって宇宙の歴史においてはじめて酸素と別れて純粋ケイ素になることが出来たのです。これは自然界では起こりえないことで、宇宙の歴史における大事件でした。ケイ素は純粋になってはじめて半導体という特殊能力を発揮することになります。そして今、ヒトはケイ素のその特殊能力を利用しているのです。

3.　太陽光発電の仕組みと特徴

　太陽光発電は、ヒトが半導体としてのケイ素を利用した代表例と言えます。太陽光発電はケイ素にホウ素（B）を加えたP型シリコンとケイ素にリン（P）を加えたN型シリコンを重ね合わせ

た構造となっています。そこに太陽光が当たると電子が光のエネルギーを吸収して動き出します。このときに2カ所の電極を導線で結ぶことで電流を流して発電をします。

太陽光発電は、自然にある太陽光から発電するという、自然エネルギー、クリーンエネルギーを代表するものです。太陽光が当たる場所であればどこでも発電できます。太陽がある限り発電ができるので、エネルギーは事実上無限に存在し、枯渇の心配がありません。発電するにあたって公害は発生しません。稼働する部分

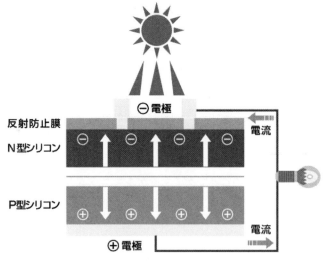

太陽光発電のしくみ（九州電力ホームページ）

がないために故障が少なく、メンテナンスの必要もほとんどありません。人工衛星や離島の灯台などの電力供給が難しく、自家発電をしなければならない場所では特に威力を発揮します。一方で、現状ではまだ太陽電池パネルが高価であること、夜間や積雪など、発電ができない時間帯があることや天候に左右されること、広い土地が必要なことなどの短所もあります。

4.　ヴァンガード1号

1954年、アメリカのベル電話研究所において世界で初めて結晶型シリコンを原材料とした太陽電池が発明されました。太陽電池が初めて実用化されたのは1958年のことで、アメリカ海軍が人工衛星ヴァンガード1号に太陽電池を搭載し、打ち上げに成功したことが最初になります。ヴァンガード1号は1958年3月17日、アメリカ、フロリダのケープ・カナベラルから打ち上げられ、軌道上にのった人工衛星で、アメリカ合衆国が発射に成功した2番目の人工衛星でした。人工衛星の本体は、重さ1.46kg、直径16.5cmのアルミニウム製の球

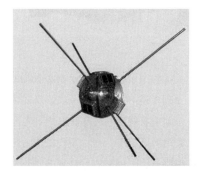

ヴァンガード1号（Wikipedia ヴァンガード1号）

体で、そこから長さ30cm、6本のアルミニウム合金のアンテナが伸びています。本体表面には6枚の単結晶シリコン製の太陽電池セルが取り付けられています。ヴァンガード1号は内蔵されている水銀電池の電気を使用して送信機を、太陽電池セルが発電した電気を使用して受信機を稼働させていました。ヴァンガード1号は1958年6月に内蔵電池からの送電装置の機能が停止し、これによって電波の送信は途絶えましたが、太陽光発電からの送電装置は1964年5月まで機能し、最後の電波はエクアドルのキトで受信されました。ヴァンガード1号は現在でも軌道上を飛び続けていて、宇宙空間に現存する最古の人工物として記録を更新中です。太陽電池の実用化が宇宙から始

まったことはとても印象的です。ヒトは半導体としてのケイ素と出会うことによって、はじめて宇宙に飛び出すことができたのです。

5.　東京電力浮島太陽光発電所

　神奈川県にある代表的なメガソーラー（大規模太陽光発電）が川崎市川崎区浮島町にある東京電力浮島太陽光発電所です。筆者は 2020 年 8 月 9 日、初めて現地を訪れて見学をしました。発電所が建設されるまでの歴史と見学の報告をします。

①　埋め立ての歴史

　東京電力浮島太陽光発電所がある浮島は、川崎市南東端の海岸部、多摩川の河口にあり、多摩川、東京湾、大師運河、多摩運河に囲まれた北西・南東にやや細長い埋立地の島となっています。1956年 4 月の港湾審議会の決定によって翌 57 年から埋立事業が開始され、1963 年に竣工し、その際に同地は浮島町と命名されました。その後、浮島には石油化学コンビナートが進出し、現在でも京浜工業地帯の中心地となっています。その後、川崎市は人口増加によるごみの増大に対応するために浮島の南東部地先海面を浮島 1 期廃棄物埋立処分地としてごみの焼却灰で埋め立てていきました。この埋め立ては 1978 年に着手され、1996 年 3 月に竣工しました。その結果拡張された約 93 ha の埋立地は浮島 1 期地区と命名されました。1995年からはさらにその先の浮島 2 期地区でごみの焼却灰で埋め立てていて、現在でもその埋め立ては続いています。

浮島の全景。石油化学コンビナートの島であることがわかる。島の北に流れているのが多摩川で対岸は羽田空港。Google Earth

　東京電力浮島太陽光発電所はこの浮島 1 期地区にあります。川崎市は浮島 1 期地区の土地利用については当初、物流センターや大規模サッカースタジアムなどの建設計画を検討したものの実現に至りませんでした。1998 年 5 月、同地区はテー

浮島 1 期地区全景。工場がないことがわかる。地区の北側にあるのが浮島太陽光発電所。Google Earth

マパークの建設候補地として選定され、そのために川崎市は 2000 年 6 月に「浮島地区土地利用基本方針」を策定します。しかし、長引く不況によりテーマパークの事業主体が 2002 年 11 月に計画中止を発表します。そこで川崎市は 2006 年 2 月に「浮島 1 期埋立地暫定土地利用基本方針」を策

定し、太陽光発電所の設置や民間事業者への貸付等による暫定利用を目指します。産業構造の変化と低成長時代の到来にともなって川崎市が浮島1期地区への誘致に苦労した様子が伺えます。浮島の埋め立ての歴史から戦後の日本経済の歴史を垣間見ることができます。

② 太陽光発電所の建設

浮島1期地区は、廃棄物の処理及び清掃に関する法律（廃棄物処理法）によって、埋め立て終了後、20年間の土地の浄化期間をもたなければいけませんでした。土地を所有する川崎市は「浮島1期埋立地暫定土地利用基本方針」に基づいて、メガソーラー発電所の建設を東京電力に提案しました。そして、川崎市と東京電力の共同事業として建設されたのが浮島太陽光発電所でした。発電所は2010年4月に着工され、2011年8月10日に営業運転が開始され、運転開始時は日本最大のメガソー

東京電力浮島太陽光発電所全景　Google Earth

ラー発電所でした。浮島1期地区竣工からすでに15年がたっていました。共同事業では川崎市が太陽光発電等の普及啓発及び土地の提供を、東京電力が発電所の建設及び発電所の運転と保守を行い、運営期間は、運転開始から18年ということになっています。ちなみに、廃棄物処理法では土地が浄化されるまでは建物の建築は制限されるのですが、太陽光発電所は「建築物」に該当しないため、川崎市にとっては理想的な土地活用法でした。またメガソーラー発電所の建設とクリーンエネルギーの普及啓発によって公害の町としての汚名を返上し、市のイメージアップを図る目的も川崎市にはありました。東京電力にとっても電力の大消費地で発電できるというメリットがありました。東京電力浮島太陽光発電所は東京電力にとっては初のメガソーラー発電所であり、廃棄物最終処分場跡地に開発した「処分場太陽光発電所」の先駆けでもありました。浮島の隣には扇島がありますが、川崎市川崎区扇島に東京電力は浮島太陽光発電所の運転開始から4カ月後の2011年12月に扇島太陽光発電所の運転も開始しています。

③ 現地見学報告

東京電力との協定により太陽光発電等の普及啓発のために浮島太陽光発電所に隣接して建てられたのが川崎市が運営するPR施設、かわさきエコ暮らし未来館です。館内では、定点カメラで現在のメガソーラーの状態が観察できたり、発電量モニターでメガソーラーの発電量をリアルタイムで確認できたりします。注目すべき展示物が浮島と扇島の太陽電池パネルの実物展示です。写真の左

側が浮島、右側が扇島のものです。浮島のものは
シャープ製[注5]の単結晶シリコンの太陽電池パネルで、
扇島のものは京セラ製[注6]の多結晶シリコンの太陽電
池パネルとなっています。単結晶とは「結晶が規則
正しく並んでいる」という意味で、製造コストは高
くなりますが、発電量が多く、性能や信頼性に優れ
ます。一方、多結晶は結晶が規則正しく並んでいる
わけではないため、単結晶に比べて発電量は劣りま
すが単結晶よりも作りやすくコストが安いのが魅
力です。

　ここで、実物の写真も見ながら、太陽電池パネ
ルの名称の説明をします。太陽電池の基本単位がセ
ルです。セルを必要枚数配列して、野外で利用でき
るように樹脂や強化ガラスなどで保護し、パッケー
ジ化したものをモジュールと呼び、これが一般的に
太陽電池パネルと呼ばれているものです。浮島の
モジュールはセルが縦6列、横8列、合計48枚の
セルで構成されていることがわかります。モジュー
ルを複数枚並べて接続した最大の単位がアレイです。
浮島のアレイはモジュールを縦2列、横3列、合
計6枚のモジュールで構成されていることがわかり
ます。浮島太陽光発電所は合計で6,321アレイ、太
陽電池パネルの枚数で言えば合計37,926枚で発電
を行っています。アレイを6枚のモジュールで構成
するというのは、他の太陽光発電所と比較すると小
ぶりになっています。これはこの土地が埋め立て地
であるために、不規則な地盤沈下が発生した場合に
アレイの崩壊を防ぐためです。ただし、現在のとこ
ろひっくり返ったり傾いたりしたアレイは一つもな
いそうです。また、コンクリート製のアレイの基礎
部分は中空になっていますが、これは土地の浄化の

太陽電池パネルの実物展示（かわさきエコ暮らし未来館、2020年8月9日筆者撮影）

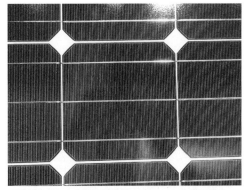

セル（かわさきエコ暮らし未来館、2020年8月9日筆者撮影）

モジュール（かわさきエコ暮らし未来館、2020年8月9日筆者撮影）

ために雨水を均等にしみこませる工夫だそうです。太陽電池パネルの角度は一律に10度に設定さ
れています。日本の緯度の場合、理想的な角度は30度だそうです。しかし、海に近いために強風
に対応するためと、建設コストを抑えるために10度に設定されています。このように浮島太陽光
発電所は、埋め立て地にあることや海からの強風などの与えられた環境にうまく適応したつくりに
なっていることがわかります。
　展望スペースからは北東方向に浮島太陽光発電所の全景を眺めることができます。発電所のすぐ
向こうは多摩川の河口となっていて、対岸は羽田空港となっています。並行する羽田空港A滑走

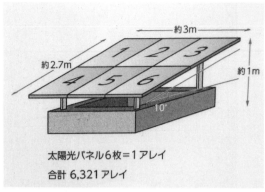

アレイの図（展示用パネル提供：シャープ（株）、かわさきエコ暮らし未来館、2020年8月9日筆者撮影）

アレイ（東京電力浮島太陽光発電所、2020年8月9日筆者撮影）

浮島太陽光発電所全景（2020年8月9日、展望スペースから筆者撮影）

浮島太陽光発電所部分（2020年8月9日、発電所敷地内から筆者撮影）

路とC滑走路から離陸したばかりの旅客機が数分間隔の頻度で、時には2機が同時に飛び立っていきます。浮島太陽光発電所は、奥行き約500m、幅約250m、敷地面積は約110,000㎡で、これは東京ドーム2.3個分の面積となります。当初の年間予想発電量は約740万kWhと見積もられていました。これは一般家庭約2,100軒分に相当します。2012年度〜2019年度の発電量は約891万kWh〜約969万kWhとすべての年度で大幅に上振れしていて順調に発電していることがわかります。これは一般家庭約2,900〜3,000軒分の発電量に相当します。

　敷地内では土地の浄化のために浸み込んだ雨水をポンプで吸い上げて施設で浄化後、その水を東京湾に流しています。その水の浄化施設も発電所の敷地内にあります。

　発電所の敷地内に入ってみると、だれもいない、すべてが止まった世界が広がっていました。敷地は雑草を抑えるために有機質土壌改良工法

水の浄化施設（2020年8月9日筆者撮影）

で整地をしています。メンテナンスフリーの施設であるために、普段は無人だそうです。太陽電池パネルは10度の角度があるため、ごみやほこりは雨水で流されるので、太陽電池パネルは洗う必要もないそうです。

東京電力浮島太陽光発電所，かわさきエコ暮らし未来館へのアクセス

看板あります　　　かわさきエコ暮らし未来館　　　　　　　　　　　　　浮島バスターミナル

東京電力浮島太陽光発電所

　JR川崎駅東口から16番のりば「臨港バス川03系統浮島バスターミナル行き」に乗り，
　終点「浮島バスターミナル」下車　徒歩約10分。
　かわさきエコ暮らし未来館　開館時間9：00〜16：30（入場は16：00まで）
　休館日毎週月曜日・年末年始（月曜日が祝日の場合は翌日が休館日）入館料無料
　浮島太陽光発電所の見学は予約の必要あり。見学予約・お問い合わせ044−223−8869

6. ケイ素の脳

　AI（人工知能:Artificial Intelligence）は1955年頃に科学の一分野として始まりました。AIの名付け親はアメリカのダートマス大学のジョン・マッカーシーで、1956年にAIの可能性や限界を探る会議「人工知能に関するダートマス夏期研究会（ダートマス会議）」を主催し、そこで初めてこの名前が使われました。会議の目的は、「機械に言語を使わせ、抽象化や概念の形成を可能にし、今は人間にしか解けない問題を解けるようにし、自らを改良していけるようにする方法を明らかにする。」というものでした。AIは、最も広く定義すれば、データや周りの環境に反応する技術、一言でいえば環境から学習する技術です。[注7]

　AIは「ケイ素の脳」ということができます。ケイ素はヒトに出会ってからヒトとともに進化していき、ヒトの力で半導体になることでとうとう脳にまで進化することができたのです。ケイ素の脳が炭素の脳（＝ヒトの脳）と比べて優れている点として以下の3点を挙げることができます。

① 24時間稼働することができて、疲れないこと。

② 決められた仕事内容であれば正確に情報を処理することができて間違えることがないこと。

③ 無制限にそして急速に能力を拡大・発展・強化させることができること。

さらにAIとヒトとのかかわりについてヒトの視点から以下の3点にまとめることができます。

① 分野によってはヒトよりもはるかに優れた能力を発揮できること。

② ヒトの仕事を助けるだけではなく、ヒトの代わりに仕事ができること。

③ その活動内容がヒトの目には見えず、ヒトから離れたところで自立して活動できること。

　すでにヒトはAIと情報に囲まれた生活をしており、AI無くしてヒトは生きていくことすらできません。日常生活において、ヒトは情報のほとんどをAIから得ているからです。さらに、AI無くして現代社会は機能することはできず、AIが止まってしまうと現代文明はすぐに崩壊してしまうでしょう。

　ヒトは文明の誕生のときから自分の脳の外側に情報を蓄積する活動をしてきました。それは文字の発明から始まり、紙の発明や活版印刷技術の発明によってヒトの歴史とともに進歩してきました。しかし、これらの活動はヒトの能力を超えるものではありませんでした。一方で、ケイ素の脳はヒトの能力を超えて情報を大量に蓄積し、それらのビッグデータを処理・分析していくことができます。大量の情報を蓄積できるだけでなく、それらの情報をヒトに代わって処理・分析できる点でそれまでの歴史とは次元の違う展開になっています。ケイ素の脳の登場は歴史上初めて、情報の蓄積・処理・分析の中心が炭素の脳（＝ヒトの脳）からケイ素の脳へと移ったことを意味しています。

　ケイ素の脳が意識や感情を持ち、ヒトの能力を追い抜き、さらに優れたケイ素の脳を設計し始めて、ヒトのコントロールが効かなくなる「シンギュラリティ」（技術的特異点）が2045年にやってくるという予測も出されています。もしかすると、イントロダクションのところで述べた「ケイ素生物」はこれから登場してくるもので、ケイ素の脳をもった人工生物になるのかもしれません。

　将来、ケイ素の脳が意識や感情を持つことになるのでしょうか？実は炭素の脳（＝ヒトの脳）の仕組みをはじめとして、私たちの心や意識、感情についてすら、まだ詳しく分かっていません。今後のAIとヒトとのかかわりについて考えるために、私たちは先ず、自分たちが何者なのかという問題に立ち返って考える必要があります。

7. ケイ素とヒトとの関係史まとめ

　ケイ素とヒトとの関係史を先史時代の石器、近代のレンズ、現代のAIの3点に絞ってまとめてみます。

　石器はヒトが石を加工して作ったものです。石器はヒトの手を助けるもので、体の一部といえるものです。石器は道具であり、ヒトがそれを使用する主体となっています。ヒトは石器を改良することで肉の常食に成功し、その結果、脳を大きくすることに成功しました。この石器の改良による脳の増大ということは、脳により多くの情報を蓄積させるための機能（ハードウェア）を整備したことを意味しています。石器を体の一部として取り込んだヒトはアフリカで誕生し、アフリカから

ケイ素とヒトとの関係史

時代	先史時代	近代	現代
材料	石	砂（珪砂）	純粋ケイ素
製作技術	加工	化学処理	精錬、ドーピング
完成品	石器	レンズ（ガラス）	AI（コンピュータ）
ヒトの体のどこに当たるのか？	手	目	脳
ヒトはそれで何をしたいのか？	肉の常食	未知の世界を知る	ケイ素の脳による情報の蓄積・処理・分析
情報の蓄積	脳の増大⇨脳に情報を蓄積させる機能（ハードウェア）が整う	脳に情報（ソフトウェア）を蓄えていく	ケイ素の脳が炭素の脳（＝ヒトの脳）を乗り越える
歴史的意義	アフリカから世界への進出 ⇨生物界の頂点へ	近代科学の成立 ⇒ 人間中心主義 ⇒ ヒトによる自然の支配	①ヒトの技術が生物としてのヒトを超える ②宇宙への進出

（筆者作成）

世界へと進出します。自力で世界進出を行えた哺乳動物はヒトだけです。石器を体の一部に取り込んだヒトは生物として大成功を収めたのです。

　ガラスはヒトが砂（珪砂）を化学処理して作ったものです。ガラスから作られたレンズはヒトの目を助けるもので、こちらも体の一部といえるものです。レンズも石器と同様に道具であり、ヒトがそれを使う主体となっています。レンズはヒトの脳にたくさんの情報（ソフトウェア）を取り込ませるという役割を果たしました。ヒトは望遠鏡や顕微鏡を使って宇宙や微生物の世界など未知の世界の情報を脳に取り込み、近代科学を成立させました。近代科学の基本となる思想が人間中心主義です。ヒトは自分たちが生物界の頂点に位置し、近代科学の力で自然を支配できると考えました。ヒトによる自然からの搾取、自然に対する乱開発はこの思想が背景にあって起きたことです。

　純粋なケイ素を精錬してドーピングを行って作られたものが半導体です。半導体から作られるAIは道具ではなく、ヒトの体の一部でもありません。ケイ素の脳として炭素の脳（＝ヒトの脳）から自立して活動しています。AIは生物ではないので急速に拡大・発展・強化することができ、ヒトの能力を超える大量の情報を蓄積、処理、分析をすることができます。重要なことが２点あります。１つ目は炭素の脳はヒトそのものであり、ケイ素の脳はヒトの技術の結晶であり、両者ともにヒトに関係している点です。今起きていることは、歴史上初めて、ヒトの技術が生物としてのヒトを超えてきているということです。ケイ素はヒトの力を借りながら、ヒトそのものを超えようとしています（すでに超えているのかもしれません）。２つ目はAIによってヒトは宇宙への進出が可能になったということです。これはヒトの歴史においてアフリカから世界への進出、近代科学による自然の支配に続く、第３の大発展になる可能性を秘めているのです。

8.　おわりに

　宇宙のはじまりであるビッグバンから現在、または宇宙の終わりまでの長いスパンを扱う歴史を
ビッグヒストリーといいます。その中で、テーマを設定したビッグヒストリーをリトル・ビッグヒ
ストリーといいます。今回はもっともありふれた元素であるケイ素のリトル・ビッグヒストリーに
ついて取り上げました。ケイ素とヒトとの関係は多岐にわたるため、今回は石器、ガラス、半導体
の３つに絞りました。他にも土器（粘土）の歴史など重要なテーマはたくさんあります。陶器から
磁器への変遷から現代のファインセラミックスまでの歴史を扱うだけでも一つの大きなテーマにな
ります。本論考はリトル・ビッグヒストリー研究事始めとして一つのテーマの概略を紹介したもの
です。最後になりますが、本論考の作成にあたり、桜美林大学リベラルアーツ学群片山博文教授に
原稿を読んでいただき、貴重なアドバイスをいただきました。この場をお借りして感謝申し上げま
す。

【注】
注1　地球の表面の大気圏と水圏、深さ 16 km までの地殻に存在する各元素の量を質量百分率で表した数値のことで、
　　　アメリカ合衆国地質調査所の F・W・クラークが 1924 年に算出した。ソ連の地球化学者・鉱物学者のアレクサ
　　　ンドル・フェルスマンが 1933 年にクラーク数の名を与えた。
注2　二酸化ケイ素と金属酸化物からなる塩のことで、造岩鉱物の主成分として地殻の大部分を形成している。
注3　この生物は人間、人類、人、ヒト、ホモ・サピエンスなど、さまざまに呼ばれている。本論考ではケイ素を
　　　主人公にしているので、生物学上の名称であるヒトで統一して用いることにした。私たちの生物学上の住所は動
　　　物界、脊椎動物門、哺乳綱、獣亜綱、真獣下綱、霊長目、ヒト上科、ヒト科、ヒト属、ヒトで、生物学的にはカ
　　　タカナでヒトと書く。
注4　イギリスのダービー父子の父が 1709 年、製鉄燃料を石炭からコークスにかえて高純度製鉄を可能にし、35
　　　年に子が技術を発展させたコークス製鉄法によって硬度・純度の高い鉄の大量生産が可能になったことがガラス
　　　と結婚できた鉄側の背景にある。
注5　シャープ株式会社は 1959 年に太陽電池の開発を開始し、1963 年に標準モジュールの量産を開始した。1966
　　　年には電源のない離島の無人灯台である長崎県御神島（現・尾上島）灯台に世界で初めて太陽電池の設置を実現
　　　させた。2000 年、太陽電池生産世界第 1 位となり、2006 年まで 7 年連続世界一の記録を更新し続けた。
注6　京セラ株式会社は 1975 年に太陽電池の研究・開発をスタートさせ、1993 年に国内初の住宅用太陽光発電シ
　　　ステムを発売した。
注7　文部科学省ホームページ「見てみよう科学技術」AI ってなに？　では次のように説明されている。「AI とは
　　　人工知能（Artificial Intelligence）の略称。コンピューターの性能が大きく向上したことにより、機械であるコン
　　　ピューターが「学ぶ」ことができるようになりました。それが現在の AI の中心技術、機械学習です。機械学習
　　　をはじめとした AI の中心技術により、翻訳や自動運転、医療画像診断や囲碁といった人間の知的活動に、AI
　　　が大きな役割を果たしつつあります。」

【参考文献】
　　トム・ジャクソン（著）、ジャック・チャロナー（監修）、伊藤伸子（訳）、藤嶋昭（監訳）『ビジュアル大百科　元素
　　　と周期表』化学同人、2018 年
　　桜井弘（編）『元素 118 の新知識』ブルーバックス、2017 年
　　フィリップ・ボール（著）、渡辺正（訳）『元素——文明と文化の支柱』丸善出版、2013 年
　　佐藤健太郎（著）『世界史を変えた新素材』新潮選書、2018 年
　　和南城伸也（著）『なぞとき宇宙と元素の歴史』講談社、2019 年
　　松原隆彦（著）『宇宙の誕生と終焉』サイエンス・アイ新書、2016 年
　　谷合稔（著）『地球・生命——138 億年の進化』サイエンス・アイ新書、2014 年

ニュートン別冊『地球と生命、宇宙の全歴史』ニュートンプレス、2017 年

鎌田浩毅（著）『地球の歴史（上）』中公新書、2016 年

ウォルター・アルバレス（著）、山田美明（訳）『ありえない 138 億年史』光文社、2018 年

Olga Garcia-Moreno, Luis Erick Aguirre-Palafox, Walter Alvarez, William Hawley,"A Little Big History of Iberian Gold.,"*Journal of Big History Volume 1, Number 1.*, International Big History Association, 2017, PP.40-58.

更科功（著）『絶滅の人類史』NHK 出版新書、2018 年

河合信和（著）『ヒトの進化 700 万年史』ちくま新書、2010 年

堤隆（著）『黒曜石 3 万年の旅』NHK ブックス、2004 年

堤隆「細石刃狩猟民の黒曜石資源需給と石材・技術運用」『資源環境と人類 第 1 号』明治大学黒耀石研究センター、2011 年 3 月、PP.47-65

小田静夫（著）『黒潮圏の考古学』第一書房、2000 年

「かながわ考古学財団調査報告 128　用田鳥居前遺跡」財団法人かながわ考古学財団、2002 年 3 月発行

谷一尚（著）『ガラスの考古学』同成社、1999 年

「浮島 1 期埋立地暫定土地利用基本方針について」（平成 18 年 2 月策定）川崎市

「浮島 1 期地区土地利用基本方針」平成 28 年 3 月、川崎市

ユヴァル・ノア・ハラリ（著）、柴田裕之（訳）『ホモ・デウス　上・下』河出書房新社、2018 年

ユヴァル・ノア・ハラリ（著）、柴田裕之（訳）『21 Lessons』河出書房新社、2019 年

富田守（著）『我々はどこから来たか？　我々は何者？　我々はどこに向かうのか？　我々の存在意義は？――現代人類学の人間観―』創英社／三省堂書店、2020 年。

レイ・カーツワイル（著）、井上健（監訳）、小野木明恵・野中香方子・福田実（共訳）『ポスト・ヒューマン誕生――コンピュータが人類の知性を超えるとき――』NHK 出版　2007 年

バイロン・リース（著）、古谷美央（訳）『人類の歴史と AI の未来』ディスカヴァー、2019 年

西垣通（著）『AI 原論』講談社選書メチエ、2018 年

西垣通「AI という神話―シンギュラリティの不可能性を問う―」PP.39-46.,『神奈川大学評論　第 95 号』2020 年 3 月 31 日発行

《ウェブサイト》

ガラス産業連合会ホームページ www.gic.jp

一般社団法人日本硝子製品工業会ホームページ　www.glassman.or.jp

ヴァンガード 1 号公式サイト　MSSDCA Master Catalog　COSPAR ID:1958-002B

文部科学省ホームページ「見てみよう科学技術」www.mext.go.jp/kids/find/kagaku

あとがき

藤田賀久

　世の中の多くの仕事がそうであるように、本書も目には見えないご縁から始まりました。藤村泰夫先生が主宰される「地域から考える世界史プロジェクト」の全国ネットワークを根底に、神奈川県に縁がある有志によって「神奈川から世界史を考える」という趣旨の出版企画が立ち上がったのは 2020 年 4 月のことでした。

　このときは、新型コロナ肺炎が世界で暴威を振るい、最初の緊急事態宣言が発出され、一寸先すら見えていませんでした。そのため、執筆チームの顔合わせから打ち合わせに至るまで、全て遠隔会議で行いました。20 人を超えるメンバーで 1 冊を上梓するには、やはり直接会って何度も議論を重ね、お互いの気心を知らなければとの不安を拭えず、暗闇の大海に船出した心地でした。

　しかし、全くの杞憂でした。すでに私たちは「地域から考える世界史」というコンセプトを共有していたからです。では、このコンセプトをどのように具現化するか。この点も問題ありませんでした。執筆チームのひとりひとりが、専門分野や関心をもとに次々と「自分が書きたいテーマ」を提示してくれたからです。これらを並べると、神奈川が歩んできた豊富な世界史の一大絵巻が浮かび上がりました。

　各執筆者は、目前に生徒がいることを想定し、自らの経験や歴史認識を前面に打ち出し、自由闊達に議論を展開しました。こうして書かれた論稿は、いずれもオリジナリティに満ちており、さらには地元神奈川に対する愛情に溢れています。

　日本の各地域は、少子高齢化、地域創生、産業の復興、福祉など、実に多くの問題を抱えています。しかし、これらは日本に限ったことではなく、諸外国も同種の問題で頭を悩ませています。ならば私たちは、国境を越えて知識を共有し、知恵を出し合うことで、ローカルの問題をグローバルに解決することができるはずです。この英知の礎を構築することに「地域から考える世界史」の究極の意義があると思います。

　コロナ禍の対応で多忙な毎日が続くなか、本書執筆の時間を捻出してくださった執筆陣の先生方、本書刊行を見守ってくださった「地域から考える世界史プロジェクト」に参加されている全国の先生方、そして本企画に最初から併走し、チームと一緒にゴールしてくださったえにし書房の塚田敬幸社長に心から感謝申し上げます。本書の刊行はゴールであると同時に、勉強会やフィールドワークなど「地域から考える世界史」の新たな活動を行う号砲だと考えています。そのためにも本書に対するご意見や新たなアイデア、そしてご参画を心より歓迎いたします。

〈執筆者紹介〉 50音順

市川賢司（いちかわ・けんじ）
　1962年生まれ。現在アレセイア湘南高等学校教諭。
　國學院大學文学部史学科卒。東海大学大学院文学研究科史学専攻修士課程修了。文学修士。
　NPO法人世界遺産アカデミー認定講師資格。世界遺産検定マイスター。歴史能力検定1級。進路アドバイザー検定マスター合格認定。博物館学芸員。
　主な著書『世界史単語の10秒暗記　ENGRAM2250』（学研、2017年、共著）、『最速で覚える世界史用語』（学研、2021年）など。

岩下哲典（いわした・てつのり）
　1962年長野県塩尻市生まれ。1985年青山学院大学大学院文学研究科史学専攻博士後期課程満期退学。
　2001年博士（歴史学）。明海大学教授等を経て現在東洋大学文学部教授。
　著書『予告されていたペリー来航と幕末情報戦争』（洋泉社新書y、2006年）、『江戸無血開城──本当の功労者は誰か？』（歴史文化ライブラリー、吉川弘文館、2018年）、『ロシア海軍少尉《ゴローウニン事件》ムールの苦悩』（右文書院、2021年、共著）

小川輝光（おがわ・てるみつ）
　神奈川県川崎市出身。東京都立大学大学院人文科学研究科修士課程修了。
　現在、神奈川学園中学高等学校教諭・早稲田大学教育学部非常勤講師。
　神奈川県歴史教育者協議会などで神奈川の歴史とかかわる。
　著書『3・11後の水俣／MINAMATA』（歴史総合パートナーズ⑦、清水書院、2019年）

風巻　浩（かざまき・ひろし）
　1955年川崎市生まれ。成城大学大学院文学研究科修了。神奈川の県立高校に勤務し、現在は東京都立大学教職課程センター特任教授。東京都立大学では教職入門、聖心女子大学では社会科教育法、グローバル共生X（グローバル時代における多文化共生社会の創造）などを担当。専門は社会科教育・国際理解教育・開発教育・多文化共生教育。NGO活動として、かながわ開発教育センター理事。地球対話ラボ監事。
　著書（単著）『社会科アクティブ・ラーニングへの挑戦──社会参画をめざす参加型学習』（明石書店、2016年）、（共著）「国際理解教育におけるラーニング・フォー・アクションとしてのアクティブ・ラーニング」『国際理解教育』Vol.23（明石書店、2017年）、『未来の市民を育む「公共」の授業』（大月書店、2020年）、『国際理解教育を問い直す──現代的課題への15のアプローチ』（明石書店、2021年）

神田基成（かんだ・もとしげ）
　1979年東京生まれ、エジプト、オランダ、イタリア、ドイツ、茨城県育ち。筑波大学第一学群人文学類史学専攻オリエント史コース卒業、筑波大学大学院教育研究科教科教育専攻社会科教育コース修了。修士（教育学）。現在は鎌倉学園中学校・高等学校社会科教諭。
　「生徒の「データ」を教材にした世界史の授業」『歴史と地理671号（世界史の研究238）』（山川出版社、2014年）、「台湾に残る日本統治時代の学校資料」『地方史研究第391号』（地方史研究協議会、2018年）。共著『学校資料の未来』（岩田書院、2019年）、『私たちの歴史総合』（清水書院、2022年）

齋藤一晴（さいとう・かずはる）
　1975年山形県生まれ。明治大学大学院文学研究科史学専攻日本史学専修修了　博士（史学）。
　日本福祉大学　教育・心理学部　准教授。
　「日中授業交流を通じて平和とは何かを考える　─歴史教育者協議会・日中交流委員会の活動を事例として─」山田朗・師井勇一 編『平和創造学への道案内　歴史と現場から未来を拓く』（法律文化社、2021年）

坂口可奈 (さかぐち・かな)

1984 年北海道生まれ。早稲田大学大学院政治学研究科博士課程修了。博士（政治学）。

早稲田大学政治経済学部助手を経て、北海商科大学商学部講師。

著書『シンガポールの奇跡——発展の秘訣と新たな課題』（早稲田大学出版部、2017 年）

鈴木　晶 (すずき・あきら)

1960 年横浜市生まれ。フェリス女学院大学国際交流専攻修士、東京大学教養学部非常勤講師（公民科教育法）、

生徒と FW 中心の活動をする「グローカリー」主宰。現在、横浜市立東高等学校勤務。

単著『旅行ガイドにないアジアを歩く——横浜』（梨の木舎、2020 年）、共著『神奈川の戦争遺跡』（大月書店、1996 年）、『近代神奈川の史話 31 選』（神奈川県歴史教育者協議会編、2001 年）、『旅行ガイドにないアジアを歩く——マレーシア』（梨の木舎、2010 年）『同——シンガポール』（梨の木舎、2016 年）

田中孝枝 (たなか・たかえ)

1984 年埼玉県生まれ。東京大学大学院総合文化研究科博士課程修了、博士（学術）。

現在は多摩大学グローバルスタディーズ学部准教授。

著書『日中観光ビジネスの人類学』（東京大学出版会、2020 年）、共著『観光人類学のフィールドワーク』（ミネルヴァ書房、2021 年）、『いま私たちをつなぐもの』（弘文堂、2021 年）、『フィールドから読み解く観光文化学』（ミネルヴァ書房、2019 年）など。

谷口天祥 (たにぐち・てんしょう)

1976 年生まれ、神奈川県秦野市出身。関東学院大学大学院文学研究科英語英米文学専攻博士前期課程修了。修士（文学）。藤沢翔陵高等学校教諭（英語科）。

藤沢市善行地区にて英会話コミュニティースクールを運営。進路アドバイザー検定マスター合格認定。

智野豊彦 (ちの・とよひこ)

明治大学経営学部経営学科卒業、民間企業退職後、横浜市立高等学校に勤務。

主な共著『story 日本の歴史——近現代史編』（山川出版、2000 年）、『世界史をどう教えるか』（山川出版、2008 年）

主な発表　東文研シンポジウム（共生とマイノリティ）「公立学校におけるムスリムの受入れ」（2018 年）、全国歴史教育研究協議会 第 60 回研究大会（2019 年）「身近なものから歴史を考える」、AAWH 大阪大会（2019 年）「Making teaching materials of the Ertuğrul incident with the view of integrated History」

徳原拓哉 (とくはら・たくや)

1992 年生まれ。山口大学人文学部卒、東京大学大学院情報学環・学際情報学　修士課程在籍中。

神奈川県立横浜国際高等学校教諭。

中山拓憲 (なかやま・たくのり)

1976 年アメリカ合衆国ロサンゼルス生まれ。2 歳で帰国、その後神奈川県で育つ。千葉大学大学院修了。

神奈川県立湘南高等学校勤務。世界史担当。研究テーマは朝鮮の三・一独立運動。研究のため、韓国全羅北道の全北大学校に 1 年間留学。8 年間民間企業に勤めた後、2012 年から神奈川県の公立高校教員となる。

現在は、神奈川県社会科部会歴史分科会や、高大連携歴史教育研究会に所属し世界史教育を勉強中。

韓　準祐 (はん・じゅんうー)

1982 年、韓国全羅南道順天市生まれ。立命館アジア太平洋大学卒業。立教大学大学院観光学研究科博士課程修了。博士（観光学）。現在、多摩大学グローバルスタディーズ学部准教授。

共著『地域観光と国際化』（くんぷる、2019 年）、『アジア太平洋と関西——関西経済白書 2016』（丸善出版、2016 年）、「Dark Tourism of an Ongoing Issue: A case study of the Jeju April 3rd Incident, Korea」（『立命館大学人文科学研究所紀要』第 121 号、2019 年）など。

伴在　渚（ばんざい・なぎさ）
　1990年長野県生まれ。信州大学教育学部社会科学専攻卒。日本史研究室にて牛山佳幸教授に師事。2013年より横浜市立戸塚高校に7年間勤務。現在は横浜市立横浜商業高校にて日本史を中心に授業を受け持つ。

深松亮太（ふかまつ・りょうた）
　1981年11月、東京都生まれ。桜美林大学国際学部、埼玉大学大学院文化科学研究科（修士）を経て、法政大学大学院国際文化研究科博士課程修了（博士：国際文化）。
　神奈川工科大学など非常勤講師等を経て、現在は、常磐大学人間科学部コミュニケーション学科助教。
　著者『政治風刺画による「社会不安」の可視化と「黒人支配」への恐怖――20世紀転換期の米国地方紙にみるネガティブ・キャンペーンと「人種」』（ミネルヴァ書房、2021年）

藤田賀久（ふじた・のりひさ）　編著者
　1973年神戸市生まれ。The George Washington University 修士、上智大学大学院グローバル・スタディーズ研究科国際関係論専攻博士後期課程満期退学。貿易商社、東京財団、国会議員政策秘書、上智大学非常勤講師等を経て、現在は多摩大学・文教大学非常勤講師、慶熙大学校客員研究員など。
　著書『台湾へ行こう！』（えにし書房、2018年）『アジアの虐殺・弾圧痕を歩く』（えにし書房、2021年）。
　共著『東アジアの弾圧・抑圧を考える』（春風社、2019年）

藤村泰夫（ふじむら・やすお）　監修者
　1960年生まれ。山口県立西京高等学校教諭。
　「地域から考える世界史」の視点で新しい歴史教育の構築を考えている。
　共著「世界史から見た日本の歴史38話」（文英堂、2000年）、「歴史的思考力を伸ばす世界史授業デザイン」（明治図書、2012年）、編著『地域から考える世界史――日本と世界を結ぶ』（勉誠出版、2017年）。

安田震一（やすだ・しんいち）ウィリアム・シャング
　1983年ラバーン大学（カリフォルニア州）卒業、1984年コロンビア大学大学院国際関係研究科、1985年中国北京大学国際政治研究科へ留学、1993年東京大学大学院地域文化研究科（修士号）。1995年、香港大学アジア研究センター助理研究員、2001年、吉備国際大学助教授、後に教授、2006年、2008年より東京大学大学院国際ジャーナリズム寄付講座にて特任講師、2011年4月より多摩大学グローバルスタディーズ学部教授、のちに学部長、副学長。
　『絵画に見る近代中国：西洋からの視線』大修館書店：東京、2001年6月、「マカートニー使節団の画像史料――東洋文庫の画帖を中心に―」『東洋学報』第89巻、第1号、2007年6月、財団法人東洋文庫、"Ukiyo-e Museum Opens in Fujisawa" Arts of Asia, Vol. 48 No. 5, September 2018 など。

山田大介（やまだ・だいすけ）
　1976年神奈川県小田原市生まれ。神奈川大学外国語学部卒業。同大学院博士前期課程修了後（修士（文学））、University of Leeds 修士課程修了（MA (Linguistics)）、神奈川大学大学院博士後期課程満期退学。私立中学・高等学校、公立・私立大学の非常勤講師等を経て、大月市立大月短期大学准教授、教授。2020年より多摩大学グローバルスタディーズ学部教授。専門は言語学（語用論）。
　共訳『認知語用論の意味論』（コリン・イテン著、ひつじ書房、2018年）など。

Emishi Shobo

神奈川から考える世界史
歩いて、見て、感じる歴史

2021 年 12 月 10 日 初版第 1 刷発行

■編著者　　藤田賀久
■監修者　　藤村泰夫
■発行者　　塚田敬幸
■発行所　　えにし書房株式会社
　　　　　　〒 102-0074　東京都千代田区九段南 1-5-6 りそな九段ビル 5F
　　　　　　TEL 03-4520-6930　FAX 03-4520-6931
　　　　　　ウェブサイト　http://www.enishishobo.co.jp
　　　　　　E-mail　info@enishishobo.co.jp

■印刷／製本　　株式会社 厚徳社
■DTP・装幀　　板垣由佳

ⓒ 2021　Fujita Norihisa　ISBN978-4-86722-105-1　C0022

周縁と機縁のえにし書房

台湾へ行こう！　　見えてくる日本と見えなかった台湾

藤田賀久 著　　定価 2,200 円＋税／A5 判／並製／ISBN978-4-908073-57-1 C0022

日本を再発見し、真の台湾に出会う知的旅行のスタディー・ツアーガイド。
台湾のいたるところに「日本」がある。また、日本からは見えない台湾がある。日本統治時代の歴史を踏まえ
ながら、変貌する台湾のダイナミズムを感じ、新たな気づきと知見を得るためのガイドブック。

アジアの虐殺・弾圧痕を歩く　　ポル・ポトのカンボジア／台湾・緑島／韓国・済州島

藤田賀久 著　　定価 2,000 円＋税／A5 判／並製／ISBN978-4-86722-101-3 C0022

隣国に、忘れてはならない苦難があった……。
観光旅行コースの中に埋もれた史実を丁寧にすくい上げ、現代史に刻まれた虐殺・弾圧による厳粛な事実を、
歩いて、見て、考える異色の歴史紀行。

語り継ぐ戦争　　中国・シベリア・南方・本土「東三河 8 人の証言」

広中一成 著　　定価 1,800 円＋税／四六判／上製／ISBN978-4-908073-01-4 C0021

かつての“軍都”豊橋を中心とした東三河地方の消えゆく「戦争体験の記憶」を記録する。戦後 70 年を目前に、
気鋭の歴史学者が、豊橋市で風刺漫画家として活躍した野口志行氏（1920 年生まれ）他 8 人にインタビューし、
解説を加えた、次世代に継承したい記録。

丸亀ドイツ兵捕虜収容所物語

髙橋輝和 編著　　定価 2,500 円＋税／四六判／上製／ISBN978-4-908073-06-9 C0021

映画「バルトの楽園」の題材となり、脚光を浴びた板東収容所に先行し、模範的な捕虜収容の礎を築いた 丸亀
収容所 に光をあて、その全容を明らかにする。公的記録や新聞記事、日記などの豊富な資料を駆使し、当事者
達の肉声から収容所の歴史や生活を再現。貴重な写真・図版 66 点収載。

西欧化されない日本　　スイス国際法学者が見た明治期日本

オトフリート・ニッポルト 著　中井晶夫 編訳　　定価 2,500 円＋税／四六判／上製

親日家にして、国際法の大家が描く明治日本。日本躍進の核心は西欧化されない本質にこそあった！
大戦時代のヨーロッパにあって国際平和を説き続け、優れた洞察力で時代の暗雲に立ち向かった稀有な国際法学者
による日本旅行記や日本の発展を温かい眼差しながら鋭く分析した論文、驚くべき卓見で日本の本質を見抜き、日
本と世界の今後を予見している。オトフリート・ニッポルトについてを付す。ISBN978-4-908073-09-0 C0021

二つの世界大戦への道　　ドイツと日本の軌跡から

中井晶夫 著　　定価 2,000 円＋税／B6 判／並製／ISBN978-4-908073-79-3 C0022

戦前を知る世代が次世代へ伝える歴史。
93 歳の碩学が、二つの世界大戦へと至ったドイツの軌跡を長年の研究成果から丁寧にたどり、永田鉄山との思
い出など自らの体験を交え日本の大戦への道と対比した歴史比較論考。

〈復刻版〉アラス戦線へ　　第一次世界大戦の日本人カナダ義勇兵

諸岡幸麿 著　大橋尚泰 解説　　定価 3,900 円＋税／四六判／並製

第一次世界大戦が始まると、英領カナダの西海岸に移住しながら激しい人種差別を受けていた日本人の地位向
上のために約 200 人の日本人が立ち上がり、志願兵（義勇兵）としてカナダ軍に加わり、勇敢に戦った。その
うちの 1 人、北仏アラス戦線で重傷を負った諸岡幸麿が書いた幻の回想録を忠実に翻刻。諸岡の足跡などの新
事実に加え、本文注釈や地図、写真など詳細な解説を 120 ページ以上増補。ISBN978-4-908073-62-5 C0022